北京市海淀区农村工作委员会资助项目

从农民到股民

农村社区股份合作社基本法律问题研究

CONGNONGMINDAOGUMIN

NONGCUN SHEQU GUFEN HEZUOSHE JIBENFALÜWENTI YANJIU（DIERBAN）

（第二版）

王玉梅◎著

 中国政法大学出版社

2020·北京

图书在版编目（ＣＩＰ）数据

从农民到股民：农村社区股份合作社基本法律问题研究/王玉梅著. —2版. —北京：中国政法大学出版社，2020.10
　　ISBN 978-7-5620-8696-3

　　Ⅰ.①从… Ⅱ.①王… Ⅲ.①农村股份合作经济－经济法－研究－中国 Ⅳ.①D922.44

　　中国版本图书馆 CIP 数据核字 (2018) 第 246574 号

出　版　者　中国政法大学出版社
地　　　址　北京市海淀区西土城路 25 号
邮寄地址　北京 100088 信箱 8034 分箱　邮编 100088
网　　　址　http://www.cuplpress.com (网络实名：中国政法大学出版社)
电　　　话　010-58908285(总编室) 58908433 (编辑部) 58908334(邮购部)
承　　　印　固安华明印业有限公司
开　　　本　880mm×1230mm　1/32
印　　　张　11
字　　　数　260 千字
版　　　次　2020 年 10 月第 2 版
印　　　次　2020 年 10 月第 1 次印刷
定　　　价　45.00 元

第二版 序 言

　　本书出版至今，不过三年有余，农村改革进程却已日行万里。本书第一版前言部分所言"城市化过程中，农村经济结构和社会结构发生了深刻的变化"，是基于城市化进程下推进农村集体资产改革的调研观察。今天看来，这种变化非但没有衰滞，反而借助更成熟的法律与更灵活的政策，在各个乡镇的探索下，逐渐孕育出新时代背景下乡村治理的新面貌。

　　农村社区股份合作社是农村社区合作制改革的主要产物，也是农村集体资产改革的重大创新。农村社区股份合作社在集体产权的基础上，融入现代公司治理机制，力图实现厘清集体资产、科学监管集体资产及保障农民社会福利等改革目标。但是，农村社区股份合作社改革的法律基础在于准确定性合作社主体地位。只有拥有合适的法律主体资格，农村社区股份合作社进入市场参与交易才能"名正言顺"。在此基础上，合作社才能对内励精治理，设计合适的治理机制，对外进行交易、提供担保获得融资，获取经营收益。经营失败时，有明确主体承担责任，维护交易安全。农村社区合作制改革行至深水区时，必将对农村社区股份合作社的主体地位在法律上作出回应。

　　2017 年金秋，举国企盼的《中华人民共和国民法总则》（以下简称《民法总则》）出台，为农村社区股份合作社改革带来新一轮契机。《民法总则》未直接涉足农村社区股份合作社，但本法第三章第四节设特别法人一节，为未来农村社区股份合作社改革提供了法律上的可能性，却又深埋遗憾。

此外，随着营改增全面完成、2017 年末《中华人民共和国农民专业合作社法》修订，农村社区股份合作社正在往更深处的方向发展。

本次修订涉及农村社区股份合作社的法律地位、农村社区股份合作社中的政府监管、营改增税收改革、农村社区股份合作社中的成员资格认定、实例数据更新等方面内容。此外对初版中一些错字别字、不当表达作了调整、修正。

笔者在本书初版前言中曾惜叹"调研范围有限"，不能把握农村股份合作社改革之全貌。未曾想三年前的感慨于本书第二版落成之时旋而复至。农村社区股份合作社背后的三农问题，既有历史的因素，又有现代的难题，非本书所能言尽。在书稿不得不截稿之时，本人又欣然看到我持续观察的北京市海淀区农委在深化农村改革中又添新举措，有关村级组织账务分离、股权管理办法、股份社示范章程等新规即将出台。对于相关问题的研究、讨论，仍在进行中。既然如此，本书第二版仍然忠于本书初版标题，以探讨农村社区股份合作社中的法律问题为主线。

衷心感谢北京市人大常委会农村委员会前主任安钢主任及其他同仁给予我在研究中的支持和启发。安钢主任身体力行、扎实有效的调研工作引导着我的调研不断深入，他说："调研是个课堂。一个题目就是一门学问，其中的难点都会牵动社会热点；一个村庄就是一个课堂，贯穿着各种各样的故事；每个基层干部都是老师，有着处理上下无数难题的实际经验；200 多万农民的生活就是一本书，反映着整个制度的效率和品质。"

衷心感谢中国民主建国会上海市委、南京市委对我的大力支持，使我在较短的时间里高效地完成了对上海、南京有关农村社区股份制改革及农村集体资产监管问题的调研，获取了很多有益的经验、资料。

衷心感谢我的研究生马思聪、陆朝举、沈京媛、李伟、李玮钰等同学协助我完成调研、检索并整理相关资料，并与我讨论一些疑难问题。他们充满朝气的工作是我的调研中不可或缺的力量。

王玉梅

2018 年 8 月

前　言

随着农村工业化、城镇化进程的加快推进，近年来我国经济相对发达地区城镇周边的乡村行政体制作了相应调整，在撤乡并村和"村改居"的过程中，农村经济结构和社会结构正在发生深刻变化，原来集体所有的土地因为国家征收产生了数额可观的集体资产，除了征地补偿款之外，一些地区原先已有集体经济的运营，也积累了一定的集体资产。随着农村集体资产体量的增加，以及农民个人权利意识的觉醒，农民要求分享集体收益的呼声日益强烈。

城市扩张的背后是巨大的经济利益，一方面农民主张参与集体资产的管理、分享集体收益，另一方面与农村集体资产有关的腐败现象也在疯狂滋生。近年来"小官巨腐"问题严重，以北京市为例，2014 年北京市纪委对 16 个区县开展调研，并通报了在过去数年中发生的几起重大贪腐案件，其中朝阳区孙河乡原党委书记纪海义受贿 9 000 余万元、海淀区西北旺镇皇后店村原会计陈万寿挪用资金 1.19 亿元、延庆县旧县镇农村经济经营管理中心原主任袁学勤挪用公款 2 400 万元，同时北京市纪委正在对 56 名乡村干部违纪违法的问题进行严厉查处。[1] 如此严

---

〔1〕　参见"反腐败不可有丝毫懈怠——北京市纪委对 16 区县落实'两个责任'开展调研"，载 http://www.bjsupervision.gov.cn/lzbj/201712/t20171207_48223.html，最后访问日期：2015 年 2 月 26 日。

重的状况迫使我们反思现有的农村治理机制和农村集体资产监管体制。

长久以来，由于农村集体资产产权归属不清晰、权责不明确、保护不严格，导致了农村集体资产的荒废、闲置，甚至流失，加剧了模糊的集体产权制度与集体收益合理分配之间的尖锐矛盾，损害了农民的合法利益，影响农村社会的和谐稳定。

为了有效解决传统农村集体产权制度下产权虚置的弊端，防止农村集体资产流失，满足农民参与集体资产管理和集体收益分配的诉求，保护农村集体经济组织及其成员的利益，自20世纪80年代起，山东、广东、北京、上海、江浙等地陆续开展农村集体产权制度改革。农村集体产权制度改革，也称农村社区股份合作制改革，是在坚持农民集体所有的前提下，按照股份合作制的原则，将农村集体经济组织改制为农村社区股份合作社，对农村集体资产进行清产核资，将农村集体资产折股量化到人，使原来"名义上人人有份，实际上人人无份"的权利切实落实到农民身上，从而实现农民变股民，依股份分享农村集体资产收益。

现在，农村社区股份合作制改革已经从东南沿海省市扩展到中西部地区，成为解决集体资产产权矛盾、促进农村城市化的重要制度安排。中共中央十八届三中全会明确提出"保障农民集体经济组织成员权利，积极发展农民股份合作"。2014年中央一号文件《关于全面深化农村改革加快推进农业现代化的若干意见》中亦指出要"推动农村集体产权股份合作制改革，保障农民集体经济组织成员权利，赋予农民对落实到户的集体资产股份占有、收益、有偿退出及抵押、担保、继承权，建立农村产权流转交易市场，加强农村集体资金、资产、资源管理，提高集体经济组织资产运营管理水平，发展壮大农村集体经济"。2015 年中央一号文件明确提出，要推进农村集体产权制度改革，探索农村集体所有制有效实现形式，出台稳步推进农村集体产权制度改革的意见，开展赋予农民对集体资产股份权能改革试点；加强农村法治建设，健全农村产权保护法律制度，抓紧研究起草农村集体经济组织条例。可见，保障农民对农村集体资产的权益、推动农村社区股份合作制改革、促进农村产权制度法制化乃是大势所趋。

　　农村社区股份合作社是农村社区股份合作制改革的主要产物，是一种新型的农村集体经济组织，尽管中央文件中反复出现"农民股份合作制"的提法，但关于农村社区股份合作社还未有统一的法律规定。目前农民社区股份合作社的运作主要依赖于地方性的法规以及自治性质的农村社区股份合作社的章程，正因如此，各地的农村社区股份合作社各具特色，也显现出一些具体而棘手的问题。例如，农村社区股份合作社不同于合作社，也有别于公司，那么农村社区股份合作社的法律地位究竟为何？农村社区股份合作社的股东资格如何认定？农村社区股份合作社的治理机构如何安排？农村社区股份合作社与政府的关系如何处理？诸如此类难题，均需要进行细致且深入的研究才可能寻得破解之道，使农村社区股份合作社的运作得以规范化、法制化。

　　对于农村社区股份合作社，一些学者从经济学、管理学、农林专业角度进行了一些研究，但从法律的视角出发所做的系统的研究还比较少。笔者作为北京市人大代表，自 2002 年起被任命为北京市人大常委会农村工作委员会委员，有机会参与北京市人大农村工作委员会关于农村集体经济组织产权改革的调研及构建相关制度的论证。出于工作需要，也基于法学学者的学术研究兴趣，笔者一直较为关注与农村社区股份合作社有关的法律问题。2013~2014 年笔者受托于北京市海淀区农村工作委员会就农村集体资产监管问题进行了专题研究。在此期间，笔者对农村集体资产、政府监管行为和农村社区股份合作社的相关理论进行了较为深入的研究，并实地调研了海淀区多个乡镇和北京市其他区县的典型乡镇的相关情况，获得了很有价值的第一手资料，最终完成了题为《农村集体资产监管的法理基础与运行机制探究》的报告。事实上，对农村集体资产监管制度的研究有赖于对农村集体资产所依托的农村集体经济组织的全面而系统的认识，因此课题的研究也促成了本书的写作。

本书聚焦农村社区股份合作社的若干基本法律问题，通过对农村集体经济组织的发展脉络的梳理，揭示农村社区股份合作社产生的动因；通过农村社区股份合作社与公司、合作社、股份合作企业的比较分析，探究农村社区股份合作社的属性。在此基础上研究农村社区股份合作社的法律地位问题，并重点研究农村社区股份合作社的股东资格、股权设置与管理及其内部组织机构。最后，考虑到农村社区股份合作社与政府之间存在的微妙关系，本书还特别讨论了农村社区股份合作社的税收法律制度、公共产品供给，以及政府监管的问题。

笔者注意到，近几年在全国人大多次出现关于制定农村集体经济组织法的议案，北京市人大也将农村集体经济组织立法纳入五年立法规划中，农村社区股份合作社是农村集体经济组织在现阶段最新且最主要的表现形式，本书针对农村社区股份合作社基本法律问题的粗浅研究，望能为立法和决策提供一点理论支撑和参考。

应当说明的是，为本书之写作，笔者主要实地调研了北京市的若干典型区县，了解了农村社区股份合作社的一些现实情况，然受限于调研范围，本书中关于农村社区股份合作社的现状描述多以北京市为例。如后续有机会对其他省市进行实地调研，将进一步补充本书之内容。

王玉梅

2015 年 6 月

目　录
CONTENTS

第一章
农村社区股份合作社概论

我国民间自发性的合作源远流长。在广大的农村地区，农民间的合作体现为各种形式的农村合作经济组织，从农村合作经济组织的演变便可看出农村经济的发展进程。从清朝末年起，中国的土地上便涌现出一大批新实业的实践者，开始了各种合作社运动的尝试。但是对中国的经济和社会真正产生深远影响的是新中国成立后进行的一系列合作化运动。农业合作化耗时五年，在全国建立了土地等大型生产资料公有的农业生产合作社，将2500多年来一直由农民自有的土地转变为农民群众集体所有，实现了中国农村向社会主义的转变。[1]随后，在短短数月时间内，合作化运动演变为集体化运动，高级生产合作社（甚至有的地方从初级生产合作社）转变为公有化程度更高的人民公社。农业合作化和集体化运动，对整个国家的经济社会生活产生了巨大的影响。人民公社后期，各地实行的"双层经营体制"[2]的家庭联产承包责任制极大地促进了生产力的发展，使社会生活慢慢回归到正常的轨道，为农村社区合作经济组织的重构奠定了基础。

---

[1] 傅晨：《中国农村合作经济：组织形式与制度变迁》，中国经济出版社2006年版，第83页。

[2] "双层经营体制"是《中华人民共和国宪法》第8条规定的农村集体经济组织的经营体制。它是指以家庭联产承包责任为基础，统分结合的制度，包含家庭分散经营和集体统一经营两个层次。

步入 21 世纪，中国正在经历一波巨大的城镇化浪潮。1978 年中国只有不到 20% 的城镇人口，而目前中国城镇化率已超过 50%，到 2030 年，中国的城镇化率预计将达到 70% 左右。[1] 我国致力于推进高效、包容、可持续的新型城镇化。新型城镇化意味着更好地配置和整合农村资源，让劳动力、土地等生产资源以更合理的方式得到整合，让农民和城市居民共享城镇化成果，逐步实现农民和城市居民基本公共服务均等化。然而，在农村工业化、城镇化加快推进的过程中，农村集体资产产权归属不清晰、权责不明确、保护不严格等问题日益突出，影响了农村社会的稳定和发展。为了解决城镇化过程中的突出问题，实现新型城镇化的美好愿景，农村要尽快探索出一条新的道路，在城镇化的过程中主动出击，寻求更好的出路。为此，农村集体产权制度改革势在必行，农村社区股份合作社应运而生，并且正处于积极推广阶段。

本章将通过简要梳理农村社区股份合作社的历史发展进程，分析农村集体经济组织在历史演变过程中存在的问题和创新，试图寻找推动农村集体经济组织进行产权制度改革的动力和条件，呈现农村社区股份合作社发展的现状和特征，并简要探讨农村社区股份合作社在改制过程中遇到的主要法律问题。

第一节　农村社区股份合作社的历史沿革

在新中国从封建小农经济向农业现代化发展迈进的曲折道路上，农村经济组织的形式几经变迁，对农村经济以及整个国民经济产生了重大而深刻的影响。农村社区股份合作社是一种

---

〔1〕　国务院发展研究中心和世界银行联合课题组等："中国：推进高效、包容、可持续的新型城镇化"，载《中国经济报告》2014 年第 4 期。

新型的农村集体经济组织形式，是循着农业合作化、集体化、家庭联产承包责任制度的轨迹对农村集体经济组织所进行的进一步改革。通过对农村集体经济组织发展脉络的回顾，我们可以发现农村社区股份合作社发展的基础、背景及条件。

一、新中国农业合作化和集体化进程

（一）农业合作化

1. 农业合作化的背景

农业合作化运动在新中国成立前已有相应实践。中国共产党在新中国成立前就已经开始在革命根据地组织农民进行经济合作，该阶段由于面临着残酷的战争，军队和人民的生活都极其困难，粮食物资都比较匮乏，为了发展农业生产，解决农民和军队的温饱问题，共产党通过经济合作的形式整合农村有限的人力、物力、畜力，将分散的个体劳动组织起来以生产更多的粮食。[1]1931 年，福建省上杭县才溪乡在中央领导的倡议下出现了中央苏区第一个劳动互助社。[2]1933 年苏区中央政府颁布了《劳动互助社组织纲要》，对于组织互助社的一些原则问题进行了规定。1933 年 3 月和 4 月，苏区中央政府先后发布了《关于组织犁牛站的办法》和《关于组织犁牛合作社的训令》，倡导农村建立互助社以调剂劳力、生产工具等余缺。

土地改革之后，农民虽然分得了土地，但是耕畜和农具等生产资料严重匮乏，农田水利失修，战争的破坏和劳动力伤亡，加上自然灾害，严重束缚了农业生产发展，农村生产力水平依然较为低下，农民生活贫困。据资料显示，当时陆续有地区出现了

---

〔1〕 中共中央党史研究室编：《中共中央文件选集》（第四册），中共中央党校出版社 1991 年版，第 353 页。

〔2〕 余伯流：《中央苏区经济建设》，中央文献出版社 2009 年版，第 32 页。

出卖土改中分得的土地的现象。[1]为了巩固革命成果，调剂劳动力和生产工具的余缺，抵御自然灾害对农业的破坏以发展农业生产，在国家政策[2]的引导下农村开始走上互助合作的道路。

此外，新中国工业化发展的需要也有赖于农业合作化运动的支持。新中国成立后，同战后大多数发展中国家将"工业化"视作国家取得政治独立和经济发展的重要手段和保证的认识一致，共产党也认为，新生的社会主义国家只有像苏联一样迅速发展工业，特别是重工业，才能在层层封锁的政治格局中谋求独立发展的空间，才能摆脱贫穷和落后。根据国务院农业发展研究中心 1986 年的推算，"1953～1978 年计划经济时期的 25 年间，工农产品价格剪刀差总额估计在 6 000 亿～8 000 亿元。而到改革开放前的 1978 年，国家工业固定资产总计不超过 9 000 亿。因此可以认为，中国的国家工业化的'资本原始积累'主要来源于农业。"[3]1953 年 10 月，中共中央发布《关于实行粮食计划收购与计划供应的命令》，在全国范围内对主要农副产品实行统购统销政策。为了落实统购统销政策，防止农民不按照国家规定的价格而进行"私自交换""黑市交易"，农业合作化运动悄然兴起。农业合作化运动，一方面在客观上提高了生产

---

〔1〕 根据对山西省忻县 143 个村的调查，从 1952 年起出卖土地的农户和出卖土地的数量都呈逐年上涨的态势。参见史敬棠等编：《中国农业合作化运动史料》（下册），生活·读书·新知三联书店 1959 年版，第 251、968 页。

〔2〕 1951 年 12 月中共中央颁布《关于农业生产互助合作的决议（草案）》，其中明确提出："要克服很多农民在分散经营中所发生的困难，要使广大贫困的农民能够迅速地增加生产而走上丰衣足食的道路，要使国家得到比现在更多的商品粮食及其他生产原料，就必须提倡'组织起来'，按照自愿互利的原则，发挥农民劳动互助的积极性。"参见国家农业委员会办公厅编：《农业集体化重要文件汇编》（上），中共中央党校出版社 1981 年版，第 39 页。

〔3〕 温铁军：《中国农村基本经济制度研究——"三农"问题的世纪反思》，中国经济出版社 2000 年版，第 177 页。

力水平，另一方面，比起与分散的农户进行交易，政府通过合作社收购农副产品，也降低了交易成本。

2. 农业合作化的进程

我国农业合作化经历了互助组、初级生产合作社和高级生产合作社三个阶段。

（1）互助组

新中国成立后，党中央一直没有停止对农业合作化道路的探索。1951 年 12 月，中央颁布了《关于农业生产互助合作的决议（草案）》（以下简称《决议（草案）》），确定了互助合作方针，正式开启了中国农业合作化运动。《决议（草案）》根据不同地区实践情况的差异，把互助合作分成三种类型：临时互助[1]、常年互助[2]以及以土地入股为特点的农业生产合作社。在本阶段，互助组尊重农民的真实意愿，组织规模较小，土地及其他生产资料所有权性质没有发生变化，加之经各级党委的宣传与落实，互助组受到了农民的普遍欢迎。1952 年全国有农业互助组 802.6 万个，参加互助组的农户有 4 536.4 万户，占全国总农户的 39.9%，比 1951 年增加了 20.7%。[3]1953 年 2 月，《关于农业生产互助合作的决议》去掉"草案"二字，正式颁布，更加明确地引导农民走互助合作的道路。1953 年底参加互助合作组织的农户达 4 790 万户，占全国总农户的 43.6%。[4]

---

〔1〕 临时互助组的特点是土地、农具等生产资料仍然归农户私有，根据农事季节、劳动力和牲畜临时安排生产，由农户自愿结合，互帮互助。

〔2〕 常年互助组的特点是在农户生产资料所有制不变的基础上，有简单的生产计划和管理制度，有简单的产业分工，有的常年互助组还有一定的公共积累。

〔3〕 国家统计局农业统计司编：《农业合作化和 1955 年农业生产合作社收益分配的统计资料》，统计出版社 1957 年版，第 9~10 页。

〔4〕《中国农村经济学》编写组编：《中国农村经济学》，中国农业出版社 1988 年版，第 43 页。

互助合作运动尊重农民意愿，基本坚持了互助合作的原则。[1]互助组没有改变生产资料所有权权属关系，以自愿结合为基础，能够更好地调剂人力、畜力以及劳动工具的分配，保证了耕种和收割等农业活动能够及时顺利进行。对互助合作中出现的问题，中央多次开会并发文予以纠正，从1953年3月开始到6月结束，中央曾经进行了互助合作的系列整顿工作，在《关于农业生产互助合作的决议》中也强调了一方面要纠正放任自流的错误，另一方面也要杜绝急躁冒进的情绪。

（2）初级生产合作社

1953年6月，中央确定了党在过渡时期的总路线和总任务，确定要在十年到十五年的时间里，基本上完成国家工业化和对农业、手工业、资本主义工商业的社会主义改造。中央认为，对农业进行社会主义改造最好的方式就是推行农业生产合作社，借此向社会主义过渡。1953年12月16日，中共中央颁布了《关于发展农业生产合作社的决议》（以下简称《决议》），该《决议》正式提出了"农业合作化"和"合作化道路"的概念。[2]《决议》认为，从有少量公共财产的常年互助组到实行土地入股、统一经营而有较多公共财产的农业生产合作社是社会主义因素逐步增加的过程，肯定了在初级生产合作社中私有制和公有制因素共存，阐述了初级生产合作社的十个优越性，明确发展互助合作运动以提高农业生产力是今后党领导农村工作的中心，要求各级党委做好宣传领导工作并专门强调了发展农业生

---

　　[1]　1953年3月24日，毛泽东在对1951年试行的《关于农业生产互助的合作决议（草案）》的修改中增加了一条："要充分地满腔热情地没有隔阂地去照顾、帮助和耐心地教育单干农民，必须承认他们的单干是合法的（为《共同纲领》和《土地改革法》所规定），不要讥笑他们，不要骂他们落后，更不许采用威胁和限制的方法打击他们。"
　　[2]　参见傅晨：《中国农村合作经济：组织形式与制度变迁》，中国经济出版社2006年版，第94页。

产合作社必须尊重农民的意愿，必须采用说服、示范支持的方式而不能用强迫命令和剥夺的办法。初级生产合作社保留农民对土地、牲畜、农具等生产资料的个人所有，同时通过"能人干部""民主评议"等方式对合作社内的资源进行调配安排、统一使用，合作社按照个人入社的土地、农具等的质量和数量确定分红比例，同时按照社员劳动的情况通过按工分分配的方式给予适当的报酬。初级生产合作社将所有权与经营权相分离，所有权归农民，经营权归初级生产合作社，既充分尊重农民财产的私有性质和入社的意愿，又克服了分散经营的不便和缺陷。在此期间，初级生产合作社的数量急剧攀升。但由于出现了急躁冒进的情绪[1]，使得初级生产合作社的发展出现了偏差[2]，对此中央进行了一系列的调整[3]。总体上，这个阶段进行的农业合

---

[1] 有学者认为出现急躁冒进情绪的原因主要有三个：第一，在指导思想上把是否搞互助合作看作是否走社会主义道路的问题，在实践和认识上都把发展个体经济的积极性看作是走资本主义道路；第二，在宣传上存在片面性，对一些根本性问题的提法不妥当甚至是错误的；第三，农民代表团访问苏联，归来后的农民广泛宣传了苏联农业集体化的好处，加上宣传中的片面性，例如合作社越大越优越、初级社要多积累公共财产等，这使得农民似乎看到了美好的前途，激进地想要办社入社。参见高化民：《农业合作化运动始末》，中国青年出版社1999年版，第70页。

[2] 出现的问题主要有：一是盲目扩大合作社的公共财产，侵犯了中农、富农的利益；二是重社轻组，片面强调扩大规模；三是工作方法简单，强迫农民入社。参见高化民：《农业合作化运动始末》，中国青年出版社1999年版，第71~75页。

[3] 中央在1955年1月10日发布了《关于整顿和巩固农业生产合作社的通知》，随后针对不同地区不同的问题，于同年1月15日发布《关于大力保护耕畜的紧急指示》，2月25日发布《关于在少数民族地区进行农业社会主义改造问题的指示》，3月3日国务院发布《关于春耕生产的决议》，指出春耕前停止发展新的合作社，集中力量整顿现有的合作社。国务院还联合中共中央发布《关于迅速布置粮食购销工作安定农民生产情绪的紧急指示》，认为在工作中应该"把农民合作化的步骤再放慢一些"。3月22日，中央农村工作部发布《关于巩固现有合作社的通知》，强调"无论何地均应停止发展新社，全力转向春耕生产和巩固已有社的工作"。参见吴业苗：《演讲与偏离：农民经济合作及其组织化研究》，南京师范大学出版社2011年版，第162页。

作化运动还是比较健康且富有成效的。

（3）高级生产合作社

根据《关于发展农业生产合作社的决议》中所设计的对农业进行社会主义改造的道路，农业合作化的最后一站便是高级生产合作社。从农户单干到互助组，再到初级生产合作社，尽管农业生产的组织方式以及社员对合作社的依存程度发生了较大变化，但是农民对土地和其他生产工具的私有权利是被承认和尊重的，生产资料的私有性质没有发生变化，只是在初级生产合作社中积累了部分的共有财产，因此被认为是"半社会主义"，而高级生产合作社的目标是"完全的社会主义"。高级生产合作社的基本特征是土地等生产资料归合作社集体公有，统一经营管理，通过工分计算个人劳动贡献，据此进行分配。大规模地发展高级生产合作社的运动是从 1955 年下半年开始的。1955 年，中央七届六中全会通过了《关于农业合作化问题的决议》，正式宣告要加大力度发展农业合作化运动。在这个过程中，有的高级生产合作社是由几个初级生产合作社归并的，更多则是"一步登天"建立的，全国有三分之一以上的农民没有经历互助组，就从单干户一跃成为高级生产合作社的社员。[1]到 1956 年 12 月底，全国共有高级生产合作社 54 万个，入社农户占总农户的 87.8%，中国农村基本上实现了高级农业生产合作化。[2]从 1955 年下半年开始，在不到一年半的时间里，农村

---

〔1〕 参见傅晨：《中国农村合作经济：组织形式与制度变迁》，中国经济出版社 2006 年版，第 96 页。

〔2〕 其中加入高级社农户占总农户 90% 以上的地区有北京、天津、河北、山西、吉林、黑龙江、河南、湖北、湖南、江西、广西、上海、辽宁、江苏、安徽、浙江，80%~89.9% 的有内蒙古、山西、甘肃、山东、广东，福建是 79.9%，60%~69.9% 的有青海、四川、云南，新疆和贵州在 59.9% 以下。参见莫曰达编著：《我国农业合作化的发展》，统计出版社 1957 年版，第 133 页。

地区实现了从承认土地私有的互助组、初级生产合作社到土地公有的高级生产合作社的变革。初期，高级生产合作社的规模平均为60户左右，但是后来农民响应中央农业合作化运动的号召，高级生产合作社的规模不断扩大，1956年高级生产合作社的平均规模已达到250户，有的甚至在千户以上，一乡一社，甚至几乡一社。诚然，高级生产合作社在兴修水利、农田基本建设、抵御自然灾害等方面具有一定的优越性，但是高级生产合作社不断扩大的规模和广泛的覆盖范围为人民公社化运动埋下了伏笔。

（二）农业集体化

1958年3月，中共中央工作会议通过了《关于把小型农业生产合作社适当地合并为大社的意见》。1958年5月，中共八大二次会议正式通过"鼓足干劲，力争上游，多快好省地建设社会主义"的总路线。1958年8月底，中央政治局召开会议，通过了《关于在农村建立人民公社的决议》。决议公布后，全国迅速掀起了建立人民公社的浪潮。同年9月底，全国农村共建立了人民公社23 397个，参加人民公社的农户占农户总数的90.4%。10月底，全国74万个农业合作社合并为28 500多个人民公社，入社农户占农户总数的99%。[1]在三个月内全国实现了人民公社化，原来打算在十年至十五年甚至更长的时间内完成的农业社会主义改造，在短短五六年的时间内就完成了。

人民公社的制度特征主要是：第一，"一大二公"——生产规模大[2]、公有化程度高。所有生产资料由生产队统一经营管

---

〔1〕 参见中华人民共和国农业部政策法规司、中华人民共和国国家统计局农村司编著：《中国农村40年》，中原农民出版社1989年版，第122页。

〔2〕 据1958年9月底的统计，全国已经建成的公社中，5 000～10 000户的人民公社占29.4%，10 000户以上的占10.2%。一个县为一个公社的，和成立了全县人民公社联社的，已有94个。参见杜润生主编：《当代中国的农业合作制（上）》，当代中国出版社2002年版，第526页。

理，社员被统一安排劳动，对生产事务无自主安排的权力，农民家庭作为基本生产经营单位的地位被否认。第二，平均分配。人民公社的分配原则是，在优先满足公社全体人员的基本需求之后，实行按劳分配的定级工资制。但事实上，由于农村生产力水平低下，生产的粮食在缴完公粮后勉强只够社员的口粮，基本上不存在富余的粮食以供按劳分配，因此按劳分配实质上变成了平均分配，这种平均主义的做法极大地伤害了社员劳动的积极性。[1]第三，政社合一。人民公社的管理机构是公社管理委员会，受县政府及其派出机关的领导，不仅承担着调配生产、发展经济的职能，而且管理着公社中生产建设、粮食、财政、民政、文教、卫生等各个方面的事项，人民公社相当于当时我国农村地区的基层政权组织。

在人民公社的制度安排下，农民几乎成为了无产者，基本不存在对生产资料的私有产权。[2]人民公社的制度设计存在严重问题，与当时的生产力发展水平不相适应，严重挫伤了农民生产积极性。从1958年起，中央开始对人民公社体制进行调整。1962年，人民公社的组织结构调整为"三级所有，队为基

---

〔1〕 在这种安排下，劳动效率降低，给生产造成了严重的破坏。在三年困难时期，农民生活发生了严重的困难，在难以为继的情况下，人民公社逐渐取消了供给制，实行统一出工，按工分配。

〔2〕 根据资料调查数据，1978年每个公社拥有的固定资产为305.9万元，以此推算全国农村固定资产总额为1 614.6亿元，其中社队企业固定资产为230亿元；全国农村集体耕地的地产，以农业净产出和利率估算为12 665亿元；此外，还有55.67亿元集体存款和若干公共存粮。抵消掉一些集体的债务之后，人民公社财产总额共约14 335亿元，平均每个公社约合2 715.9万元，其中地产就占88.4%。当时农民家庭只拥有少量归他们所有、使用和收益的财产：平均每户仅拥有估价不超过500元的住房，32.09元的货币存量和不超过60斤的余粮。此外，还有数量微不足道的一些简单农具。农区每户有0.5~0.7亩自留地，原则上限于自给蔬菜和部分口粮；牧区还有少数自留畜。参见温铁军：《"三农"问题与制度变迁》，中国经济出版社2009年版，第291页。

础"〔1〕，缩小了人民公社的规模，但是最终也未能改变人民公社制度被废除的命运。

（三）农业合作化、集体化的经验教训

总的来说，通过合作社把农户的生产资料集中起来进行统一经营管理的方式能够克服单干户制度下生产能力低下的弊端。但是，在生产力水平不高和干部群众缺乏必要准备的情况下，过早过快地推动合作化的深入，推行合作化程度更高的制度并不适当。在产权制度方面，从互助组、初级生产合作社到高级生产合作社，农民对土地和其他重要生产资料的所有权逐步让渡给集体、国家，并最终丧失私人所有权。在某种程度上，这是通过政治运动的方式改变了所有权的归属。在退社权这个重要的问题上，直到高级生产合作社，社员都是有退社权的，但是在人民公社时期，农民完全丧失了退社权。

这场被异化的合作化运动带来的经验教训是：首先，合作应源于农民自发的需求，因此在农业合作化的过程中，应充分尊重农民合作的意愿。事实证明，合作化是能够帮助农民更好发展经济、提高生产力的好制度，党和政府应该通过提供服务的方式指导和引导农民自愿组建合作社。其次，在组建合作社后，当合作组织规模逐渐扩大时，框架结构、监督制度的构建都显得尤为重要，否则容易损害农民的"私利"。最后，在产权制度上，无论从经济学的角度还是从法学的角度，产权都是"权利束"，是所有权人对其所有的物的自由支配和使用的权利

---

〔1〕　根据 1962 年 9 月发布的《农村人民公社工作条例（修正草案）》，三级结构分别是公社、生产大队、生产队。公社的生产资料由这三级组织共同占有，生产队组织生产分配的基本单位。土地、牲畜、农具等最基本的生产资料归生产队所有，劳动力由生产队进行支配，生产队是最基本的核算单位，独立核算，自负盈亏。这种组织结构的形式是后来农村社区集体经济组织的组织结构以及改制后的农村社区股份合作社的基础。

的集合。但是在农业合作化运动和集体化运动的过程中，以集体作为所有权的载体导致了严重的产权模糊问题，对于集体资产，名义上人人有份，但实际上农民基本上失去了对集体资产进行管理和控制的权利。这些都是当前为了实现农村集体经济健康运转所应当汲取的经验教训。

二、农村社区股份合作社的出现

农村社区股份合作社是经过股份合作制改造的社区合作经济组织，社区合作经济组织作为人民公社改制的结果，其制度基础是双层经营体制下的家庭联产承包责任制。在人民公社制度实行的末期，人民公社制度逐步被各种形式的生产责任制所取代。在这个过程中，农户逐步恢复了经营主体的地位，生产积极性大大提高，人民公社制度中遗留的部分问题得以解决。人民公社解体后，人民公社的政治职能由新设的乡镇人民政府接管，其经济职能得到保留但更名为经济合作社、经济联合社等。随后，为了更好地管理农村集体资产，寻求农村经济的更快发展和公平合理的收益分配，以股份合作制为代表的产权制度改革悄然兴起。

（一）社区合作经济组织重构的基础：家庭联产承包责任制

1978年，党的十一届三中全会决定在中国进行经济体制改革，允许在农村建立以家庭为基本单位的包产到户的责任制形式，开启了农业合作化运动以来中国农村经济制度的又一次深刻变革。会议通过了《关于加快农业发展若干问题的决定（草案）》和《农村人民公社工作条例（试行草案）》[1]，明确鼓

---

[1] 该条例中虽然规定"不许包产到户""不许分田单干"，但肯定了包工到组、联产计酬的管理方式，比过去实行的"集中劳动""平均分配"等管理方式前进了一步，并强调了要解放思想，支持对农村管理体制进行改革的要求。

励各种生产责任制度的尝试与恢复。1979 年，党的十一届四中全会通过了《关于加快农业发展若干问题的决定》，肯定了包工到组和包产到组。1980 年 9 月，中共中央印发了《关于进一步加强和完善农业生产责任制的几个问题》，对各种形式的生产责任制的实践给予充分肯定和鼓励。1982 年，中共中央出台了一系列文件肯定家庭联产承包责任制的实施，要求在坚持土地等生产资料公有制的基础上推行家庭联产承包责任制。1984 年中央一号文件将土地承包期延长为 15 年。1993 年，中央决定将土地承包期延长至 30 年，从事特殊开发性生产的，土地承包期可以更长。1999 年 3 月，"农村集体经济组织实行家庭承包经营[1]为基础、统分结合的双层经营体制"载入我国宪法。

通过家庭联产承包责任制等一系列生产责任制度的安排，中国农村生产经营和所有权制度又一次发生了重大变革。土地等重要生产资料的生产经营权和所有权重新分离，使农业资源的分配方式重新回到合理的轨道上来。在这一次改革中，农村基层的财产经营和存在方式都发生了根本性变化，农民从人民

---

〔1〕 1998 年 10 月，中共中央十五届三中全会中通过的《关于农业和农村工作若干重大问题的决定》肯定了家庭承包经营的方式，取消了以往"家庭联产承包责任制"的称呼。有学者认为，家庭联产承包责任制与家庭承包制是两种截然不同的制度。前者是延续人民公社时期"三级所有，队为基础"的体制，土地的所有权归集体所有，农户在遵循集体计划安排的前提下，集体把土地的使用、经营和收益权分配给农民。或者说，根据地方的实践，最具体的就是把包工包产的结算方式从"秋后算账"改为"春前算账"（在开春种地之前先把该上交的粮食数量确定下来，而不是秋后收割之后再确定）。而家庭承包制，则是乡村集体经济组织在对农户以承包为名按照人口分配土地之后，就退出了农业直接生产的阵线，农户除了向国家和集体上缴税费或其他实物外，自主决定土地的经营并占有收益。分配方式变成"交足国家的，留够集体的，剩下都是自己的"。据学者统计，"家庭联产承包责任制"作为一种经济制度，在大多数地区只在 1978~1982 农村改革初期实行过，随后都是以大包干为实质的"家庭承包制"。参见温铁军：《"三农"问题与制度变迁》，中国经济出版社 2009 年版，第 293~295 页。

公社时期的基本没有私有财产的状态逐渐恢复到拥有一定生产资料的积累[1]，农民私有财产增长迅速。集体经营的内容变更为对土地承包、流转的监督和指导，为分散农户提供产业指导服务，开展非农经营壮大集体资产，发展社区公共福利等。这使得农民和集体的积极性都得到较大提高。

（二）社区合作经济组织的重构

随着家庭联产承包责任制的迅速推行，政社合一的人民公社制度受到了猛烈冲击，多数地方的生产管理陷入到"无组织"的状态中。人民公社、大队和生产队已经不能承担农村基层的经济、政治等职能。1979 年，四川省广汉县向阳公社在全国率先进行改革试点，通过设立农工商公司取代人民公社的经济职能，人民公社的政治管理职能则由县政府承担。这一尝试得到了中央的重视，试点的成功瓦解了人民公社体制，新的农村组织管理制度登上历史舞台。

1982 年 4 月，《关于中华人民共和国宪法修改草案的说明》中明确"为了加强农村基层政权，健全农村集体经济组织，草案按照政社分开的原则，规定设立乡政权，保留人民公社作为集体经济组织，这既有利于改进和加强政权工作，密切政权同群众的联系，也有利于集体经济组织的发展。政社分开，只有把政权那一部分职权分出去，公社、大队、生产队的企业和其他一切财产的所有权，仍然不变"。同年 12 月，第五届全国人民代表大会第五次会议通过了新的《中华人民共和国宪法》，删除了原来人民公社是基层政权组织的条文，改为"农村人民公社……

---

〔1〕 根据测算，1985 年全国地产总估价为 5 万亿元，每个农户以承包名义平均占有 26 250 元。集体的牲畜和大宗农机具等经折价处置，实物流转到农户，折价款则归留集体。1985 年，当时仅社员尚未付款的集体财产折价款就达 124.4 亿元，推算已流转到农户的资产共有 200 亿元以上。参见温铁军：《中国农村基本经济制度研究——"三农"问题的世纪反思》，中国经济出版社 2000 年版，第 285 页。

等各种形式的合作经济，是社会主义劳动群众集体所有制经济"，"省、直辖市、县、市、市辖区、乡、民族乡、镇设立人民代表大会和人民政府"。根据1982年《宪法》的要求，人民公社不再是一级基层政权组织，在原公社一级设立乡（镇）人民代表大会和人民政府，原来的生产大队改为村民委员会，作为基层群众自治组织。1983年10月，国务院发布《关于实行政社分开建立乡政府的通知》，除了按照宪法的规定实行政社分离的乡村政治体制改革，还鼓励各地方根据生产的需要和农民的意愿，逐步建立经济组织。1984年，中央一号文件指出，政社分开以后，"为了完善统一经营和分散经营相结合的体制，一般应设置以土地公有为基础的地区性合作经济组织。这种组织，可以叫农业合作社、经济联合社或群众选定的其他名称；可以以村（大队或联队）为范围设置，也可以以生产队为单位设置；可以同村民委员会分立，也可以一套班子两块牌子。以村为范围设置的，原生产队的资产不得平调，债权、债务要妥善处理。此外，农民还可不受地区限制，自愿参加或组成不同形式、不同规模的各种专业合作经济组织"。原公社一级已经形成经济实体或者建立不同形式的经济联合组织或协调服务组织的，其与地区性合作经济组织和其他专业合作经济组织，是平等互利或协调指导的关系，不再是行政隶属和逐级过渡的关系。

在这一阶段，我国农村的组织管理模式是：农村基层政治组织是乡镇政府和乡镇人民代表大会，村一级设立村民委员会作为农民自治组织，人民公社转变为经济组织，按实际情况更名为"合作社""经济联社"等。到1985年年底，全国原有的5.6万个人民公社改建成为9.2万个乡（镇）人民政府，全国原有的 55.3 万个生产大队，建立了 94.3 万个村民委员会。[1]但是农村设立社区合作经济组织的工作并没有与乡镇政府和村民委员会的建立同时完成，由于 1984 年中央一号文件允许"一套班子、两块牌子"的存在，多数地区并没有独立的社区合作经济组织，而是把社区合作经济组织与村民委员会合为一体，即便有些地方在名义上设立了社区合作经济组织，这些农村集体经济组织实际上也长期处于虚置状态，农村社区的经济和政治职能一直由村民委员会一体承担。

（三）对社区合作经济组织进行股份合作制改革的背景和条件

1. 城市化激化城乡接合部矛盾

农村社区股份合作社的发展与农村社区原有的集体经济组织关系密切。股份合作制改革多数源起于集体经济比较发达的地区，且其发达程度与所在地区城镇化程度和集体非农化经营程度密切相关。这些区域多数为农村城市化的前沿阵地，与城市核心地区接壤，随着城市规模的不断扩大，城乡接合部地区逐渐被纳入城市的一部分，原来传统的农村生产生活方式被城市的生产生活方式所打破。城乡接合部兼具城市和农村的功能和特点，这些地区非农产业较为发达，也可能保留有部分农业。被保留的农业并不完全属于传统意义上的纯生产型农业，更多是成为城市的后花园，通过保留农业的方式为城市居民提供第三产业的服务，其生产作业成为了城市经济的一部分。但是，城乡接合部地区在基础设施建设、人口密度等方面与城市相比仍有一定的差距，在公共服务、基础设施配套上也未能像城市一样构建完整的模式化供给，故其对集体经济组织和乡镇政府仍有一定程度的依赖。在这样的环境下，农民们逐渐了解并融入与其"近在咫尺"的城市

---

　　[1]　参见杜润生主编：《当代中国的农业合作制（下）》，当代中国出版社 2002 年版，第 67 页。

的生活，思想和生活方式也在潜移默化地发生变化。加上政策和社区建设对城乡接合部地区的影响，如征收土地为城市修建大型公共设施等，矛盾或者变革在这些地区更容易产生。

以较早进行社区股份合作制改革的广州市天河区[1]为例，天河区本是广州市东部郊区，但地理位置优越，为珠三角地区进出广州的必经之地，是典型的城乡接合部地区。天河区在开展股份合作制改革之前，有一定的集体经济基础。截至1987年开始实行股份合作制改革时，全区村级集体经济资产总额已达1.8亿元，有19个行政村集体资产超过一千万，集体资产总量最高的登峰村资产总额达到7 360万元，第二、第三产业占整个经济收入80%以上。[2]如此丰厚的集体资产积累使得农民们开始萌生了共享集体收益的诉求，但是当时集体产权并不明晰，在人民公社阶段，农民能够凭借劳动挣取的工分作为分享集体收益的尺度，而家庭联产承包责任制施行后，实行的是"交足国家的，剩下都是自己的"的制度，由于缺乏明确的分配制度，分配主导权落到了村镇干部的手里，对集体收益的分配方式差

---

〔1〕 广州市天河区的改革首先在沙河镇的杨箕村和登峰村进行，此改革模式被称为"天河模式"。天河区的改革从20世纪80年代开始至今，通过不断探索以完善"天河模式"。改革初期，在杨箕村和登峰村对集体资产进行清产核资、登记造册，股权主要设置为集体股和个人股，集体股持股人为集体经济合作社，这部分股权大约占60%；1994年天河区区委、区政府印发了《关于进一步完善农村股份合作制的若干规定》（穗天委〔1994〕15号），明确规定取消集体股，将集体资产全部折股量化到人，股东股权实行固化并承认股份合作制的福利性；2001年，天河区区委、区政府发布了《农村股份合作经济组织基本规定》（穗天委〔2001〕07号），规定股份合作经济组织以其全部资产（不包括资源性资产）分为等额股份，由所有股东以"按份共有"方式共同占有。参见陈天宝：《农村社区股份合作制改革及规范》，中国农业大学出版社2009年版，第25~26页；傅晨：《中国农村合作经济：组织形式与制度变迁》，中国经济出版社2006年版，第139~141页。

〔2〕 参见傅晨：《中国农村合作经济：组织形式与制度变迁》，中国经济出版社2006年版，第137~139页。

异性较大，从而激化了农民与村干部之间的矛盾。天河区进行股份合作制改革的另一催化剂则是在"七五"期间，由于承办第六届全国运动会的天河体育中心坐落在天河区，为完善相关的市政公共设施，广州市政府在天河区大量征地，而登峰村正是被征地的重点地区，政府的征地行为大大促进了登峰村城镇化的进程。按照当时的政策，获得征地补偿款的农民转居民，从此脱离农民身份，成为进城务工的自谋职业者。但是原本居住在登峰村的农民有农业耕种及出租房屋、厂房等收入以及农村集体经济组织发放的福利，一旦"农转非"意味着拿到一笔现金，但是失去以集体成员资格为基础的财产分配权利，以及农村集体经济组织分发的福利，也无法获得由于土地不断升值带来的可预见收入，所以当地农民选择不配合"农转非"工作。结果是，一方面，基层政府无法完成市政府按照国家规划下达的"农转非"的指标；另一方面，有部分已经同意"农转非"的农民在发现自己的利益受损后，提出以一定的价格赎回自己农民身份的请求。一时间，农民、集体、政府之间的关系变得有些紧张。在这样的情况下，构建一套使集体产权更为明晰的集体资产分配机制显得尤为迫切，通过这个机制可以让集体资产的分配更加科学、更加透明，不再简单以目前的农民身份作为衡量标准，而是承认农民以前在集体经济组织中所做的贡献，使得农民即使在身份上转变为城市居民后仍然能够获取农村集体经济组织发放的福利，从而更好地享受城市化的成果。与此同时，通过农村集体经济组织发放福利可以有效解决农民刚刚进入城市，社会保障等城市公共服务还未全面覆盖所带来的种种问题。

无独有偶，与广州市天河区登峰村的情况类似，北京市丰台区南苑乡的改革也在被动城市化的矛盾中推进。南苑乡位于北京城区南二环路以南至南五环路之间，改革开放以来，由于北京城市建设速度加快，城市规模不断扩张，南苑乡的农用地开始被大量征收，这给南苑乡带来了城市化发展机遇的同时也带来了矛盾。资料显示南苑乡蒲黄榆村经济合作社曾经是全乡集体经济最发达的村，1984 年建设方庄住宅小区，全村 3 000多亩土地全部被国家征占，农民转居民，2 000 名劳动力被国有企业吸收，村集体的 5 000 多万元固定资产积累被国家平调。[1]虽然 20 世纪 80 年代以来对于撤制村队后集体资产的处理方式已经不再是以前"撤队交村、撤村交乡"[2]的简单处理方式，但是按照当时的政策规定，如《关于征地撤队后集体资产的处理意见》（京农〔1985〕69 号），集体固定资产、公积金余额、土地补偿费等需要全部上交所属村或乡合作经济组织；地上物补偿费、青苗补偿费、生产费基金、公益金、生活基金和流动资产变价款等归社员合理分配；自有财物补偿费全部归所有者所得。另外，农民转居转工进入城镇以后，由于没有掌握相应的生产生活技能，只能从事报酬较低的工作，且其在农村的劳动年限不计入工龄，退休时退休金远少于城镇职工，这使得大部分农民转居转工之后的生活水平大大下降。在被动城市化的过程中，集体资产被"平调"、农民沦为不能享受城市福利的城市居民等都极大地挫伤了农民群众发展集体经济的热情和积极性。而且，当时的集体产权不明晰，农民没有参与农村集体经济组织管理的动力，自下而上的管理监督机制不够健全。面对这些不利局面，改革是唯一的出路。既然城市化是大势所趋，那么农民就应该主动加入到城市化的大流中。但该过程不应成为以剥夺农

---

〔1〕　参见黄序主编：《北京城乡发展报告 2007～2008》，社会科学文献出版社 2008 年版，第 219 页。

〔2〕　赵家如："北京市农村社区股份合作制变迁绩效研究"，中国农业大学 2014 年博士学位论文。

民权益的方式，而应改变对集体资产简单粗暴的分配方式，承认农民曾经对集体经济做出的贡献。实践证明[1]，股份合作制改革能够有效缓解城市化过程中产生的矛盾，引导农民变被动城市化为主动城市化，让农民共享城市化的成果。

除了北京市和广州市之外，江浙地区的农村社区股份合作社的出现也基于类似的背景。实行家庭联产承包责任制后，在生产经营的过程中农户个体经济和集体经济的界限较为明晰，除了自主经营的收入，集体经济组织分配的收益也是农户重要的收入来源。但是，在人民公社制度解体后，集体经营收益如何分配存在制度空白，每村每镇的制度安排存在较大差异，随着集体经营收益的不断增长，农民对集体收益进行分配的意愿愈加强烈，更加希望有一套科学、透明的收益分配方案。

2. 穷则思变的动力

除了在城镇化的过程中化被动为主动的城乡接合部地区，也有些落后贫穷的地区因为"穷怕了"，进而在能人型领导人的倡导之下，奋发图强，看准投资或者发展的领域，通过合理的制度将社区内村民手中闲散的资金、自有的生产资料整合起来，进行规模经营，最终带来丰厚的利润。

---

[1] 南苑乡的改革从 1993 年开始，在探索初期，集体经济组织将净资产的 30%量化为个人股，其余 70%为集体股，个人股仅有收益权没有所有权；1995 年，南苑乡果园村率先打破村民仅有收益权没有所有权的情况，将部分集体净资产的所有权量化给集体经济组织成员；2000 年起丰台区区委区政府出台一系列指导文件加大改革推进力度；2005 年，南苑乡农工商总公司 1.4 亿元净资产量化给了 16 个团体股东，成立了中苑盛世投资管理有限责任公司。其中，15 个村集体经济组织拥有中苑盛世有限责任公司 30%的股份；代表 4 000 多名乡办企业职工权益的鑫苑大红门投资管理有限责任公司，拥有中苑盛世投资管理有限责任公司 70%的股份。"乡村联动"的南苑模式取得了较为明显的效果，农民收入大幅增加。参见黄中廷：《农村集体经济产权制度改革研究》，新华出版社 2007 年版，第 310 页；陈天宝：《农村社区股份合作制改革及规范》，中国农业大学出版社 2009 年版，第 35~37 页。

较为典型的例子是深圳宝安区沙井镇万丰村[1]，该村庄素以穷困著称，受不住煎熬的万丰年轻人纷纷背井离乡，青壮年劳动力急剧下降，劳动力的缺乏使原本不发达的集体经济更是雪上加霜。与前面提到的广州市天河区登峰村以及北京市丰台区南苑乡不同，万丰村地理位置不佳，不靠山不靠海，离出入城市的主干高速公路也有一定的距离。另外在二十世纪七十年代初期，万丰村实行包产到户之后集体经济已经名存实亡。从1984年开始，在能人型领导人潘强恩的组织指导下，万丰村开始从村民手中募集资金，通过股份制兴建实业。1984年初创阶段，万丰村对村民认购的股份采取保本保息的制度，定期五年，五年后退留自由。企业的利润三七分成，30%提留集体，70%作为股份分红，共筹集到资金25万元建立了万丰工业邨，与外商合作从事"三来一补"的生产经营。股份合作的第一年该企业盈利，每个股东获得了25%的红利，村民入股热情大大增加。1985年，为了改变原有制度中股东与企业仅共享收益不分担风险的问题，万丰村开始实行不保本不保息、按股分红的制度。前50年以企业纯利润的70%对股东进行分红，50年后企业不退股，所有资产归集体所有。这种方式受到了村民的欢迎，到1985年，村民入股金额达75万元。1986年，万丰村继续将原有的村办企业改制成股份合作企业，吸引村民投资。1987年，为了照顾无法出资的贫困家庭，缩小村民之间的贫富差距，万丰村成立了扶贫性质的万丰全民公司，集体贷款400万元提供给没有参股的村民进行投资入股，使1 800多户万丰村村民成为了股东。[2]1991

---

〔1〕 参见刘红瑛主编：《沙井历史资料汇编》，深圳市宝安区沙井镇人民政府2000年版，第96页。

〔2〕 参见鲍光前、李克琳："股份经济合作社——'万丰模式'调查报告"，载《管理世界》1992年第2期。

年8月，万丰村在与村民协商的基础上将原有的20个生产小队重组成五个股份经济合作社，在万丰村成立股份经济合作联社，股份经济合作社和股份经济合作联社既承担行政职能又作为经济实体参与市场活动。[1]截至1992年，万丰村股份经济合作联社建立起了实用五金电器制品厂、伟丰制衣厂等45个企业。在这些企业中，大部分村民不仅是股东还是企业内的劳动者，万丰村的村民收入来源分成两部分：一是按劳分配的工资收入，二是参股集体企业的红利收入。农民作为股民真正走上了改善生活的富裕之路。另外，由集体提留的每年30%的分红主要用于集体的福利性支出，如雇佣保安联防队、修建公路、为村民提供医疗保障、奖励考上大学的本村学子、为村民订阅报刊、安装电话天然气等。至1994年底，该村的万丰（集团）公司的总资产达7亿多元，拥有100多万平万米的厂房和宿舍，年创汇1亿多港元；全年纯收入达到8 000万元。[2]在同时期，万丰村村民的生活水平明显高于周边地区的村民，万丰模式也被认为是改革开放后第一批较为成功的农村社区股份合作社的实践。[3]

除了在沿海地区发展起来的万丰模式，还有不少地区的农

---

[1] 万丰村股份经济合作社和股份经济合作联社是万丰村集体企业集体股的持股人。村民加入股份经济合作社只需入股即可。另外，在各村范围内的土地等资产是该村股份经济合作社的资产，在股份经济合作社与其他公司进行合作经营时，土地可以折股量化成为合作公司的股份。与此同时，股份经济合作社按照国家相关政策可以进行外引内联，投资兴办实业，安排社员就业以及办好社会福利。

[2] 参见"全国最先实现股份合作制的农村"，载《广东之最》（第3辑）2000年12月第1版。

[3] 但是"万丰神话"并非没有问题，在2005年至2006年期间，股民和万丰集团之间在集体资产处置的问题上起了较大的冲突。参见"深圳'万丰神话'17年后走入窘境"，载《民主与法制时报》2006年2月12日。

村社区股份合作社的出现也是源于穷则思变的动力。[1]这一类
通过村民共同出资兴办企业以摆脱贫困的农村社区股份合作社，
多存在于集体经济不甚发达的地区。与存在于城乡接合部地区
的农村社区股份合作社相比，前者积累的集体资产体量较小，
资产量化工作比较容易完成。

3. 政府的鼓励和推动

除了以农民自身的需求为动力，中央及各级人民政府在推
动农村社区股份合作社的改革过程中也发挥了举足轻重的作用。
2006年实施的"第十一个五年规划"中，中央政府已经决定通
过产权制度改革，探索更为有效的集体经济实现模式。2007年
农业部印发了《关于稳步推进农村集体经济组织产权制度改革
试点的指导意见》，较为详细地阐述了推进产权制度改革的原因
以及产权制度改革工作中要坚持的原则，明确提出农村集体经
济组织产权制度改革的主要形式是股份合作。此外，上述文件
还从制定方案、清产核资、资产量化到股权的设置、界定、管
理等方面细化了产权改革中的注意事项，帮助有条件进行改革
的地区建立归属清晰、权责明确、利益共享、保护严格、流转
规范、监管有力的农村集体经济组织产权制度。近年来，中央
及地方各级政府着重加强和关注政府在农村产权制度改革过程
中的服务指导作用，一方面加紧调查研究，探索农村集体经济
组织的组织管理架构、产权制度构建和法律法规支持，另一方

---

[1] 例如北京市通州区梨园镇大稿村，1976年以前的大稿村是出名的贫困村，
1976年，在村委会的委托下，邢仲山带领村里的木匠建起了村内第一家村集体企业
"大稿木器厂"。在积累了第一桶金后，大稿村相继办起综合修理厂、铸铜抛光厂、
玻璃器皿厂、铸造厂等5家村集体企业，邢仲山担任铸造厂厂长。1992年6月大稿
村对集体企业的存量资产进行优化组合，经国家工商局批准，注册成立了全国首家
由村办企业组成的北京市京洲企业集团公司。现在，大稿村已不再是让人瞧不起的
贫困村，大稿村的村民过上了小康生活。

面在实践中不断给予必要的指导和帮助，例如通过合同审查、村账代管等暂时性的制度帮助农村社区股份合作社建立起更为完善的自我管理运行机制。

目前，从中央到地方均设有农村经济与经营管理机构。在中央层面是农业部经济体制与经营管理司兼农村合作经济管理总站，地方层面则由各级农村工作管理委员会和农业经济经营管理站具体负责指导监督农民集体经济组织的各项日常事务，如管理土地承包及承包合同、集体资产财务审计等。但一些尚未具备设立专门的农经管理部门条件的地区，农经管理的具体职能则由乡镇政府相应科室负责。近年来，为了更好地监督管理农村集体资产，为农村社区股份合作社提供更多指导性的服务，各地政府出台了一些新的举措，或成立一级议事协调机构整合各个部门的力量为集体资产管理聚集资源[1]，或借力互联网技术搭建线上线下同步的集体资产交易平台以促进集体资产管理和交易的公开透明[2]，或通过政府购买服务的方式为农村

---

〔1〕 根据笔者的实地调研，2013 年 12 月 30 日，全国首家区级农村集体资产监督委员会（简称"农资委"）在北京市海淀区挂牌成立。它将履行资产审计、合同清理、土地监管等职能，作为议事协调机构，农资委主任由主管副区长兼任，区农资委办公室设在区农经站，负责区农资委的日常工作。全区 7 个镇及玉渊潭农工商总公司为农资委成员单位，实现了全区农村集体资产监督管理工作的统一领导、统一组织和统一协调。

〔2〕 2014 年底广东省东莞市搭建了集体资产交易平台和"三资"监管平台，对集体经济组织固定资产和土地资源进行全面清查，健全完善各项固定资产和土地资源明细台账。与此同时，还把集体经济合同统一进行数字化管理，记录合同执行期、合同与集体资产关联关系等重要信息，及时提示将合同即将到期的集体资产纳入资产交易平台进行交易。据东莞市农业局消息，自东莞市农村集体资产交易平台建立以来到 2014 年 9 月底，全市共受理集体资产交易项目 12 677 宗，已成功交易9 807宗，成交金额140.4亿元，总体溢价率达 8.9%。参见"东莞农村集体资产交易平台为全市村社区 1 年赚了 11.5 亿元"，载 http://dgnzb. dg. gov. cn/News. shtml？ide=146872，最后访问日期：2015 年 4 月 8 日。

集体经济组织提供会计审计服务等。

2013 年召开的党的十八届三中全会，在农村问题上传递出赋予农民更多财产性权利的改革信号，并明确"保障农民集体经济组织成员权利，积极发展农民股份合作，赋予农民对集体资产股份占有、收益、有偿退出及抵押、担保、继承权"的改革任务。在农村集体经济组织的层面上，"赋予农民更多的财产权利"意味着要通过产权制度改革将属于农民的权利明晰化、制度化，使农民清楚认识到自己的权利并能够切实地参与到农村集体经济组织的事务管理中去。可见，改革的聚光灯再次投向了农村集体经济组织的重构和产权制度改革。

2014 年 9 月 29 日，中央全面深化改革领导小组第五次会议审议了《关于引导农村土地经营权有序流转发展农业适度规模经营的意见》《积极发展农民股份合作赋予农民对集体资产股份权能改革试点方案》，中央领导人和专家学者共同探索在坚持农村土地集体所有制的前提下，为农民确权确利的方案。同时，"把脉"农村集体经济组织，为农村集体经济组织的空壳化以及管理中出现的问题"开方"。

2014 年 10 月 18 日，中共中央审议通过了《有关农民股份合作和农村集体资产股份权能改革试点方案》，标志着我国布局农村集体资产产权试点工作全面展开。根据试点方案，改革试点兼顾东中西不同区域的不同发展情况，选择若干有条件的县（市）为单位开展，试点工作在 2017 年底完成。此次改革的目标和原则是"要通过改革赋予农民更多财产权利，明晰产权、完善权能，积极探索集体所有制的有效实现形式，不断壮大集体经济实力，不断增加农民的财产性收入；在坚持家庭承包责任制的基础上，在保护农民合法权益、尊重农民意愿的前提下，发展多种形式的股份合作，探索建立有中国特色社会主义的农村集体产权制度。"[1]改革重点关注三个方面：其一，保障农民集体经济组织成员权利；其二，积极发展农民股份合作；其三，赋予农民对集体资产股份占有、收益、有偿退出及抵押、担保、继承权。

2015年2月，中央一号文件发布，这是中央连续12年关注"三农"问题。该一号文件明确指出要继续推进农村集体产权制度改革，探索农村集体所有制的有效实现形式，创新农村集体经济运行机制。对于农村的非经营性资产，要探索更为有效的统一运营方式，为农民提供更完善的公共服务；对于经营性资产，要通过发展多种形式的股份合作，明晰产权归属，以更科学的方式量化集体资产。

2016年12月26日，中共中央、国务院印发《关于稳步推进农村集体产权制度改革的意见》，明确提出了农村集体经济组织是集体资产管理的主体，是特殊的经济组织，可以称为经济合作社，也可以称为股份经济合作社。有序推进经营性资产股份合作制改革，由县级以上地方政府作出安排，先进行试点，再由点及面展开，力争用5年左右时间基本完成改革。

第二节　农村社区股份合作社的内涵

一、农村社区股份合作社的内涵综述

自20世纪80年代中期开始至今，作为农村集体经济组织产权制度改革的一种主要形式，农村社区股份合作社发展已逾二十年，但是无论在学理上还是官方法律文件中，对农村社区股

---

[1]　"明晰农村集体资产产权　维护农民合法权益——访农业部副部长陈晓华"，载中华人民共和国农业部网站，访问网址：http://www.moa.gov.cn/zwllm/zwdt/201410/t20141018_4108989.htm，最后访问日期：2014年10月19日。

份合作社尚未形成统一的定义，甚至"农村社区股份合作社"这一提法也并非全国统一。农村集体经济组织是一个法律概念，但对于完成股份合作制改制的农村集体经济组织，各地又赋予其新的称谓，称之为社区股份经济合作社、村股份经济合作社、股份合作经济社、农村（社区）股份经济合作社、农村社区股份合作社等。称谓虽有不同，但内涵基本一致，本书统一使用"农村社区股份合作社"指代此种经过股份合作制改制的新型农村集体经济组织。

之所以使用"农村社区股份合作社"这一提法，是因为其更能概括地体现改制后的新型农村集体经济组织的特殊性，主要的考虑有两点：一是保留"股份合作"之要素，以凸显农村社区股份合作社与传统农村集体经济组织之不同；二是突出"社区"之要素，以示与其他形式的股份合作制之区别。而且"农村社区股份合作社"也出现在一些地方政府出台的相关文件中，如北京市通州区人民政府印发的《农村社区股份合作社规范化管理实施办法（试行）》（通政发〔2011〕2号）[1]、江苏省工商行政管理局发布的《关于农村社区股份合作社登记的指导意见》（苏工商注〔2010〕244号）[2]等。

关于农村社区股份合作社的内涵，国家层面的法律法规和政策性文件均没有明确界定，在地方层面的与农村集体资产或农村集体经济组织有关的文件中也极少对此做出具体规定。以农村社区股份合作社发展较早的广东省为例，在1996年颁布的《广东省农村集体资产管理条例》[3]中，农村社区股份合作社

---

[1] 来源北大法宝数据库。

[2] 来源江苏省人民政府网站，载 http://www.jiangsu.gov.cn/jsgov/szfzsjg/gsj/201207/t20120703_ 47394. html，最后访问日期：2015年4月14日。

[3] 来源北大法宝数据库。

被称为社区股份合作经济组织，其中仅规定社区股份合作经济组织与农村社会经济合作社、经济联合社、乡镇经济联合总社地位相同，属于社区集体经济组织，被统称为社区合作经济组织；而 2013 年修订的《广东省农村集体经济组织管理规定》（粤府令第 109 号）〔1〕规定集体经济组织按照股份合作制改革、改造、改组后按照规模层级需命名为股份合作经济联合总社、股份合作经济联合社或者股份合作经济社。这两个文件中均没有对农村社区股份合作社进行明确界定，也没有描述其具体特征。

当然，也有一些地方性文件试图对农村社区股份合作社进行定义，如江苏省工商行政管理局出台的《关于农村社区股份合作社登记的指导意见》（苏工商注〔2010〕244 号）中将农村社区股份合作社界定为"将村级集体所有的经营性资产以股权的形式量化给每个村级集体组织成员，并遵循股份合作制的原则，从而形成一个民主管理、民主决策、独立核算、自主经营、风险共担的新型合作经济组织"〔2〕。

值得一提的是，深圳市在 20 世纪 90 年代出现了一种被称为"股份合作公司"的企业法人，亦属本书所述的农村社区股份合作社，只是深圳市将农村社区股份合作社法人化，使用了"公司"这样的字眼，但此股份合作公司与《中华人民共和国公司法》上的公司有所不同，本书第二章将讨论农村社区股份合作社与公司的区别，此处笔者无意赘言，仅欲透过深圳市的股份合作公司的有关规定进一步理解农村社区股份合作社的内涵。

---

〔1〕 来源广东省人民政府网站，载 http://zwgk. gd. cn/006939748/201306/t20130620_ 378332. html，最后访问日期：2015 年 4 月 14 日。

〔2〕 来源江苏省人民政府网站，载 http://www. jiangsu. gov. cn/jsgov/szfzsjg/gsj/201207/t20120703_ 47394. html，最后访问日期：2015 年 4 月 14 日。

《深圳经济特区股份合作公司条例》（1994 年颁布，2010 年修正）第 2 条规定："本条例所称股份合作公司是指依照本条例设立的，注册资本由社区集体所有财产折成等额股份并可募集部分股份构成的，股东按照章程规定享受权利和承担义务，公司以其全部资产对公司债务承担责任的企业法人。但集体所有的土地不能直接用以抵偿债务。"第 3 条规定该条例适用于由社区集体经济组织改组设立的股份合作公司。[1]

综合以上所述的地方性规定，笔者在此尝试对农村社区股份合作社做出一个相对准确、全面的定义。本书论及的农村社区股份合作社是指以原农村集体经济组织为单位，以坚持土地的集体所有为原则，以集体积累的资产为基础，把集体资产全部或部分清产核资后折成股份，量化至集体中的每个成员以及适格的原集体成员，兼采股份制的治理结构和合作制的议决方式建立内部管理制度的农村社区合作经济组织。其中，"原农村集体经济组织"包括乡镇、村及村民小组三级，以农村集体经济组织是否独立核算为原则确定在哪一级设立；"资产"为广义的概念，含通常所称的"农村三资"中的资产、资金和资源。

二、农村社区股份合作社的内涵解构

根据名称和定义，农村社区股份合作社包含了两个关键的因素，即"社区"和"股份合作"，分别解析这两个子概念有助于我们对农村社区股份合作社的内涵有更全面、更完整的理解。

（一）社区

1. 社区的概念

"社区"（"Community"）的概念最早由德国的社会学家滕

_____

〔1〕　来源北大法宝数据库。

尼斯在其 1887 年的著作《共同体与社会——纯粹社会学的基本概念》中提出，西方语言体系中的"Community"包含了"社会"和"共同体"两方面的内容，是指那些具有共同价值取向且有亲密关系的人组成的社会团体。我国著名社会学家费孝通先生给"社区"下的定义是："社区是若干社会群体（家庭、氏族）或社会组织（机关、团体）聚集在某一地域里所形成的一个生活上相互关联的大集体。"[1]可见，社区表征的是一定地域范围内特定群体的依存关系。中国古老的社区形成于村落，古代的宗法统治也依存于村落，村民对其所在的村落有天然的归属感，千百年来形成了自治互助的传统。

从"社区"的基本概念出发，农村社区股份合作社中的"社区"应当具有三层含义：第一，社区是一种地理概念，以村民居住的村落为划分界限，一个村落地理边界所及之处即为一个社区；第二，社区是一种农村的行政建制，根据农村集体资产所有权主体的层级不同，社区分为乡镇、村及村民小组三级，农村社区股份合作社通常以自然村和行政村为基本单位建立，少部分农村社区股份合作社在乡镇或村民小组一级设立；第三，社区是一种共同体关系，是由农村集体经济组织的全体成员组成的社会共同体，尤其是在农村社区的物理界线被打破后，社区维系于抽象的边界，此时的社区是农村社区股份合作社股东的集合。

2. 农村社区股份合作社的社区性

农村社区股份合作社名称中的"社区"彰显了农村社区股份合作社所具有的"社区性"，笔者认为，"社区性"是农村社区股份合作社的典型特征，也是农村社区股份合作社一系列制

---

[1] 费孝通："二十年来之中国社区研究"，载《社会研究》1948 年第 77 期。

度设计的基础。

首先,"社区性"决定了农村社区股份合作社股东资格的相对"封闭性"。农村社区股份合作社的股东通常是居住在同一地域范围内的农民,如果是村级农村社区股份合作社,其股东是本村的村民,如果是镇级农村社区股份合作社,则其股东是本镇的村民。因此,农村社区股份合作社的股东身份具有浓厚的地缘性,只要是社区居民并符合产权主体资格界定标准就可以取得农村社区股份合作社的股东身份。产权制度改革前期,农村社区股份合作社的"股权"流转被明令禁止,随着改革的推进,虽已允许股权继承及内部转让,但通常仍不允许对外转让。

其次,"社区性"意味着"福利性"。目前国家承担农村地区社会福利的能力有限,农村社区股份合作社作为农村集体经济的运营主体,承担了为成员供给公共产品和提供社会福利的职能。多数地区的农村社区股份合作社承担着该辖区内安保巡逻、环卫保洁、道路养护、绿化管护等公共职能,有些地区的农村社区股份合作社还为辖区内的村民提供退休金和医疗保障。

最后,"社区性"伴随着"行政性"。如上文所述,"社区"的含义之一是指农村的行政建制,这使得农村社区股份合作社不可避免地与基层政府有着千丝万缕的联系。虽然人民公社制度解体后,国家在制度设计上将政治职能从人民公社中剥离出来而由新建立的乡镇政府承担,人民公社保留经济职能并更名为"合作社""经济联合社"等,但目前实践中农村社区股份合作社与乡镇政府的关系仍然非常密切。笔者在调研中发现,有些地区的农村社区股份合作社的集体股由乡镇政府持有,持股比例甚至超过50%,政府是名副其实的"大股东",掌握着农村社区股份合作社的决策权并可调配集体股的收益。此外,一些农村社区股份合作社甚至承担着乡镇政府的行政开支。

（二）股份合作

"股份合作"顾名思义是两种不同制度的结合体，即股份制和合作制。股份制，是按照一定的法定程序，通过发行股票筹集资本，创立法人企业，对生产要素实行社会占有和联合使用。依照股份制设立的企业拥有独立的法人财产，是一个独立的自主经营、自负盈亏的经济实体，从事生产和经营活动，投资者按投资入股的份额参与企业的管理和利润分配，同时承担有限的经济责任。股份制既是现代企业的一种资本组织形式，又是一种产权制度。[1]它是随着商品、货币关系和信用制度的产生和发展而发展起来的，适应了资本主义社会筹资和承担有限责任的需要。[2]公司是股份制的典型组织形态，强调资本合作。合作制，是人们为了满足共同的经济、社会与文化需求之目的而自愿联合，实行互助合作、自主经营管理、"一人一票"的民主，以成员的惠顾额返还或按劳分配为主的一种经济组织制度。[3]合作社是合作制的典型组织形态。而股份合作制综合了股份制与合作制的特点，根据1997年原国家体改委发布的《关于发展城市股份合作制的指导意见》，股份合作制是采取了股份制一些做法的合作经济，是社会主义市场经济中集体经济的一种新的组织形式。

股份合作制是中国农村在寻求改革之道、发展良方的过程中孕育出来的特殊产物，其出现具有典型的时代特征。根据我

---

〔1〕 参见于纪渭：《股份制经济学概论》（第六版），复旦大学出版社2011年版，第36页。

〔2〕 参见韩玉玲：《中外股份制企业比较研究》，中国财政经济出版社2010年版，第1页。

〔3〕 参见傅晨：《中国农村合作经济：组织形式与制度变迁》，中国经济出版社2006年版，第136页；刘文华主编：《经济法》（第四版），中国人民大学出版社2012年版，第142~143页。

国各阶段不同的情况，农村股份合作制发展出了多种丰富的内涵和实践形式。目前农村股份合作制的实践形式以企业型股份合作社、社区型股份合作社以及土地股份合作社最为典型，虽然三种形式均使用了"股份合作"的称谓，但其内涵有所不同。

1. 企业型股份合作社

企业型股份合作社即通常所说的股份合作制企业或股份合作企业。目前的股份合作企业多由城镇集体所有制企业或者乡镇企业通过股份合作制改革而来。在股份合作企业中，劳动合作和资本合作有机结合，资本合作体现的是股份制，劳动合作体现的是合作制。1997年原国家体改委发布的《关于发展城市股份合作制的指导意见》支持中小型国有企业和集体所有制企业转型为股份合作企业。该《意见》没有对股份合作企业做出定义，但是描述了股份合作企业的特征："在股份合作制企业中，劳动合作和资本合作有机结合。劳动合作是基础，职工共同劳动，共同占有和使用生产资料，利益共享，风险共担，实行民主管理，企业决策体现多数职工的意愿；资本合作采取了股份的形式，是职工共同为劳动合作提供的条件，职工既是劳动者，又是企业出资人。"各地也制定了一些关于股份合作企业的法规或规章，其中出现了股份合作企业的定义。以上海市为例，上海市2010年修订的《上海市股份合作制企业暂行办法》第3条规定："本办法所称的股份合作制企业，是指以企业职工出资为主或者全部由企业职工出资构成企业法人财产，合作劳动，民主管理，按劳分配和按股分红相结合的企业法人。"由此可见，股份合作企业中的"合作制"因素主要体现为企业中职工的双重身份，即"劳动者+股东"的形式，在股份合作企业中，员工与股东高度重合。

在中国，"股份合作制"的发展甚至早于股份制，最早的股

份合作制实践出现在山东省淄博市周村试验区，主要针对乡镇
企业改革。[1]1987年6月和1988年4月周村区先后被批准为全
省和全国推行股份合作制改革试验区。周村地区的股份合作制
改革源于两方面的动力：其一，时值国家"治理整顿"时期，
国家对乡镇企业的扶持力度缩小，市场购买力不足，乡镇企业
面临"外交内困"的窘境，急需调整产权结构，同时解决资金
来源的问题；其二，当时人民公社体制解体不久，为了落实家
庭联产承包责任制，在"三级所有，队为基础"的体系瓦解后，
急需寻找一种新的载体承载农村集体经济组织原来的财产，避
免财产减损引起的矛盾。在这两大动力的推动下，周村开始了
股份合作制的实践。其中，最早开始实行股份合作制的是周村
镇长行村，在20世纪80年代初，长行村将原4家队办企业的净
资产，按照每个劳动力的工龄长短、贡献大小和岗位职务等条
件，折股到村民，每年按股分红，并成立了长行农工商联合总
公司。

随后，周村区王村镇作为试点镇也开始了股份合作制改革，
其改革大致分为三个阶段：

第一阶段，1988年将企业单一的集体所有制改变为集体和
企业职工经理共同持股的形式，也就是股份合作制。试点选择
在两家规模比较大收益比较好的镇办企业进行，对原来的股份
进行"三七分"——70%仍然由集体持有，30%由职工持有。
职工股分成两类：一类是按照职工的工龄、岗位等分配的"基
本股"，基本股的所有权人是集体，不可以任何形式流转，但是
职工能够获得该股份的分红；另一类是"风险股"，它是为了解
决乡镇企业资金周转困难而设置的，强调职工与企业的"同风

---

[1] 参见山东省地方史志编纂委员会《山东年鉴》编辑部：《山东年鉴》，山
东人民出版社1989年版，第143页。

险、共命运"。"风险股"的所有权归职工个人，可以在市场上
流通，由职工自己出资购买，若企业发生经营亏损，则需要按
风险股的比例承担损失。职工既是企业的员工也是企业的股东，
在企业中股份制和合作制因素共同存在。

第二阶段，1992 年在原有改革的基础上进一步进行规范化
的股份合作制改革，将企业产权明晰为集体股、个人股和法人
股，并尝试让部分效益较好的企业向社会发行股票。在这个阶
段，职工持有的"基本股"通过按工龄贡献无偿分配与按照股
票价值付现购买的方式相结合转变为真正的"个人股"，职工能
够享有该股份完全的产权。另外，在该阶段，另选出了七家乡
镇企业进行股份合作制改造并向社会公开募集股份。截至 1993
年底，淄博全市共有 87 家乡镇企业进行了改制，总股本达 19.9
亿元。

第三阶段，1994 年后大比例降低股份合作企业的集体股比
重，大部分股份合作企业中集体持股比重从 70% 削减至 10% 左
右，改革最终使得股份合作企业达到个人股占主导地位的股权
结构。

通过股份合作制改革，周村地区的乡镇企业将集体资产量
化分配到个人头上，明晰了产权，让企业员工切实享有集体经
济权利和收益。

2. 社区型股份合作社

社区型股份合作社即本书所述的农村社区股份合作社，是
以社区原有的集体经济组织作为基础，引入股份制的机理所形
成的股份合作形式。社区型股份合作社中的"合作"包含两层
含义：第一，"合作"是一种历史的延续，社区原有的集体经济
组织是由新中国成立初期开始的农业合作化运动和集体化运动
产生的，在这些农村经济组织中，合作的初衷是聚合人、财、

物以更好地进行规模化生产，实现互帮互助；第二，"合作"是合作社"社员民主控制"原则在社区型股份合作社的体现，在具体制度上则表现为"一人一票"的表决机制。

社区型股份合作社的出现除了农民自身的利益诉求之外，亦离不开政府的鼓励和推动，社区型股份合作社是在政府倡导明晰集体产权、集体资产重新整合分配等背景下产生的。社区型股份合作社往往对原集体经济组织的生产管理模式路径依赖性较强，常常难以摆脱对基层政府组织的依附。在社区型股份合作社中，社区成员通常天然具有股东资格，然后再按照其在社区中的劳动贡献情况、家庭经济情况等一系列评价指标享有相应的股份。由于融合了更多的非经济因素，社区型股份合作社的股权设置也更为复杂，设有集体股、个人股等。关于集体股是否应该废除仍存在争议，一方面为了进一步明晰产权，使社区型股份合作社尽快建立更完善的自我管理运行制度，应该逐步取消集体股，但另一方面由于公共服务的提供、农民基本社会保障等问题仍有待解决，所以实践中社区型股份合作社仍保留着较为复杂的股权结构。

从作用与性质上来说，社区型股份合作社作为沟通农民与市场的纽带，它既不同于原来的集体企业，也与股份制和合作制有一定的区别。在农村集体经济改制的过程中，股份合作制在产权界定、利益分配、管理生产要素等方面融合了两种制度各自的优势，一方面既使资本以一种更加有效的方式运行，另一方面也使农村社会中原有的习俗、社会活动中沿袭的传统得到一定的保留，既能够达到利益共享，也建立起一定的风险共担机制，盘活农村资本，真正造福于民。

3. 土地股份合作社

土地股份合作社，是指农民将合法拥有的土地承包经营权区别不同的土地用途和收益折价入股，组建股份合作社，由股份合作社按照民主管理的原则对农民所让渡的土地使用权进行统一使用、统一经营，农民按股权分享土地的增值收益。苏州市在 2006 年 3 月注册了全国第一个土地股份合作社。[1]在政策利好和农民强烈需求的推动下，江浙地区土地股份合作社发展如火如荼。[2]相比社区型股份合作社和企业型股份合作社，土地股份合作社强调土地是股份合作社最重要的资本，有时甚至是唯一的资本，目的是对土地这一生产要素进行资本化运作和组织化管理，以解决土地分散经营与农业现代化、分户经营与产业化、小生产与大市场之间的矛盾。

　　土地股份合作社中的"合作"含义与上述两种股份合作形式中的"合作"均有一定的差别。目前的土地股份合作社有两种生产经营模式：一种是由土地股份合作社统一管理调度资源进行集约化农业生产并结合一些新兴的产业（如农业观光旅游等）增加农民收益；另一种是在城市化程度比较高的地区，土地股份合作社作为经营主体在土地上新建建筑物，然后通过出租等经营活动收取非农化收益。在第一种生产经营模式中，土地股份合作社的"合作"与传统的合作社的"合作"接近；而

---

〔1〕 参见郑云瑞：《物权法论》，北京大学出版社 2011 年版，第 266 页。

〔2〕 1996 年 9 月苏州市政府下发文件，允许存量集体建设用地使用权可以有条件地进行转让、出租。2002 年，为了规范农地股份合作社的发展，昆山市政府正式将农地股份合作社命名为富民合作社。2003 年 6 月，苏州市政府出台相关政策，允许农民自发以土地使用权或资金入股，组成富民合作社租赁集体土地，建造标准厂房对外出租，年终按股分红。2003 年 11 月，江苏省政府批准昆山作为全省集体土地使用制度改革试点单位，允许农民集体直接以土地或将土地开发为标准厂房等出让出租，集体建设用地同国有土地一样可以出让、转让、出租、抵押、作价入股。截至 2005 年 8 月底，昆山全市累计登记组建的富民合作社达 160 家，入社农户 11 927 户，入社股金 36 138 万元。其中，农户入股 24 750 万元，集体参股 11 388 万元，平均每户入股 2 万元。参见钱忠好：《中国农村土地制度变迁和创新研究（Ⅲ）》，中国农业出版社 2010 年版，第 110 页。

在第二种生产经营模式中，土地股份合作社的"合作"则与社区型股份合作社中的"合作"类似，但是土地股份合作社中的股东身份是通过农民向土地股份合作社让渡土地承包经营权获得的，而非基于集体成员身份而获得。

第三节　农村社区股份合作社的发展趋势及存在的法律问题

"推动农村集体产权股份合作制改革，保障农民集体经济组织成员权利，加强农村集体资金、资产、资源管理，提高集体经济组织资产运营管理水平，发展壮大农村集体经济"[1]是当前国家深化农村改革的重要内容之一。借着城镇化的契机，近年来，各地农村社区股份合作社的改革和发展如火如荼。虽然农村社区股份合作社已经不是新鲜事物，大量的实践案例已经证明，农民通过农村社区股份合作制改革较为成功地解决了农村集体资产管理中存在的诸多问题，农村社区股份合作社作为一种新型的农村集体经济组织类型在明晰产权、培养农民自治意识、解决农民城市化后社会保障二元化问题等方面都有其优越性。但不可否认的是，农村社区股份合作社的发展仍然不够成熟，很多新的措施和政策仍然在试验阶段，农村社区股份合作社作为一种对目前农村集体经济组织"乱状"的解决方案，仍有未尽如人意的地方。

一、农村社区股份合作社的发展趋势

在政府的支持和引导下，农村社区股份合作社的覆盖面逐

---

〔1〕　2014年中央一号文件《关于全面深化农村改革加快推进农业现代化的若干意见》。

渐扩大，有关农村社区股份合作社的制度正在逐步完善，农村集体资产的管理初见成效，农民也成为了最大的受益对象。现阶段，农村社区股份合作社的总体发展情况表现为以下几个方面：

第一，集体资产〔1〕数额大，农民利益影响广。随着城镇化进程的加快以及农村集体经济自身的发展，农村集体资产无论是总额还是增长速度都不容小觑。2017 年 1 月 3 日，农业部部长韩长赋在国新办新闻发布会上表示，目前全国农村集体经济组织拥有土地等资源性资产 66.9 亿亩，各类账面资产 2.86 万亿元，大体上全国的村平均每个村是 500 万元，东部地区的村有近千万元。〔2〕而笔者重点调研的北京市海淀区，2017 年一季度农村集体资产总额 1 435.7 亿元，比 2016 年末增加 63.6 亿元，

---

〔1〕　目前农村集体资产可以区分为两类：一类是经营性资产，另一类是资源性资产。根据各个地方在 90 年代修订的集体资产管理条例，农村社区合作经济组织的集体资产一般包括：①法律规定属于农村集体所有的耕地、荒地、山地、森林、林木和林地、草场、水面、滩涂等自然资源，农村的宅基地、自留地、自留山；②通过公共积累、投资投劳所兴办的集体企业资产；③社区合作经济组织投资投劳兴建的建筑物、构筑物，以及购置的交通运输工具、机械、机电设备等财产；④社区合作经济组织控股、参股、联营的企业和与外商合资、合作经营的企业以及开展对外加工装配、补偿贸易业务的企业中，按合同及章程规定属于集体所有的资产；⑤社区合作经济组织直接用于农、林、牧、副、渔业生产的投入及其产品；⑥国家、经济组织、社会团体及个人对社区合作经济组织的无偿拨款、资助、补贴、捐赠的财物及其形成的资产，以及国家对社区合作经济组织及其企业减免税赋形成属于集体所有的资产；⑦社区合作经济组织及其企业设立的专项资金，征用集体土地各项补偿费属于集体所得部分，生产经营者上缴的承包款物、租金，社员上交的集体提留、乡镇统筹费及劳动义务工（不含国家使用的义务工）、劳动积累工形成的资产；⑧社区合作经济组织及其企业所拥有的现金、存款、有价证券；⑨社区合作经济组织及其企业所拥有的商标权、专利权、著作权等无形资产；⑩依法属于集体所有的其他资产。目前产权制度改革量化的主要是经营性资产，由于很多地方资源型资产如集体林地、土地等量化条件尚未成熟，故很多地方选择暂时不做量化。

〔2〕　数据来自"全国农村集体经济组织拥有资源性资产达 2.86 万亿元"，载 http://finance.sina.com.cn/roll/2017-01-03/doc-ifxzczsu6716754.shtml，最后访问日期：2017 年 7 月 11 日。

环比增长 4.6%。其中：山前总资产 1 083.5 亿元，占比 75.5%；山后总资产 352.2 亿元，占比 24.5%，较 2016 年末占比提高 1.5%。2017 年一季度净资产总额 538.6 亿元，比 2016 年末增加 11.6 亿元，环比增长 2.2%。[1] 与以往不同，已经完成或者正在进行产权制度改革的地区，作为其改革成果的农村社区股份合作社在集体资产和农民个体之间建立起了产权纽带，集体资产存量增长的同时，农民的收入也在增长。以北京为例，据初步统计，农民从新型集体经济组织得到的股份分红已占到农民财产性收入的 45%左右。[2] 2016 年，北京市农村社区股份合作社股份分红总金额 47.3 亿元，比上年增加 2.3 亿元，增长 5.1%。2016 年在改制村中有 137 万农民股东获得红利，人均分红 3 466.8 元，比上年增加 98.8 元，增长 2.9%。[3]

第二，产权制度改革进程加快，改革地域范围扩大。农村集体资产存量不断累积，数量巨大，但产权不清晰导致了管理上的困难，于是继农村集体经济较为发达的地区开始探索集体资产的产权制度改革后，20 世纪 90 年代末期产权制度改革开始在全国范围内推广。随着产权制度改革积累的经验越来越多，推进的速度也越来越快。截至 2016 年底，全国已有 4.7 万个村和 5.7 万个组完成改革，量化资产 6 578.1 亿元，累计股金分红 2 255.9 亿元，农村集体资产股份权能改革试点也积极稳妥有序

---

〔1〕 数据来自"2017 年一季度海淀区农村集体总资产、净资产小幅增长"，载 http://www.hdnj.gov.cn/web/zhxx/gzdt/tjk/1711.html，最后访问日期：2017 年 7 月 11 日。

〔2〕 数据来自"北京产权制度改革让京郊农民生活越来越红火"，载 http://jiuban.moa.gov.cn/fwllm/qgxxlb/bj/201307/t20130709_3517045.htm，最后访问日期：2014 年 11 月 15 日。

〔3〕 数据来自"持续加强农村集体'三资'管理"，载 http://www.bjnyzx.gov.cn/ncjgbsk/jitizichanchubsk/jitizichanchuwangkanbsk/201701/t20170116_380332.html，最后访问日期：2017 年 7 月 11 日。

推进。[1]其中，北京、广东、上海、江苏和浙江 5 个省（直辖市）完成改制的村占全国完成改制村数的 80% 左右。[2]据北京市农经办统计，2016 年完成产权制度改革村数 7 个，全市累计完成产权制度改革的单位达到 3 920 个，其中村级 3 899 个、乡镇级 21 个。村级完成产权制度改革的比例达到 98%，331 万农民当上了农村新型集体经济组织的股东。2016 年全市有 1 373 个村集体经济组织实现股份分红，占已完成改制村集体经济组织的 35.2%。[3]虽然现阶段产权制度改革多集中在城乡接合部地区与沿海经济相对发达的地区，集体经济不发达的地区较缺乏股份合作制改革的需求和动力，但是一旦面临城镇化的挑战，股份合作制改革将是必由之路。因此，在此之前，如果在与农民协商一致的前提下率先建立农村社区股份合作社，将有利于避免日后可能会出现的矛盾，也有利于通过股份合作的方式给予农民更多财产性的权利，使农民能够共享国家发展的成果。2014 年 10 月 18 日中央审议通过了《有关农民股份合作和农村集体资产股份权能改革试点方案》，标志着我国布局农村集体资产产权试点工作即将全面展开，改革的地域范围将持续扩大。

第三，政府部门日臻重视，管理体系逐步完善。在庞大的集体资产面前，农民分享集体资产收益的愿望愈加强烈，政府

---

〔1〕 数据来自"陈晓华副部长在全国农村经营管理暨土地承包经营权确权工作会议上的讲话"，载 http://jiuban.moa.gov.cn/zwllm/tzgg/tz/201603/t20160304_5039392.htm，最后访问日期：2017 年 7 月 11 日。

〔2〕 方志权："农村集体经济组织产权制度改革中的问题与办法"，载《东方日报（上海）》2014 年 10 月 14 日，第 B10 版。

〔3〕 数据来自"持续加强农村集体'三资'管理"，载 http://www.bjnyzx.gov.cn/ncjgbsk/jitizichanchubsk/jitizichanchuwangkanbsk/201701/t20170116_380332.html，最后访问日期：2017 年 7 月 11 日。

为农民权益当好守夜人的担子愈加沉重。据国家信访局统计，2013 年反映村集体资产管理问题的来信已占到农村农业类来信总数的 23%[1]，群体性上访事件中 60% 与土地纠纷有关，征地补偿纠纷占到土地纠纷的 84.7%[2]。城乡接合部地区由于社会经济关系复杂，农村集体资产处置问题较为突出。一方面，农村集体资产存量巨大，涉及农民利益广泛，且经常与征地补偿等问题联系在一起；另一方面，这些地区作为城市发展的后备之地，对城市发展规划的作用举足轻重，所以政府对其关注度日益提高。为了更好地指导农村集体资产管理，从中央到基层政府对农村集体资产的管理和指导工作都日益完善。在法律层面上，除了国家根本大法《中华人民共和国宪法》以及《中华人民共和国物权法》《中华人民共和国农业法》《中华人民共和国土地管理法》《中华人民共和国村民委员会自治法》等法律规定了政府对集体经济组织的监督指导职能以外，全国有 15 个省（自治区、直辖市）针对农村集体资产管理制定了条例[3]，这些条例较为具体地规定了农村集体资产的权利归属、经营管理方式等问题，为农村集体资产的经营管理提供了制度支持。近几年，随着集体产权制度改革的推进，农村集体经济组织在产

---

〔1〕 数据来自"农村集体产权改革有望成为 2015 年一号文件重点"，载 http://finance. sina. com. cn/china/20141229/131921187540. shtml，最后访问日期：2015 年 4 月 11 日。

〔2〕 数据来自刘世锦、刘守英、许伟、邵挺："北京市城乡接合部地区集体建设用地入市与农民自主城镇化"，载《东方早报·上海经济评论周刊》2013 年 12 月 10 日。

〔3〕 该 15 个省（自治区、直辖市）为北京市、甘肃省、广东省、广西壮族自治区、贵州省、河北省、湖北省、吉林省、辽宁省、黑龙江省、宁夏回族自治区、山东省、陕西省、天津市、重庆市。青岛市和唐山市作为其所在省的试点单位，单独制定了农村集体资产管理条例。另外，深圳特区人大常委会也制定了农村集体资产相关条例。除此之外，还有两个省（江苏省、四川省），4 个市（昆明市、南京市、宁波市、苏州市）政府制定了农村集体资产管理办法。

权的重构、管理架构的搭建、成员资格的认定等问题上都需要政府相关部门的指导，各地也根据实践情况出台了很多具有实际操作性的指导意见和办法，不断推动农村集体经济组织的改革和完善。

第四，多元化特征逐渐凸显，因地制宜创新改革方案。目前农村社区股份合作社的实践仍然处于试点阶段，各个试点地区根据自己的实际情况创造出不同的方式进行改革，形式也多种多样，推进了整个制度不断创新发展。农村社区股份合作社发展过程中的多元化特征主要体现在两个方面。第一，实现方式的多元化。如各地对农村社区股份合作社法律定位多元，出现了法人化与非法人化的情形，在农村社区股份合作社法人化的实践下又存在几种不同的法人定位。[1] 又如，在具体制度设计上，为了剥离农村社区股份合作社的社区公共职能，最近深圳市开展了社区基金会[2]的实践，通过基金会的形式来弥补政府公共服务供给不足的问题，使农村社区股份合作社成为更加纯粹的经济组织，也使其能够更无后顾之忧地参与市场竞争。第二，分配方案的多元化。以笔者在北京市（特别是在海淀区）的调研情况来看，几乎每个乡镇、村的情况都各有不同，因而每个乡镇、村的社区股份合作社的建立和产权制度改革的方式也各具特色。在海淀区，从人民公社时期开始，东升乡、四季

---

〔1〕　关于农村社区股份合作社的法律地位详见本书第三章。

〔2〕　社区基金会利用居民、企业、大型基金会等多方面的捐赠，能够为社区社会组织和基层社会的自治提供资金来源，解决社区养老、文化、医疗卫生等公共事业方面的问题，减轻政府基层治理的压力，促进社区建设。2008年，由桃源居集团捐资1亿元成立的桃源居公益事业发展基金会被民政部民间组织管理局主持编撰的"中国社会组织教材丛书"称为"中国首家社区基金会"。2014年3月，《深圳市社区基金会培育发展工作暂行办法》及配套政策正式出台。随后，近10家社区基金会在深圳市各区相继成立。参见万庆博："社区基金会破解社区治理困局"，载《深圳特区报》2014年9月18日，A3版。

青乡、海淀乡和玉渊潭均是一级核算单位，土地和人力资源都是在镇一级统筹，故产权制度改革之时镇一级资产较多，而村一级核算的单位，镇统筹的资产较少。以东升乡和西北旺乡为例，东升乡作为海淀区较早开展产权制度改革的地区，2003 年便启动了产权制度改革的工作。2010 年，东升乡镇属 50 多个企业按照不同产业进行资产重组，成立了东升博展、海升、新东源三个股份经济合作社，全镇于 2010 年率先完成产权制度改革。产权制度改革后，东升乡于 2010 年启动了增资扩股工作，到 2012 年基本完成，集体股占总股本比例下降至 30% 以下。截至 2013 年底，第一产业在东升乡全面退出，科技创新服务业成为全镇的经济支柱产业。与此不同，西北旺地区截至 2013 年底，第一产业占全村经济总收入的 4%，第二产业占 29%，第三产业占 67%。在进行产权制度改革后，各村根据不同的情况留有 10%~20% 的集体股，个人股占 80%~90%。产权制度改革后，农民分红的愿望比以前强烈，但由于西北旺地区地理位置以及历史发展等因素导致集体经济并不发达，目前各村暂无分红。[1]因此，根据各个地方不同的历史习惯、集体经济状况、农民素质等不同条件，因地制宜创新具有各自地方特色的农村社区股份合作社改制方案尤为重要。

二、农村社区股份合作社发展过程中存在的法律问题

虽然农村社区股份合作社发展迅速，但是由于农村社区股份合作制改革仍然处在试点阶段，与农村社区股份合作社有关的制度仍不健全，农村社区股份合作社的发展面临诸多障碍。在此，笔者简要介绍目前农村社区股份合作社发展过程中存在的法律问

---

[1] 以上资料为笔者 2014 年在北京市海淀区调研时各镇农经站所提供。

题，本书后文各章节将一一对这些问题进行更深入的探讨。

（一）法律地位有待明确

农村社区股份合作社的法律地位不明确是长久以来一直困扰着农村社区股份合作社管理人员和基层农经工作者的问题。笔者在调研过程中发现，目前多数地区的农村社区股份合作社仅在当地的农业经济管理部门登记，而不能在工商管理部门登记成为独立的企业法人，以致影响其参与市场交易活动，如在经济活动中不能以自己的名义签订合同等。以北京市海淀区为例，虽然海淀区集体经济实力雄厚，产权制度改革较早，但目前仍有较多地方由村委会签署集体土地承包合同。基层工作人员表示，由村委会作为合同主体主要基于两方面的原因：其一是农村社区股份合作社的概念尚未在市场中普及，它并非一类典型的市场主体，在签订合同时公信力不如村委会；其二是有些地区农村社区股份合作社尚未真正独立运转，很多关于集体资产处置的工作仍然由村委会处理。除此之外，有基层农经工作人员反映，农村社区股份合作社没有明确的法人地位还导致村集体资源难以整合。目前很多农村地区借助自己的地区优势发展各种实业，单个企业的力量薄弱，但如果将这些企业都统一整合到农村社区股份合作社中，则农村社区股份合作社的整体实力和影响力都将大大提高。集体资源的整合一方面有利于增强农村社区股份合作社在市场中的公信力，提升农村社区股份合作社的社会形象；另一方面，有利于使农村社区股份合作社形成规模效应，增强市场竞争力，也有利于农村社区股份合作社的长远发展。

为解决农村社区股份合作社法律地位模糊带来的种种问题，有些地方开始尝试为农村社区股份合作社寻求适当的法人地位，目前各地的法人化实践情况主要可归纳为三类：①农村社区股份合作社在该辖区内的工商登记管理部门登记为农民专业合作社，获得农民专业合作社法人地位，目前江苏省、山东省、上海市等地采用此种做法；②农村社区股份合作社在该辖区的农经主管部门（如农经站）登记为法人，登记后获得组织机构代码证，能够刻章、开立账户、领购票据等，采用该种做法的地区以湖北省为典型；③将农村社区股份合作社构建成股份合作公司并登记成为企业法人，深圳市为此种模式的典范。关于农村社区股份合作社法人化的具体实践情况和评析将在本书第三章进行专门讨论。

由于目前就农村社区股份合作社的法律地位尚未有统一的立法，各地有关赋予农村社区股份合作社法人地位的文件层级低，适用地域范围有限，且地区之间实际操作差异较大，因而农村社区股份合作社的法律地位仍较为模糊。这也成为农村社区股份合作社发展的一大瓶颈。笔者认为，明晰农村社区股份合作社的法律地位是目前亟需解决的问题之一，且在明确农村社区股份合作社法人地位的过程中应慎重处理以下问题：首先，给予农村社区股份合作社主体资格登记是否意味着必须统一的"法人化"？如果是统一的"法人化"，是否违反私法领域意思自治的基本原则？其次，如何在明确农村社区股份合作社企业法人地位的同时协调农村社区股份合作社的经济功能和社会功能？这些问题都需要进一步研究。

（二）产权制度有待明晰

目前，由于农村社区股份合作社的制度体系不健全，在产权制度上仍然有不少存疑之处。首先，农民变成股民后，由于其取得的股权带有福利性质，与公司股东的股权相比，农村社区股份合作社的股东拥有的是不完整的股权，股权权能有多方

面的缺失，如不能流转、不能抵押等。[1]其次，明晰产权不仅
要解决农村社区股份合作社内集体资产量化的问题，还要解决
政企分开、自主经营、自负盈亏的问题。政企分开在农村社区
股份合作社的治理结构中可以处理，而自主经营、自负盈亏则
是在产权制度改革中要关注的重要问题。如果将农村社区股份
合作社法人化，则其应被视为一类正常参与市场交易的主体，
在市场活动中农村社区股份合作社应该获得平等的待遇，享有
正常市场主体在经营决策中的独立性，能够自主决定经营方针；
同时，进入市场意味着需承认农村社区股份合作社并不是一个
稳赚不赔的组织，诚然，农村社区股份合作社的目标是实现集
体资产保值增值，但是在市场中没有任何一种交易能够保证只
盈不亏，所以在制度设计中也要关注作为独立法人的农村社区
股份合作社如何应对可能出现的经营不善、资金短缺的风险。
例如，东莞有将近 60% 的村级社区股份合作社对外负债，那么
最终这笔债务应该由谁承担？农村社区股份合作社如果作为商
业主体，是否能够允许其破产？若可以，那么破产后集体组织
成员的社会性福利应该如何提供？如果不允许，那么农村社区

---

〔1〕　在农村社区股份合作社操作较为成熟地区，股权不能流转的问题在实践
中已经凸显。2013 年 7 月，广东省顺德区龙江镇某农村社区股份合作社的一位成员
逝世两年后，其继承人要求继承逝者的股份并获取两年的分红，该股份合作社以其
章程规定"去世的村民，当年可分红，下年终止分红"为由拒绝继承人的请求。继
承人向龙江镇政府提出申请，政府支持了继承人的请求。股份合作社不服向顺德区
人民政府申请行政复议，结果依旧。随后，股份合作社向龙江镇政府将此争议诉至
法院。顺德区法院初审和佛山市中级人民法院二审都判决维持龙江镇政府的行政处
理决定。同年 6 月，佛山市南海区集体经济组织成员股权（股份）管理交易平台开
通运行，通过该平台，经过确权的社员股东可以在本社区股份合作社内进行股权交
易流转，如转让、继承、赠予、抵押、担保等。这为农村社区股份合作社的股权流转
打开了一扇大门。参见"南海经济社股东股权可社内流转"，载 http：//epaper. oeeee.
com/epaper/K/html/2013－06/25/content＿ 2042416. html？div＝－1，最后访问日期：
2014 年 10 月 19 日。

股份合作社作为永不破产的法人，如何解决自身融资问题以及债权人的保护问题？这些都是在产权制度改革的过程中应该慎重考虑并予以处理的问题。

（三）成员资格界定标准有待规范

诚然，通过股份合作制改革将集体资产量化至集体组织成员个人能够使产权归属更加明晰，集体资产的运作更加透明科学。但在实现这个目标的过程中，成员资格界定是区分"有"和"无"两个极端的关键。原来集体资产名义上集体组织成员"人人有份"，但是依据农村社区股份合作社的成员资格界定方案，有些人最终可能没有资格成为农村社区股份合作社的股东，从而产生了一些冲突和矛盾，影响股份合作制改革的成效。其中有两类人很容易成为成员资格界定过程中矛盾的焦点：一类是以为自己有产权却被成员资格界定方案排除在外的人，例如村中的新增人口。2010年修订的《村民委员会自治法》规定，凡在当地居住满一年的外来人口，有在当地参加选举的权利。由于村民委员会常常也是集体资产的管理者，允许"新村民"参与村委会的民主决策过程，这在某种程度上使"新村民"产生了自己也应享有集体资产权利的错觉。在外来人口较多的地区，村庄中外来人口和本地人口比例"平分秋色"，有的地方甚至外来人口比本地人口还多，在这种情况下，村庄的原住人口极力阻止"新村民"分享集体资产的成果，而"新村民"眼看存量越来越大的集体资产，也想方设法要分一杯羹，矛盾由此产生。[1]另一类是理应获得产权份额，但由于种种原因被排除在外不能够享受相应权利的特殊群体，例如村中的外嫁女，或

---

〔1〕《村民委员会自治法》规定新落户村民享有政治权利也从一个侧面印证了进行股份合作制改革的必要性，通过政经分离，将村民委员会与农村社区股份合作社的职能相互分离，从而真正保护在历史上对集体资产做出过贡献的集体成员的权利。

者由于外出务工、经商、上学等原因户口迁出原村的村民。他们曾经对集体资产的形成有所贡献，也曾经是农村集体经济组织的成员，但是由于户口已经迁出，无法获得集体资产的收益，致使这类人群争先想方设法回迁户口或者通过其他方式表达自身利益诉求。

股份合作制改革最重要的手段是通过固化股权落实个人在集体中的权利，而"固化股权"不仅是为了解决历史遗留问题，为以后收益分配提供依据的必经之路，由于其中牵涉到未来不断增长的利益的分配问题，它还起到了"一锤定音"的效果。在界定成员资格的时候，应力求做到客观上的公平合理，并符合农民心中关于"公平分配"的预期。因此，如何界定农村社区股份合作社的成员资格以实现前述目标还需要进一步地探索。

（四）治理结构有待完善

农村社区股份合作社借鉴了公司的治理结构，尝试搭建以股东（大）会、董事会、监事会为核心的内部组织架构，虽然"三会"的治理结构是一套比较成熟的体系，但是农村社区股份合作社的"三会"运行依然不尽如人意。农村社区股份合作社治理结构主要存在以下两个方面的问题。

第一，人员选任问题。目前农村社区股份合作社的领导班子和基层党组织、基层自治组织的工作人员往往存在"几块牌子、一套人马"的情况。依据《物权法》第60条的规定，属于村农民集体所有的资源性资产，由村集体经济组织或者村民委员会代表集体行使所有权。在已完成产权制度改革的农村集体经济组织中，农村社区股份合作社的董事长（理事长）大多仍由乡镇书记或村党支部书记或村委会主任兼任。[1]虽然村民委

---

[1]　人员交叉任职情况详见本书第六章第二节。

员会和农村集体经济组织对应的政治和经济权利的主体都是村民，"几块牌子、一套人马"的做法在一定程度上可以节省这两个组织的管理运营成本。但从长远来看，一方面，政经分离是大势所趋，将各个组织的职能进行分离，会促使每个机构各司其职，各负其责，避免用行政手段干预经济，或用经济方式解决政治问题，从而更好地保障农民的权利；另一方面，权力过于集中却缺乏监督和制约是导致腐败的重要原因，而控制权力是保障农民权利的有效手段。

当然，在农村社区股份合作社的实践中不乏通过能人治理模式带领农民发家致富的例子，但是这种能人治理模式也存在诸多问题：其一，能人治理模式对"能人"的要求极高，无论是其经营管理能力还是道德水平；其二，由于"能人"手握大权，主持大局，农村社区股份合作社和集体资产的发展计划对个人能力的依存度过高，持续发展存在风险；其三，由于村民对"能人"的信任度、期望值较高，农村社区股份合作社在经营决策的过程中过多考虑了非市场性因素，导致容易错失集体资产增值的机会；其四，"能人"治理模式引起腐败的案例也并不少见。[1]

第二，管理框架的建构问题。解决人员选任的问题必然要延伸到农村社区股份合作社的内部管理框架建构，在产权制度改革初期，我们有必要搭建好改革之后的管理模式，为产权制

---

[1] 例如上文提及的曾与华西村齐名的深圳市万丰村，到 2002 年底，万丰村总资产达 18.23 亿元，人均资产 86 万元，年人均收入 3.5 万元，加工出口额 5.9 亿美元，但在此后的 10 年间，万丰社区一直走下坡路，目前几乎跌入资不抵债的境地。从 2002 年起万丰集团就已经停止了分红，且村民对万丰集团对集体资产的管理存在很多疑问和不满，希望收回低价转让的集体土地以及公开集体资产管理的账目。2012 年村民维权风波掀起更大浪潮，社区党支部 7 名委员已被集体停职。资料来自"万丰社区党支部 7 人被停职"，载《深圳特区报》2012 年 3 月 27 日，第 A9 版。

度改革提供可供执行的方案。目前，农村社区股份合作社借鉴了公司的治理框架，搭建起了所有权、经营权和监督权相互分离的现代企业管理制度。需要注意的是，在内部管理框架搭建的过程中，一方面要重视董事、监事、高管的独立性，使其与基层党组织、基层自治组织的成员相互分离，使农村社区股份合作社摆脱官僚化、行政化的管理体制，建立更符合市场经济的管理制度。但考虑到在中国的文化背景和历史习惯中，民众对政府有惯性的依赖，在过渡期内，通过农民自主构建独立于基层党组织和基层自治组织成员的农村社区股份合作社的管理团队难度较大，因此，政府仍需为农民在农村社区股份合作社的管理人员推荐、制度构建等方面提供更多的服务。另一方面，要强化农民作为股民的各项权利，并通过各项措施帮助农民行使自己的权利，科学的现代管理体制是维护农民利益的重要手段。

（五）监管体系有待健全

由于农村社区股份合作社是农村集体经济组织的表现形式之一，农村集体经济组织又源于人民公社，体现着人民公社时期"政社合一"的历史延续，因而农村社区股份合作社不可避免地带有一定的行政色彩。如前所述，基层政府与农村社区股份合作社的关系十分密切，农村社区股份合作社的董事长（理事长）往往由村委会主任兼任，其他主要负责人与村委会成员高度重合。尽管村委会是村民自治组织，但通常也会接受基层政府的委托代行部分行政职能。因而，农村社区股份合作社与基层政府的关系不同于一般企业与政府的关系，政府对农村社区股份合作社的监管亦有别于对其他市场主体的监管。

纵然农村社区股份合作社较之普通市场主体有着一定特殊性，但其本质上仍为一类经济组织，而非行政组织，基层政府若将其视为自己的下级行政单位来进行监管有失妥当，可能存在干涉农村社区股份合作社自主经营权的嫌疑。但鉴于农村社区股份合作社承担了大部分农村公共产品和社会福利的供给，政府对其监管程度又的确具有一定的合理性和必要性。那么，政府在监管中的定位如何、监管尺度该如何把握、监管体系该如何构建等都是在推进以及完善农村集体经济组织股份合作制改革的过程中需要探索的问题。

（六）税收法律制度有待跟进

目前，由于农村社区股份合作社的主体地位不明确，其税收法律制度也很模糊。各地在实践中的做法差异较大，通常由当地税务机关根据农村集体经济的发达程度来决定是否对农村社区股份合作社征税以及征收何种税，这种做法的主观性很强。一旦农村社区股份合作社成为一类企业法人，很可能面临税收负担的加重，这显然不符合产权制度改革保护农民利益的初衷。

由于我国存在城乡二元结构，农村的公共产品供给体系远不及城市完备，作为集体经济经营者的农村社区股份合作社承担着农村公共产品供给的职能，这是其在普通市场主体的一般功能以外被附加的职能。国家财政绝大部分来源于税收，税收的基本功能之一就是提供公共产品，但农村社区股份合作社承担了一部分本应由国家财政承担的职能。既然农村社区股份合作社承担了农村社区公共产品的供给，就理应享受比其他市场主体更为优惠的税收政策，以弥补其额外的负担。如果将农村社区股份合作社法人化，应如何设计其税收法律制度才能做到既不加重农民负担，又能使其他市场主体与农村社区股份合作社公平竞争，这是在产权制度改革过程中需要考虑的问题。

第二章
农村社区股份合作社与我国其他经济组织的比较

"社区性"的基本属性使得农村社区股份合作社独具特色，可以说农村社区股份合作社是一个融合了多项功能的社会组织。但回归本源，农村社区股份合作社作为农村集体资产的承载者和经营管理者，承担着集体资产保值增值的任务，经济职能是其最根本的功能定位，农村社区股份合作社本质上是一类经济组织。通过农村社区股份合作社与其他类型的经济组织的比较研究，可以更加深入地了解农村社区股份合作社的制度特征，进而设计符合其本质特征的法律制度。农村社区股份合作社的名称中包含"股份""合作""股份合作"等字眼，下文将逐一论述其与股份制、合作制、股份合作制各自的典型代表——公司、合作社、股份合作企业在制度设计上的联系与区别。

第一节　农村社区股份合作社与公司

一、农村社区股份合作社与公司的联系

公司作为市场经济中最重要的企业类型，大致经历了无限公司、两合公司、股份有限公司和有限公司的发展历程。在不同的国家，因立法习惯与法律体系的差异，公司的概念也不尽

一致。[1]

《公司法》是规范公司的组织和行为的基本法，将公司分为有限责任公司和股份有限公司。根据《公司法》第 3 条的规定，公司是一类企业法人，享有法人财产权并以其全部财产对公司的债务承担责任；作为出资人的公司股东则以其认缴的出资额或认购的股份为限对公司承担责任。《公司法》规范上的公司具有较完善的治理结构和运营机制，是现代企业制度的典型代表，以下对农村社区股份合作社与公司之比较的探讨仅限于《公司法》意义上的公司。

农村社区股份合作社与公司之间存在诸多相似之处，在农村集体产权制度改革方案中常常能隐约看到《公司法》的踪迹，有些地方甚至直接以"公司"命名产权制度改革后的农村集体经济组织，如深圳市和珠海市就将改革后的农村集体经济组织称为"股份合作公司"，并分别以《深圳经济特区股份合作公司条例》和《珠海市社区股份合作公司规范和监管暂行办法》对其进行规范和调整。必须承认，从具体制度设计来看，此"公司"非彼"公司"，但农村社区股份合作社与公司之间存在转化关系与投资关系。

（一）转化关系

农村社区股份合作社比照公司设置"股权"，按股权比例分红，也参照公司搭建股东（代表）大会、董事会、监事会三会并存的组织机构，这些相似之处使农村社区股份合作社存在进一步改造成公司制的可能性。一些学者也提出了农村社区股份合作社公司化改造的观点，主张逐步剥离其社会公共职能，使农村社区股份合作社完全成为自主经营、自负盈亏的市场主体，

---

[1] 参见赵旭东主编：《商法学》，高等教育出版社 2007 年版，第 146~156 页。

并进一步规范、完善其治理结构与运营模式。[1]

其实,集体土地全部被征收,全面实现"村改居""农转非",完全城市化了的地区,不存在用集体资产及其经营收益来承担公共产品供给与农村社会保障功能的问题。若仍存在集体资产,则可以考虑选择根据《公司法》成立公司运营集体资产,原农村集体经济组织成员即为公司股东。譬如,中共广州市委办公厅、广州市人民政府办公厅《关于"城中村"改制工作的若干意见》(穗办〔2002〕17 号)就规定:"原则上村级集体资产不得量化到个人。可以按照《公司法》的要求,组建集体资产管理公司,负责集体资产的管理和运营。"

（二）投资关系

农村社区股份合作社亦可以作为股东出资设立公司。北京市农村工作委员会和北京市工商行政管理局曾专门联合发文明确农村集体经济组织的投资主体资格,《关于本市农村集体经济组织投资兴办企业工商注册登记有关工作的通知》(京政农发〔2013〕21 号)规定,其所指农村集体经济组织的范围包括乡合作经济联合社、村经济合作社以及产权制度改革后建立的新型股份合作经济组织,农村集体经济组织投资兴办企业由成员（股东）大会或成员（股东）代表大会表决通过。各区县工商分局要为有需求的农村集体经济组织投资兴办企业提供事前政策咨询、事中及时办理、事后跟踪指导的全方位准入服务。

集体经济发达地区的农村社区股份合作社甚至通过多层持股关系组建庞大的产业集团,其下设企业中有许多是按照《公

---

〔1〕　参见李桂模:"转制社区股份合作企业公司化改造的路径选择——以广州市'城中村'改制为视角",载《法治论坛》2009 年第 4 期;王权典:"城市化转制社区股份合作组织公司化改制之法治路径与保障机制探讨",载《南方农村》2012 年第 7 期。

司法》成立的有限责任公司或股份有限公司。如玉渊潭股份经济合作社出资设立玉渊潭农工商总公司[1]，玉渊潭农工商总公司参股设立北京中海创业投资有限公司、北京泽丰房地产开发有限公司、北京裕泽家园房地产经纪有限责任公司、北京来利华建筑有限责任公司、北京美裕阳光洁具有限公司、北京海淀科技金融资本控股集团股份有限公司、北京鑫泰小额贷款股份公司等，并独资设立北京玉渊潭控股集团有限公司；其中北京玉渊潭控股集团有限公司独资设立北京玉渊潭酒店管理集团有限公司、北京玉渊潭置业集团有限公司、北京玉渊潭物业管理集团有限公司、北京裕友物业管理有限公司、北京玉渊潭商务服务有限公司、北京中关村玉渊潭科技商务发展有限公司、北京西南华邑商贸有限公司，集团公司再下设一系列子公司。[2]

二、农村社区股份合作社与公司的区别

虽然农村社区股份合作社与公司在产权关系、治理结构、盈余分配等方面有诸多相似之处，农村社区股份合作社也存在向公司制改造的空间，且可通过下设公司从事具体经营活动，但农村社区股份合作社本身与公司却有明显区别。

（一）股东资格认定不同

农村社区股份合作社的股东资格具有强烈的身份色彩，只要在规定期限内农业户口、劳动服务、行政管理在本村，就自然成为本农村社区股份合作社的股东。而公司股东则以出资并

---

[1] 尽管工商登记信息显示玉渊潭农工商总公司的出资人为北京市海淀区玉渊潭乡人民政府，但我们认为其实际出资人应为玉渊潭乡集体经济组织，现阶段为玉渊潭股份经济合作社，具体分析参见本书第六章第二节"农村社区股份合作社组织机构运行困境的原因剖析"部分，此不赘言。

[2] 根据全国企业信用信息公示系统（北京）网站上的工商公示信息与企业公示信息（年报）整理。

办理相关手续为认定标准，而与户籍、劳动、行政关系无任何牵连。农村社区股份合作社股东认定资格的特殊性是由农村社区股份合作社"社区性"的本质特征所决定的，农村社区股份合作社肩负的农村社会保障功能，意味着其"股权"的福利性，并成为"一人一票"的表决权机制、股权流转和筹资渠道受限等特征的根源。

（二）表决机制不同

农村社区股份合作社具有强烈的社区福利性，为了体现公平对待每一位股东，实行"一人一票"的表决机制。[1] 而公司则强调资本的重要性，"股份化就是资本权利化和资本权利人格化……股份化就是资本化，股份制也就是资本制"[2]，因而在公司中往往采取一股一票、资本多数决的表决机制。尽管《公司法》第 42 条规定，有限责任公司股东按照出资比例行使表决权的机制可以通过章程加以改变，但原则上出资额较大者仍掌控较大话语权。

（三）股权流转程度不同

农村社区股份合作社具有浓厚的地缘性特征，绝大多数股东为同一个社区的居民，彼此间的人身信赖关系较强，体现出较强的人合性[3]，因而股权向外流转受到严格限制。农村集体产权制度改革前期，农村社区股份合作社的股权不允许继承、转让，随着改革的推进，开始允许股权继承及内部转让，但仍不得对外转让。公司则有着强烈的资合性倾向，股权流动性较

---

〔1〕 如《杭州市村级股份经济合作社示范章程（试行）》第 17 条、《滕州市农村社区股份合作社示范章程》第 23 条、《海曙区社区股份经济合作社示范章程（试行）》第 18 条等均规定股东（代表）大会实行一人一票制。

〔2〕 江平："现代企业的核心是资本企业"，载《中国法学》1997 年第 6 期。

〔3〕 此处人合性是从股东的人身信赖关系角度出发的，而非指股东以其自身信用作为农村社区股份合作社对外债务的担保。

强，股东进入与退出相对自由。尽管根据《公司法》第 71 条，有限责任公司股权对外转让受到一定程度的限制，但总体上允许公司股权对外转让。

（四）筹资开放程度不同

农村社区股份合作社的地缘性与福利性使其一般不允许外部资本进入，融资时通常采取向现有成员募集现金股[1]的形式，这意味着其筹资渠道较为封闭。加之农村集体产权制度改革过程中的清产核资是以集体资产的历史成本进行核定的，而非以市场上的公允价值为基础，而历史成本往往远远低于现行公允价值，为了防止外来资本侵蚀集体利益，大多数农村社区股份合作社禁止外部筹资。公司则无此顾虑，因而其外部融资渠道更为开放，除银行借款、股东借款、向现有股东定向增发等途径外，还可以向外部投资者募集股权资本。

（五）社会负担不同

目前，农村的公共产品供给、农村社会保障等公共职能中的很大一部分仍由农村社区股份合作社承担，农村社区股份合作社具有通过经营获取经济效益和为社区提供公共服务的双重职能，其既是经营组织也是准行政组织。[2] 而且，这种状态在短时间内难以改变。笔者在北京市海淀区进行调研时，一些乡镇负责人也表示，由于村集体各项事务管理尚未完全纳入财政管理的范围，村集体经济组织仍承担社区内的公共管理事务，如路灯修缮、垃圾清运、路面修整等。可见，农村社区股份合作社承担着比公司更沉重的社会负担，故应享有一定特殊待遇，政策上应对其做出有利的倾斜，如税收优惠、财政补贴等。

---

〔1〕 关于现金股的介绍可参见本书第五章第一节"个人股"部分。

〔2〕 参见王权典："城市化转制社区股份合作组织公司化改制之法治路径与保障机制探讨"，载《南方农村》2012 年第 7 期。

综上，虽然农村社区股份合作社与公司之间存在千丝万缕的关联，但鉴于其在股东资格认定、表决机制、股权流转程度、筹资开放程度、社会负担等方面均与公司存在显著区别，因而不能完全套用《公司法》的模式规范农村社区股份合作社。

第二节　农村社区股份合作社与合作社

一、合作社的定义、价值与原则[1]

根据国际合作社联盟（ICA，International Co-operative Alliance）《关于合作社界定的声明》（"Statement on the Co-operative Identity"），合作社是指人们自愿联合，通过联合所有（Jointly-owned）和民主控制（Democratically-controlled）以满足他们共同的经济、社会和文化需求和抱负的自治团体。

合作社建立在自助、自我责任、民主、平等、公平与团结的价值基础上。合作社社员秉承其创始人的传统，信奉诚实、开放、社会责任和关心他人的伦理价值。合作社的原则乃合作社将其价值付诸实践之指南，合作社主要包括以下 7 项原则：

原则 1： 自愿与开放的社员资格——合作社是自愿的组织，向所有能够使用其服务并愿意承担社员责任的人们开放，不存在性别、社会、种族、政治或宗教歧视。

原则 2： 民主的社员控制——合作社是由主动参与制定其自身政策和做出决策的社员们控制的民主组织。当选的代表应向

---

　　〔1〕　关于合作社的定义、价值、原则乃笔者根据 ICA Statement on the Co-operative Identity 的法定文本（英文文本）翻译而来，翻译过程中参考了唐宗焜："国际合作社联盟《关于合作社界定的声明》中译文问题"，载 http://www.cenet.org.cn/article.asp? articleid=24900，最后访问日期：2015 年 4 月 11 日。

社员负责。初级合作社[1]中的社员享有平等的投票权（即"一人一票"），其他层级的合作社也以民主方式组织。

原则3：社员经济参与——社员公平出资，并民主控制合作社的资本。通常，合作社的资本中至少有一部分应作为合作社的共同财产。对于为取得社员资格而缴纳的资本如有报偿（Compensation），社员通常只收取有限报偿。社员为以下任何或所有目的而分配盈余：①可能通过建立公积金来发展他们的合作社，公积金中至少有一部分是不可分割的；②按照社员与合作社的交易比例返利；③支持社员认可的其他活动。

原则4：自治与独立——合作社是由其社员控制的自治、自助组织。若他们与包括政府在内的其他组织订立协议，或从外部募集资本，应以确保其社员的民主控制并维持其合作社的自治为条件。

原则5：教育、培训与告知——合作社向其社员、当选代表、管理人员和雇员提供教育和培训，以使他们能够有效地为合作社的发展作出贡献。他们告知公众（尤其是年轻人和意见领袖（Opinion Leader）） 合作社的性质和益处。

原则6：合作社间的合作——合作社通过地方性、全国性、区域性和国际性的架构一同工作，以最有效的方式服务其社员，并加强合作社运动。

原则7：关心社区——合作社通过执行经其社员认可的政策，为其社区的可持续发展效劳。

二、服务型合作社

通常，当人们对合作社追本溯源时首先想到的都是罗虚戴

---

〔1〕 合作社有不同的层级，初级合作社（第一级合作社）的社员通常是个人，可再由初级合作社作为社员成立第二级、第三级合作社等其他层级的合作社。

尔公平先锋社，一个于 1844 年在英国成立的消费合作社。其实，无论在世界历史上还是英国历史上，罗虚戴尔公平先锋社都并非第一个合作社。19 世纪初，为了应对拿破仑和工业革命带来的萧条的经济和社会环境，英国成立了一些合作社，而美国一些地区的农民也以合作为基础将其所产的牛奶加工成奶酪。[1]更有学者指出，英国早在工业革命开始不久的 1769 年就成立了芬威克织布工人合作社（Fenwick Weavers Co-operative Society）。[2]然而，罗虚戴尔公平先锋社的成功经验和制度创新，使其成为了世界上公认的第一个成功的合作社。1844 年 12 月 21 日，一家简陋的小店在英格兰兰开夏郡罗虚戴尔的"蛤蟆巷"里开张，它是由一群纺织工人、木工、鞋匠等 28 个穷苦工人为了满足日常消费需要而开办的，这些穷苦工人既是这家小店的主人，又是它的顾客，这家小店就是罗虚戴尔公平先锋社。罗虚戴尔公平先锋社从最初只出售一些必需的食品，到慢慢增加食物品种和其他生活必需品，再扩展到其他业务领域，如金融、房地产等，经过近 170 年的发展壮大，目前已成为世界上规模最大、服务门类最齐全的消费合作社。[3]

　　罗虚戴尔公平先锋社的产生有其特殊背景，英国工业革命促使机械生产代替手工劳作，形成明确的社会分工，使得商品交换成为必要，市场经济的统治地位得以确立，但同时也带来了两极分化的后果。贫苦的人们作为单个消费者在市场竞争中处于极为劣势的地位，他们缺乏谈判能力，难以通过个体力量满足生活必需，亟需以一种联合的方式增强其谈判实力，因此

---

　　〔1〕　See United States Department of Agriculture, "Cooperative Information Report 55 -An Introduction to Cooperatives", p. 3 (April 1997, Revised November 2012).

　　〔2〕　参见唐宗焜：《合作社真谛》，知识产权出版社 2012 年版，第 34 页。

　　〔3〕　参见唐宗焜：《合作社真谛》，知识产权出版社 2012 年版，第 31~35 页。

他们创造性地设计了合作社这样一种符合实际需求的制度，形成一股在市场交易中对谈判权力垄断者的抗衡力量。[1]

罗虚戴尔公平先锋社所确立的合作社原则是：开放的社员资格；一人一票；现金交易；社员教育；政治和宗教中立；不承担非常规风险；限制股权数额；限制股息；按常规零售价格销售货物；净利润按照惠顾进行返还。[2]

尽管不同学者对合作社的原则有不同看法，但有三个原则是被普遍认可和实践了的，即使用者受益原则（User－Benefit Principle）、使用者所有原则（User－Owner Principle）和使用者控制原则（User－Control Principle）。[3] 这三个原则的主语都是"使用者"，这与国际合作社联盟《关于合作社界定的声明》所确立的原则是一致的，"自愿与开放的社员资格"中的社员就是所有能够使用合作社服务的人。"使用"有多种形式，如贫苦的人们通过消费合作社购买物美价廉的商品，农民通过销售合作社出售自己种植的农产品，难以从银行取得贷款的个体经营者、小企业通过信贷合作社获得融资等，但"使用"绝不包含通过向合作社"投资"而获得股利、资本利得的形式。这恰恰也是合作社与公司的本质区别，合作社社员是合作社服务的使用者，而公司股东是公司的投资者。"一人一票"制度的设计在某种程度上就是为了维护"使用者"对合作社的控制权，以确保合作社集中为其社员服务，而防止其成为外部投资者获

---

〔1〕 参见唐宗焜:《合作社真谛》，知识产权出版社 2012 年版，第 12~13 页、第 37~38 页。

〔2〕 See United States Department of Agriculture, "Cooperative Information Report 55 －An Introduction to Cooperatives", p. 4 (April 1997, Revised November 2012).

〔3〕 See United States Department of Agriculture, "Cooperative Information Report 55 －An Introduction to Cooperatives", pp. 9~11 (April 1997, Revised November 2012).

利的工具。[1]可见，无论是合作社的原则，还是其具体制度的设计，都是以"使用者"为中心的，这与股份制中以"投资者"为中心截然不同，因而合作社采用"一人一票"而非"一股一票"的表决方式。合作社是人的联合而非资本的联合，社员出资的目的是获得社员资格从而获得使用合作社的权利，而非通过合作社获得资本收益，所以说合作社是资本从属于人的联合，而股份制则为人从属于资本的联合。[2]

农村社区股份合作社不同于传统的服务型合作社，不符合合作社最基本的原则。因为农村社区股份合作社的股东并非上文所述的"使用者"，大部分与农村社区股份合作社进行交易的相对方并非本农村社区股份合作社的股东，自然无法按照股东的惠顾额向其返还盈余，因而股东受益并非通过接受农村社区股份合作社的服务和惠顾返还的方式，而是依据其拥有的股份而享受股利。虽然农村社区股份合作社为社区居民们提供福利以及公共产品，但这些福利和公共产品并非其本身经营的业务范围，而是从事其他经营活动所得的收益获得的，农村社区股

---

[1] See United States Department of Agriculture, "Cooperative Information Report 55 –An Introduction to Cooperatives", p. 11（April 1997, Revised November 2012）．此外，有学者在研究公司股东投票权原则演变的时候指出：所有和消费的分离导致了股东投票权原则的变更。对"一股一票"的表决原则进行限制的原因并非保护小股东权利，而是保护消费者的权利。因为以前的许多基础设施建设、金融基础建设等垄断性领域的公司的所有人是其主要消费者，他们购买"股票"时看中的是对基础设施的利用带来的利益，而非资产收益，在该类型的公司中常常采取"一人一票"或其他对投票权予以限制的手段，以避免公司大股东或投资者的竞争对手通过购买公司大量股权控制公司，进而对公司建造的产品（如高速公路、铁路、运河等）的利用设定过高的价格，以致于损害消费者（同时也是公司的所有人）的利益。这类公司类似于消费合作社（Consumer Cooperative）。而制造业公司则很少出现这种"一人一票"的现象。此为 Henry Hansmann, Mariana Pargendler："The Evolution of Shareholder Voting Rights：Separation of Ownership and Consumption"（January 2014）一文的观点。

[2] 参见唐宗焜：《合作社真谛》，知识产权出版社 2012 年版，第 17 页。

份合作社股东享受社区福利的多寡和程度与其拥有的股份亦没有必然关系。

三、劳动联合型合作社

以上提到的消费合作社、供应合作社、信贷合作社等从本质上看都是服务于社员的，所以可以统称为"服务型合作社"。除了服务型合作社之外，还有另外一种合作社，其社员均由合作社的员工构成，社员并不使用合作社的服务，而是向合作社提供劳动，且这种情况多存在于制造业中，故被称为"劳动联合型合作社"。有学者指出，从某种角度来看，劳动联合型合作社的社员也是合作社的使用者，合作社向其提供的工作岗位即类似于服务型合作社为其社员提供的服务，社员向合作社贡献的劳务量即为其与合作社的交易量，而工资或者劳动分红就是惠顾返还。[1]笔者认为这种分析极为贴切，劳动联合型合作社的社员也是合作社服务的使用者，这与合作社的原则和本旨是一致的，只是劳动联合型合作社发挥作用的领域与服务型合作社有所不同，劳动联合型合作社主要适用于需要大量劳动力的制造业领域。由于制造业合作社与其他类型的合作社相比所需的资金量要大得多，但合作社基于其人的联合的本质属性导致缺乏资金来源，因而少有成功的案例。原本以合作制为基础创办的企业，也常常因大量的资金需求与员工无能力自筹足量资本之间的矛盾而导致资金匮乏，从而不得不引入外部投资者。随着外部资本比例的不断增长，相应地，外部投资者在合作社中的话语权也逐渐增强，最终导致合作社的控制权落入外部投资者手中，合作社最后转变成股份公司，典型的例子如罗虚戴

---

〔1〕 参见康德琯、林庆苗、史生丽：《股份合作制理论与立法的基本问题》，中国检察出版社 2002 年版，第 109 页。

尔制造业合作社。[1]

　　尽管劳动联合型合作社的成功案例很少，但还是存在的，譬如成立于1956年的西班牙蒙德拉贡合作社。蒙德拉贡位于西班牙与法国交界的巴斯克地区，巴斯克民族属于西班牙的少数民族，与西班牙中央政府的关系紧张，当时的蒙德拉贡极度贫穷。西班牙内战（1936~1939年）、第二共和国（1939年）失败以及第二次世界大战的爆发，更加使得巴斯克民族经济、社会严重衰退，失业率高，民众生活悲惨。1941年，牧师唐·何塞·马利亚被派往蒙德拉贡神教区，他为了帮助年轻人解决就业问题积极推行教育，开办工艺学校进行职业技术培训，同时他也是一个合作主义者，1956年蒙德拉贡的第一个工业生产合作社乌尔格就是由五个毕业于工艺学校的年轻人在唐·何塞·马利亚的指导与帮助下建立的，主要是为了改变作为单纯的雇员相较雇主而言的绝对劣势地位，创造更多的就业岗位。目前，蒙德拉贡合作社已由最初的乡村小企业发展成举世闻名的蒙德拉贡合作社公司（Mondragon Co-operative Corporation，MCC），作为世界上规模最大的员工合作社，蒙德拉贡合作社公司由120个合作社组成，其中有87个工业合作社。蒙德拉贡合作社公司是由各种形式的合作社紧密合作的联合体，是以合作银行为核心、工业生产和商业零售合作社为主体，包括保险、住宅、医疗、教育等各种类型的合作社。[2]

　　蒙德拉贡合作社的成功取决于其独特的融资系统，即个人资本账户与合作银行。绝大多数劳动联合型合作社以失败告终的主要原因在于缺乏融资渠道，因而最终不是破产就是引入过

---

　　〔1〕　参见唐宗焜：《合作社真谛》，知识产权出版社2012年版，第78页。

　　〔2〕　蒙德拉贡合作社简介参见唐宗焜：《合作社真谛》，知识产权出版社2012年版，第78~81页。

多外部资本致使丧失合作制基础进而转变成股份制公司。蒙德拉贡合作社同样也遇到了融资的困境，但它凭借制度创新最终解决了该难题。首先，设置个人资本账户。尽管拟入社的人首先都要缴纳一定量的初始股金，以取得社员资格，但这对于工业生产所需的资金是远远不够的，因而合作社实行了红利资本化制度，具体是通过设置个人资本账户实现的。社员的收益来自股息和分红两部分，其中股息属于资本使用的成本，类似于存款利息，允许合作社在税前列支，股息率略高于当地商业银行同期存款基准利率，这符合资本报酬适当原则；此外社员还能按照其劳动量获取劳动分红，这类似于服务型合作社中社员按照其与合作社的交易量获得惠顾返还，但分红并非以现金方式发放，而是实行强制储蓄制度，计入个人资本账户，使红利资本化，由于本金（股本）数额逐年增大，股息也随之增加。蒙德拉贡合作社为了维持所需资本而不像罗虚戴尔原则那样允许退股，但股份的 25% 以外的份额是可以在合作社内部转让的，社员一旦退休，个人资本账户便可以兑现，因而合作社内部的产权是明晰的，财产私有制的基础仍得以维持。合作社的税后利润中不超过 70% 的部分可作为盈余分配，计入个人资本账户，其他的部分提作公积金和社会基金，分别用于合作社的发展和教育事业与公共福利。如此一来，合作社的绝大部分利润都留存在内部，为合作社提供了资金来源。其次，建立合作银行。尽管个人资本账户的建立缓解了蒙德拉贡合作社的资金需求，但对于工业发展以及创造更多就业岗位的需求而言是远远不够的，而商业银行基于逐利的本性并不愿意向工业合作社发放贷款，于是蒙德拉贡合作社创造性地组建了合作银行——"劳动银行"（"Caja Laboral"），合作银行是由各个合作社作为成员社合作组成的第二级合作社，但其社员并不限于成员社，同时还包括员工和其他自然人社员。劳动银行与其各个成员社分别签订协议，规定成员社需在劳动银行开立账户，并享受劳动银行提供的金融服务。劳动银行自成立以来就一直处于蒙德拉贡集团的核心地位，成功解决了合作社融资困难的重大难题。[1]

　　蒙德拉贡合作社公司以合作制为基础，在其1987年代表大会通过的《蒙德拉贡合作社经验的基本原则》中概括了十项基本原则：开放社员资格、民主组织、劳动者主权、资本的工具性或从属性、参与管理、工资团结、合作社之间合作、社会改造、世界性、教育，[2]基本延续了以罗虚戴尔公平先锋社为代表的服务型合作社的基本原则，但由于其以劳动为基础，又显现出自身独特的原则。如劳动者主权和资本的工具性或从属性原则，蒙德拉贡集团的首个合作社就是为了改变雇员在雇佣劳动制度中的劣势地位而成立的，他们推崇的是劳动雇佣资本而非资本雇佣劳动，资本是从属于劳动的，劳动是创造财富的主要源泉，因此实行按劳分配并创造更多就业岗位，遵循资本报酬有限原则，社员在合作社中的话语权来自其社员资格而非出资额。蒙德拉贡合作社公司的《蒙德拉贡合作制经验》中提到："我们最主要的特征，也就是真正把我们与其他公众有限公司区分开来的，是我们认为劳动既是不可侵犯的，又具有权力，而资本仅仅是一种毫无决策作用的工具。这意味着每一位员工，只要是合作社的成员，无论他拥有多少资本，无论他是经理还是技术员，在员工大会中都只有一票。"[3]即决策权的基础是

──────────

　　[1] 蒙德拉贡合作社的成功因素分析参见唐宗焜：《合作社真谛》，知识产权出版社2012年版，第90~93页；康德琯、林庆苗、史生丽：《股份合作制理论与立法的基本问题》，中国检察出版社2002年版，第106~116页。

　　[2] 参见唐宗焜：《合作社真谛》，知识产权出版社2012年版，第88页。

　　[3] 蒙德拉贡合作社公司：《蒙德拉贡合作制经验》，MCC驻中国代表处印发2000年版。转引自唐宗焜：《合作社真谛》，知识产权出版社2012年版，第88页。

劳动而非资本。

通过上述对以蒙德拉贡合作社为代表的劳动联合型合作社的介绍，可以发现我国的股份合作企业与之很类似，二者都要求员工作为其社员或"股东"，同时按照劳动量比例"分红"。但农村社区股份合作社显然与劳动联合型合作社不同，农村社区股份合作社的分红是以"持股"比例为依据的，而"股东"资格的界定往往以在规定期限内农业户口、劳动服务、行政管理是否在本村，是否对本村的经济、社会承担责任和义务为标准，而不论以后是否仍在本村劳动。[1]实际上大量农村社区股份合作社的股东并没有在本农村社区股份合作社中劳动，虽然农村社区股份合作社的股权设置上设了劳龄股，但并非所有成员均享有劳龄股，只有符合劳龄要求的股东才能享有。此外，即使划分股权时以劳龄为基础进行分配，也仅仅是对村民们以前劳动贡献的肯定，并以此作为今后分配的依据，而非以村民们"现时"的劳动为基础进行收益分配，对农村社区股份合作社进行控制的也非"现时"的劳动者，因此农村社区股份合作社不符合劳动联合型合作社"劳动者所有""劳动者控制"的本质特征。

四、新一代合作社

随着内外部环境的变化，合作社也在不断调整自身的组织形式和运行模式。近三十多年以来，合作社活跃的农业产业发生了巨大的变化，现代工业和现代技术深入农业和食品产业，农业逐渐采用工业生产方式和产业组织形式；加之传统合作社本身存在的内在缺陷，如缺乏资金、短期化效应、运行低效、

---

[1] 参见傅晨："社区型农村股份合作制产权制度研究"，载《改革》2001年第5期。

成本高昂等，使得合作社必须进行组织创新和结构调整，新一代合作社应运而生。[1]

在过去的二三十年时间里，最早出现于美国后来延及加拿大和欧洲的新一代合作社（New Generation Cooperatives）迅速发展壮大。目前，该类合作社为仅被用于从事加工增值业务的农业销售合作社，即接受农民的农产品，加工增值后卖出，然后按照农民的交易额同时也是购买的交易权份额进行盈余分配。新一代合作社与传统的农业合作社有如下相同点和不同点：[2]

新一代合作社与传统的农业合作社的相同点：

（1）仅农民能成为有投票权的成员；

（2）决议的作出采用一人一票的投票原则；

（3）经加工处理的成员的产品价值大于非成员的产品价值；

（4）收益按照"惠顾返还"原则分配给惠顾者。

新一代合作社与传统的农业合作社的不同点：

（1）侧重点不同：传统农业合作社为了实现规模经济和市场支配力，常常追求加工处理的产品数量最大化；新一代合作社则寻求经加工处理和出售后能获利的一定数量的产品。

（2）成员资格不同：传统农业合作社具有"开放式"的成员资格，它们为了使加工处理的产品数量最大化而尽量寻求适格成员的数量最大化；新一代合作社则具有"封闭式"的成员资格，一旦适格的成员通过合同约定交付的产品数量达到了所需的数量，则成员资格停止对外开放。

（3）成员的交付义务不同：传统农业合作社常常接受成员

---

〔1〕　参见傅晨：《中国农村合作经济：组织形式与制度变迁》，中国经济出版社 2006 年版，第 58~64 页。

〔2〕　See United States Department of Agriculture, "Agricultural Cooperatives in the 21 Century", pp. 25~26（November 2002）.

交付的任何产品，或者要求成员交付其生产的所有产品或指定土地上种植的任何产品，因此合作社接受的产品种类和数量都具有不确定性，其需要在下一批产品到来前处理掉现有库存；新一代合作社中，成员有权利并有义务每年交付固定数量的产品，无论其当年生产产品数量的多寡，因此补缺和处理超额产品的责任由成员而非合作社承担。

（4）成员股权投资不同：传统农业合作社的股权投资原则体现为最小化和统一化，这与其成员数量最大化及产量最大化的目标是一致的，所有者权益随着时间推移通过留存收益和每单位留存而积累；新一代合作社常常要求大量的前期投资，每个人的投资数额并不相同，而是与其同意每年交付给合作社的产品数量成比例。

（5）股权的可转让性不同：传统农业合作社中，通过留存的惠顾返还和每单位留存而积累的前期投资和成员权益，只能通过按照面值出售给合作社而兑现；新一代合作社中，与交付产品的权利挂钩的股权仅能通过转让给有资格使用合作社服务的其他生产者而实现再出售，经董事会同意，双方可约定任意转让价格，无论高于或低于出售方支付的原始价格。

就成员可获得的利益而言，若传统农业合作社有盈利，则成员可获得以下两项主要利益：①为其产品找到合适的买家；②惠顾返还。在新一代合作社中，成员还可获得以下两项额外的利益：①在打算减少或终止与合作社的交易时，将股权出售并获得现金的期权（选择权）；②通过向合作社进行股权投资而获得资本利得的机会。

可见，新一代合作社中融入了某些股份制的因素。"Torgerson, Reynolds 和 Gray 把不同类型组织的目标分成三种：获得利润、获取服务、实现理想。他们认为，新一代合作社是一种以

盈利为目标的农民拥有的企业（Farmer-owned Firms），在目标
上它靠近投资者拥有的企业（Investor-owned Firms）。"〔1〕更加
明显地体现出股份制因素的是，新一代合作社中出现了"投资
型"（"Just Investing"）农民。在传统的销售合作社中，农民把
自己生产的农产品交给合作社，由合作社直接出售或加工成更
高价值的产品后出售，然后按照农民交付的农产品价值的比例
"惠顾返还"（"Patronage Refund"），即按照农民对合作社的利
用程度进行"返利"，而非根据投资额发放"股利"。而新一代
合作社中，有些农民交付给合作社的并非自己生产的而是从公
开市场上购买的农产品，该种农民被称为"投资型农民"。他
们一开始从合作社购买了超出自己生产能力（或者因其他原因
无法按时向合作社交付约定的农产品）的交易权（Delivery
Rights Stock），因而需从其他农民或代理机构处购买相应农产
品，于是成了通过向合作社投入股本而获得股利的农民，不同
于传统合作社中为自己生产的农产品寻找买家而使用合作社的
农民。〔2〕

　　在美国，由于"投资型农民"的存在，使得合作社遇到了
一系列问题。如双重征税，因为美国税法规定合作社只有以合
作为基础（on a Cooperative Basis）运行才能避免重复征税，合
作社以惠顾返还和每单位资本留存形式进行的分配，仅在合作
社层面或者惠顾者层面征一次税，而由于存在"投资型农民"，
使得合作社可能需要转变为有限责任企业（Limited Liability

---

　　〔1〕　参见傅晨：《中国农村合作经济：组织形式与制度变迁》，中国经济出版
社 2006 年版，第 65 页。
　　〔2〕　See Christopher R. Kelley，"'New Generation' Farmer Cooperatives: The Prob-
lem of the 'Just Investing' Farmer"，DakliRev，191（2001）．

Company，即"LLC"）以避免双重征税。[1]再如，合作社发行的交易权若构成证券（Securities），则需满足证券法上的披露、登记等监管要求，从而增加了合作社运营管理的成本。可见，就美国法而言，"合作"因素与"股份"因素可以融合在同一个实体中，但对于其中的合作制因素与股份制因素需要分别适用不同的规则，譬如符合合作制基础的可以享受税收优惠、无需遵循证券法的披露要求和接受监管，而具有股份制因素的则不同。

合作社在发展过程中已不再是纯而又纯的合作社，而是会带有一定的股份制因素，如社员持股份额不再相等而是允许有一定差别，允许内部转让股权（如美国新一代合作社中的"可转让交易权"），允许一定程度的外部筹资等。因此，"股份合作制"的提法其实是基于传统合作社经过长时间的发展而逐渐在原本纯粹的合作制基础上掺入股份制中的某些规则，偏离了原本纯粹的合作社而建立起的新规则。西方的股份合作制是对新一代合作社的一种形象的称谓，本质上仍以合作社为基础，其本源为合作制而非股份制。所以，既可以说这是一种不同于合作制的新制度——股份合作制，也可以说这是合作制的新发展。

然而，我国农村社区股份合作社却与此类"股份合作制"（或称"合作制的新发展"）截然不同，后者的基础和本源乃合作制，仍然遵循合作社最基本的原则，仍然是以"使用者"为中心的，而前者则完全与"使用者"无关，仅仅是农村集体

---

[1] 美国法上的有限责任企业在一定程度上是合伙与公司的混合体，具有公司的某些特征，如出资人对企业债务以出资为限承担责任；又具有合伙企业的某些特性，如有限责任不缴纳企业所得税，只缴纳个人所得税。参见李建伟：《公司法学》，中国人民大学出版社2008年版，第37页。

经济组织的一种表现形式，以集体所有制为基础。虽然二者同用一个名称，但内容与实质完全不同。

五、农民专业合作社

我国目前没有一部适用于所有类型合作社的基本立法，但针对同类农产品的生产经营者和同类农业生产经营服务的提供者、利用者自愿联合形成的合作组织是有专门的法律规范的，即 2006 年 10 月 31 日通过，并于 2007 年 7 月 1 日起施行的《农民专业合作社法》。近年来，随着农村分工分业深化，农民专业合作社的发展出现了许多新情况，农民专业合作社法的一些规定已不适应合作社实践发展的需要，因而 2017 年全国人大常委会决定全面修订《农民专业合作社法》，新法于 2018 年 7 月 1 日起实施。《农民专业合作社法》赋予农民专业合作社以法人资格。[1] 既然我国已存在合作社立法，那么能不能通过直接适用或者修订《农民专业合作社法》以使其适用范围扩大到农村社区股份合作社呢？通过前文对农村社区股份合作社与合作社的本质区别的分析，可知这种思路并不妥当。

农村社区股份合作社不同于农民专业合作社，后者更类似于西方的合作社，遵循使用者受益、使用者所有、使用者控制三项普遍认可的合作社基本原则，而前者则是中国本土对农村集体经济组织进行股份合作制改革的产物。《农民专业合作社法》第 2 条对农民专业合作社做出了明确界定："本法所称农民专业合作社，是指在农村家庭承包经营基础上，农产品的生产经营者或者农业生产经营服务的提供者、利用者，自愿联合、民主管理的互助性经济组织。"

---

　〔1〕《农民专业合作社法》第 5 条第 1 款规定："农民专业合作社依照本法登记，取得法人资格。"

从上述定义可以看出，农村社区股份合作社无法为农民专业合作社的定义所涵盖，农村社区股份合作社并非"从事农产品生产""从事农业生产经营"相关人员的联合，其经营的业务大部分与农业并无关联，如不动产出租等，成员也并非其主要服务对象。

《农民专业合作社法》第4条对农民专业合作社应遵循的原则做出了规定："农民专业合作社应当遵循下列原则：

（一）成员以农民为主体；

（二）以服务成员为宗旨，谋求全体成员的共同利益；

（三）入社自愿、退社自由；

（四）成员地位平等，实行民主管理；

（五）盈余主要按照成员与农民专业合作社的交易量（额）比例返还。"

显然，以上原则并不能完全适用于农村社区股份合作社。首先，农村社区股份合作社的服务对象可能并非社区成员，谈不上"以服务成员为宗旨"；其次，成员并不是通过自愿申请加入的方式进入农村社区股份合作社，而是依据产权改革方案中的成员资格认定规则来界定是否为成员；最后，由于农村社区股份合作社的服务享有者可能不是其成员，因而无法根据合作社的"惠顾返还"原则按照成员与合作社的交易量（额）比例返还盈余，而通常以提供公共产品、承担社会保障功能、发放福利等方式惠及社区成员。

因此，无法将《农民专业合作社法》直接适用于农村社区股份合作社，也不可能通过修订《农民专业合作社法》扩大其适用范围而使得农村社区股份合作社成为合作社法人。从法意解释的角度来说，二者也是存在区别的。从披露的立法资料来看，中央有意将农村集体经济组织排除在《农民专业合作社法》

的调整范围之外，做进一步的立法打算。[1]

综上，虽然农村社区股份合作社的名称中带有"合作"二字，但其实际上是一种与西方合作制不同的制度，称谓的沿用是我国长期以来将集体制与合作制相混淆的结果。本书第一章梳理了我国农业合作化与集体化进程，从中可以看出，互助组与劳动联合型合作社类似，是农民基于自己的意愿组成的互助合作组织，财产所有制基础仍然是私有制。但到了初级生产合作社阶段，就渗入了国家意志的因素，再到后来的高级生产合作社乃至人民公社，就更加背离了合作制的本质，完全实践了公有化、集体化思想，否定了财产私有制。"合作社是社员在市场经济中通过自愿联合争得谈判权力的组织形式，而以'过渡到集体所有制'为目标的'农业合作化'，则剥夺了农民的个人所有财产和谈判权力，强化了国家垄断和实施计划经济的步骤。农业集体化的目标不仅是要消灭资本主义或者富农经济制度，而且要消灭个体经济制度。……合作制并不消灭个体经济制度，不把参加合作社的个人的土地、其他生产资料和任何财产'归公'，而是以承认和保障社员个人所有为前提实行自愿联合，通过合作社向社员提供服务，满足社员的需求。"[2]

西方合作制的基础是私有制，而我国股份合作制的基础是集体所有制。在合作社中，个人以其私有财产出资入社，共同

---

〔1〕 参见《关于〈中华人民共和国农民专业合作社法（修订草案）〉的说明》：三、修改农民专业合作社法的主要内容："近年来，随着农村集体产权制度改革的深入推进，一些地方将改革后的农村集体经济组织称为经济合作社或股份经济合作社。股份经济合作社作为我国农村集体经济的组织载体，在农村集体产权制度改革和发展壮大农村集体经济过程中发挥着重要作用，中央已明确提出，抓紧研究制定农村集体经济组织相关法律。同时，经济合作社或股份经济合作社涉及的成员边界、财产关系、运行机制等，与本法规定的农民专业合作社存在很大区别，本法的调整范围不包含社区性的经济合作社或股份经济合作社。"

〔2〕 参见唐宗焜：《合作社真谛》，知识产权出版社2012年版，第152页。

经营，共负盈亏；而在农村社区股份合作社中，个人产权由集体资产折股量化而来，其产权在使用和保持上都有一定的限制，与完全的私有产权有一定差距。集体所有制经济与合作制的本旨完全不同，却因我国长期以来将合作制视为集体制的同义语，导致出现"集体合作经济"这类自相矛盾的概念，经济合作社这类所谓的集体合作经济形式延续至今。农村集体产权制度改革之后形成的农村集体经济组织名称沿用了"合作"这一概念，加之"量化"了份额，使农民持有股份，因而"在合作制原则的基础上，融入了股份制的因素"，故取名"股份合作制"，相应的组织命名为"股份经济合作社"或"股份合作经济社"。此为农村社区股份合作社名称中"股份"与"合作"的由来。

诚然，不可否认目前集体所有制并非完全否认私有产权，集体产权制度的股份合作制改革正是以明晰产权为目标，"农村社区型股份合作制在坚持集体财产实物完整的前提下，在价值上以股份的形式将集体财产具体量化到社区成员身上，形成了一种新的产权制度安排"。[1] 但这仍不足以影响我国农村社区股份合作社与西方合作社的本质区别，农村社区股份合作社无法满足合作社"使用者为中心"的基本原则，我国对"合作"概念的使用除了历史传承的因素外，可能更多是为了体现农村集体经济组织的社区福利性，并在一定程度上体现合作制所提倡的民主、平等、公平的价值理念。虽然我国农村社区股份合作社贯彻了合作社民主控制的原则，并在具体制度上表现为"一人一票"的表决机制，但终究与西方合作制所强调的以"使用者"为中心相去甚远。因此，2017 年修订的《农民专业合作社法》明确将农村社区股份合作社排除在调整范围之外。

---

[1] 傅晨：《中国农村合作经济：组织形式与制度变迁》，中国经济出版社 2006 年版，第 155 页。

第三节 农村社区股份合作社与股份合作企业

一、股份合作企业概述

股份合作企业于 20 世纪 80 年代产生于我国农村，有农民自主新建型和原农村集体企业改制型两种形式，90 年代初期发展到城市，城市的股份合作企业类型包括原城镇集体企业改制型、原小型国有企业改制型以及新建型。

（一）股份合作企业的发展脉络

股份合作企业的发展脉络大致可以划分为如下几个阶段：[1]

1. 自发形成阶段（1982 年~1984 年）

此阶段是股份合作企业在我国农村地区的萌芽时期，由于是自发形成，形成的动因各不相同，亦无规范可言，因而形式多样。比较有代表性的是浙江省温州地区、山东省淄博市周村区和安徽省阜阳地区。

农村经济体制改革后，浙江省温州地区的农村个体私营经济较发达，但囿于个体经营无法形成规模经济且缺乏发展所需的资金，温州的一些家庭工业开始自发寻求资本联合与劳动合作，由此形成了农村新建型股份合作企业。山东省淄博市周村区的股份合作企业源自于对农村集体企业的改革，主要是为了解决集体企业产权模糊、政企不分、效率低下等问题，其将集体资产折股量化，分为乡村集体股与职工个人股，并实行按股分红与按劳分红相结合的收益分配机制，因此形成了农村改制

---

〔1〕 参见金福海、张红霞：《股份合作制与股份合作企业法》，山东人民出版社 2000 年版，第 49~53 页。

型股份合作企业。安徽省阜阳地区则主要是为了解决户办和联户办企业的规模、发展及资金需求等问题而选择了股份合作企业。

2. 引导实验阶段（1985 年~1989 年）

1985 年中央一号文件《关于进一步活跃农村经济的十项政策》中第一次出现"股份式合作"的提法[1]，"有些合作经济采用了合股经营、股金分红的方法，资金可以入股，生产资料和投入基本建设的劳力也可以计价入股，经营所得的利润一部分可以按股分红。这种股份式合作，不改变入股者的财产所有权，避免了一讲合作就合并财产和平调劳力的弊病，却可以把分散的生产要素结合起来，较快地建立新的经营规模，积累共有财产。这种办法值得提倡，但必须坚持自愿互利，防止强制摊派。"这说明股份合作企业已经得到中央政府的肯定与支持。

1987 年，中共中央《把农村改革引向深入》的通知要求"有计划地建立改革试验区"，国务院根据该精神，将浙江省温州地区、山东省淄博市周村区和安徽省阜阳地区作为以股份合作制为主要内容的乡镇企业制度建设项目的实验区。在实验过程中，各区制定了一系列有关股份合作企业的试行办法、暂行规定、示范章程，以指导股份合作企业的设立或改建、组织机构的搭建、权利义务的配置、利润分配机制的设计等。

---

[1] 事实上，1983 年中央一号文件《当前农村经济政策的若干问题》就已经肯定了农民在劳动联合的基础上可以进行资金联合："在实行劳动联合的同时，也可以实行资金联合，并可以在不触动单位、个人生产资料所有权的条件下，或者在保留家庭经营方式的条件下联合……不论哪种联合，只要遵守劳动者之间自愿互利原则，接受国家的计划指导，有民主管理制度，有公共提留，积累归集体所有，实行按劳分配，或以按劳分配为主，同时有一定比例的股金分红，就都属于社会主义性质的合作经济。"1984 年中央一号文件《关于 1984 年农村经济工作的通知》也明确指出："鼓励集体和农民本着自愿互利的原则，将资金集中起来，联合兴办各种企业……"

3. 规范推广阶段（1990 年～1999 年）

该阶段股份合作企业的发展主要呈现出两大特征：一是不断规范化，政府出台了专门规范股份合作企业的规则；二是股份合作企业由农村推广到城市，作为改革城镇集体企业和中小型国有企业的一种方式。

农业部于 1990 年出台了《农民股份合作企业暂行规定》，第一次对农民股份合作企业进行较为系统的规范，并对农民股份合作企业做出了界定："本暂行规定所称农民股份合作企业是指，由三户以上劳动农民，按照协议，以资金、实物、技术、劳力等作为股份，自愿组织起来从事生产经营活动，接受国家计划指导，实行民主管理，以按劳分配为主，又有一定比例的股金分红，有公共积累，能独立承担民事责任，经依法批准建立的经济组织。"显然，这里仅指新建型的股份合作企业。1992年农业部《关于推行和完善乡镇企业股份合作制改革的通知》对股份合作企业的界定稍稍做了调整，但仍限于新建型的股份合作企业。[1] 至 1994 年，农业部《乡镇企业产权制度改革意见》方才明确提出了由乡镇企业改建成的股份合作企业。

20 世纪 90 年代初，股份合作企业由农村向城市推广，成为城市改革中小企业的形式之一。山东省诸城市、广东省顺德市、四川省宜宾市等对中小企业进行了股份合作制改革的实验。中央和地方也出台了一系列规范城市股份合作企业的规则，如1993 年轻工业部、全国手工合作总社出台的《轻工集体企业股份合作制试行办法》、1994 年劳动部出台的《劳动就业服务企

---

〔1〕《关于推行和完善乡镇企业股份合作制改革的通知》规定："股份合作企业是指两个以上的劳动者或投资者，按照章程或协议，以资金、实物、技术、土地使用权等作为股份，自愿组织起来，依法从事各种生产经营服务活动，实行民主管理，按劳分配与按股分配相结合，并留有公共积累的企业法人或经济实体。"

业实行股份合作制规定》、1997 年国家体改委出台的《关于发展城市股份合作制的指导意见》，以及 1994 年颁布实施的《北京市股份合作制企业暂行办法》、1999 年颁布实施的《广东省股份合作企业条例》等，使股份合作企业不断向规范化的方向推进。

4. 缓慢发展阶段（2000 年至今）

进入 21 世纪，股份合作企业发展缓慢，甚至陷入停滞状态，部分股份合作企业进行股份制改革，最终转变为公司。随着我国企业法律制度体系的不断完善，公司、合伙企业、个人独资企业等企业形态已经有了较为规范、合理的制度可循，加之我国逐渐淡化对企业所有制形态的强调态度，股份合作企业的受重视程度已大不如前。

（二）股份合作企业兴起的原因

股份合作企业兴起的原因主要可以归纳为如下几方面：[1]

1. 满足生产经营的需求

人民公社制度的解体和家庭联产承包责任制的推行，极大地解放了农村的生产力，多数地区的农民实现了低水平的温饱。他们不再满足于利润较低的种植业，而是将目光投向了利润更高的养殖业和工副业。然而仅仅依靠单个农户的经济实力是远远不够的，还需要将资金及其他生产资料聚集起来。传统集体经济"归大堆"的弊端让人望而却步，而股份合作制又恰恰是承认私有财产权的，因此农民便选择了以"入股"的形式集资创办企业。我国当时的企业制度供给不足，没有规范的公司制度、合伙企业制度、合作社制度等供农民选择，因此许多不规

---

〔1〕 参见孔祥俊：《中国集体企业制度创新》，中国方正出版社 1996 年版，第 135~137 页；康德琯、林庆苗、史生丽：《股份合作制理论与立法的基本问题》，中国检察出版社 2002 年版，第 33~46 页。

范的企业形态基于现实需求被创造出来，许多股份合作企业在一定程度上正是这种时代背景下的产物。此为新建型股份合作企业兴起的原因，而改制型股份合作企业向原集体企业引入股份制因素则部分出于对外部融资的考虑。

2. 消除传统集体企业的体制弊端

传统集体企业的财产所有权并非由企业法人享有，而是归一定地域范围内的成员集体享有，而"集体"是一个模糊的概念，这造成了集体企业产权模糊的弊端。正因为这种模糊的产权制度安排，使得集体成员对集体企业的运营缺乏主人翁精神，因此许多集体企业组织机构不健全，运行机制不合理，缺乏有效监督，效率低下。股份制具有明晰产权从而提高成员参与积极性的作用，因而将股份制因素引入原集体企业中就成了改革传统集体企业的一种选择。

3. 缓和政治观念上姓"资"姓"社"的争论

虽然股份制有明晰产权的作用，但完全用股份制改造集体企业会被冠以私分集体资产的恶名，因此必须找到一种"名正言顺"的方案。合作制在我国被等同于集体制，在改革过程中给股份制戴上合作制这顶"红帽子"，能够缓和政治观念上姓"资"姓"社"的争议。"'股份合作企业'这一名称和企业形式历经了姓'资'姓'社'争议的风风雨雨后被广泛认同和推广，并被中央及地方规范性文件所采纳。"[1]此外，我国以所有制为基础划分企业类型，不同所有制享有不同待遇，冠以"股份合作"的名义就能够享受集体所有制的优惠，也在一定程度上促进了股份合作企业的兴起。

---

〔1〕 江平主编：《法人制度论》，中国政法大学出版社 1994 年版，第 247 页。

二、股份合作企业的性质与特征

关于股份合作企业是否为独立的企业类型，目前仍无定论。有学者认为股份合作企业并非一类规范的企业类型，实践中冠以"股份合作企业"名称的企业其实可以分别归属于合伙企业、合作制企业、有限责任公司和股份有限公司。[1] 有学者指出股份合作企业中的合作因素是我国固有观念中的"合作"，这种"合作"虽然与国际合作原则有一定联系，但基本内容已大相径庭。从法律性质上讲，股份合作企业更符合公司特征，这些"合作"因素并不能决定企业形态的性质。[2] 有学者认为股份合作企业属于公司的一种，可以适用《公司法》的一般规则；但其又与有限责任公司和股份有限公司有所不同，因此需要制定专门的规范。[3] 有学者指出股份合作企业是介于公司与合作社之间的既此亦彼却又非此非彼的企业，它能取股份制与合作制之长又能补二者之短，但囿于其本身制度上的局限性，在市场经济中只能起到拾遗补缺的作用，但其也正因此而有了独立的生存空间。[4] 也有学者指出，股份合作企业是一种完全独立的企业形态，不能因其存在向其他企业形态转化的可能性就认为股份合作企业必定会为其他企业所取代，也不能认为股份合作企业只是向其他企业形态过渡的一种中间状态。[5] 主流观点

---

〔1〕 参见董辅礽："'股份合作企业'不能成为一种规范的企业制度"，载《管理世界》1994 年第 2 期。

〔2〕 参见江平主编：《法人制度论》，中国政法大学出版社 1994 年版，第 249～252 页。

〔3〕 参见顾功耘："股份合作企业立法的若干疑难问题研究（上）"，载《法学》1997 年第 8 期。

〔4〕 参见孔祥俊："股份合作企业的法律机制"，载《法学研究》1994 年第 1 期。

〔5〕 参见金福海、张红霞：《股份合作制与股份合作企业法》，山东人民出版社 2000 年版，第 56 页。

倾向于将股份合作企业认定为一类独立的企业类型。

笔者认为,股份合作企业最为本质的特征是劳动联合与资本联合并驾齐驱,这就决定了其不同于以劳动联合为核心的劳动联合型合作社和以资本联合为核心的股份制公司,而该本质特征进而使得股份合作企业成为一类独立的企业类型。

(一)劳动联合与资本联合并驾齐驱

在股份合作企业中,劳动因素与资本因素同等重要,这使其与侧重劳动因素的劳动联合型合作社与侧重资本因素的股份制企业区别开来。一方面,股份合作企业强调员工劳动,为了体现其是员工的企业,大多数甚至全部员工入股;另一方面,为了解决融资问题,股份合作企业也允许一定比例的非员工或法人入股,但对其表决权设定限制,如《广东省股份合作企业条例》(2014年修正)将股份合作企业的股份划分为普通股和优先股,普通股为在职职工所持股份,优先股为职工之外的其他股东所持股份,优先股股东无表决权、选举权和被选举权,且优先股不得超过股份合作企业股份总额的49%。

其实,典型的劳动联合型合作社——蒙德拉贡合作社也允许存在一定比例的非股东员工,蒙德拉贡合作社的原则是所有员工都是其所在合作社的社员,只是对于某些有特殊技能和特殊知识的人可以有例外,即他们属于被雇佣者,被称为"助手",其服务期限及人数都有严格限制,如人数不得超过社员人数的5%。[1]可见,劳动联合型合作社对于非股东员工的条件和比例都有着极其严格的限制,其"合作"因素更强大。我国的股份合作企业对于非股东员工的限制则不那么严苛。虽说如此,但多数甚至全员入股仍是股份合作企业的原则,这个原则

---

[1] 参见康德琯、林庆苗、史生丽:《股份合作制理论与立法的基本问题》,中国检察出版社2002年版,第111、177页。

界限不能打破。有学者指出："在我国当前的股份合作制企业中，尤其在珠江三角洲及温州等经济发达地区，都有大比例的由外地打工者所构成的非股东员工。"[1] 这类企业虽以股份合作企业命名，实则与规范的股份合作企业相去甚远，而应归为股份制企业的范畴。在规范的股份合作企业中，对于员工持股比例应有强制性的要求，而在股份制企业中是不存在该要求的，非股东员工和非员工股东都是大量存在的。

（二）员工与股东高度重合且股权分布均衡

与股份制企业的所有权与经营权高度分离不同，股份合作企业通常要求员工持有企业的多数股权，以体现员工作为企业的主人能够实现对企业的有效控制。此外，为了防止控制权落入少数员工（如经营者）手中，股份合作企业中员工间的持股比例差额通常被限制在一定范围内，从而形成股权均衡分布的态势。譬如《上海市股份合作制企业暂行办法》（2010 年修订）第 21 条规定，全体员工股东持股总额不得低于企业股本总额的 51%，员工个人入股的最低限额不得低于改制前上一年度本企业员工个人平均工资总额，最高限额不得超过改制前上一年度本企业员工个人平均工资总额的 10 倍或者企业章程规定的数额。

很多人主张分配机制上的按劳分配与按股分红相结合也是股份合作企业的一大典型特征，其实不然。事实上，按劳分配和按股分红是两个层面的事实，分属于两个独立的法律关系。按劳分配源于员工与股份合作企业之间的劳动关系，员工获得的是其劳动的报酬，该分配对于企业而言是经营活动中发生的成本，可以在缴纳企业所得税前扣除；按股分红则源于股东与股份合作企业之间的投资关系，股东获得的是资本的收益，该

---

[1] 康德琯、林庆苗、史生丽：《股份合作制理论与立法的基本问题》，中国检察出版社 2002 年版，第 177 页。

分红对于企业而言是税后利润的分配。其实这两种分配形式在任何一种类型的企业中都存在，只是在多数股份制企业中股东与员工的重合比例不高，按劳分配与按股分红很少共同体现在一个人身上。而在股份合作企业中却因绝大部分股东与员工重合而使分配机制表现为按劳分配与按股分红相结合，这体现了员工（劳动者）在股份合作企业中的重要性。因而，与其将股份合作企业中员工与股东重合程度高的特征归纳为"按劳分配与按股分红相结合"这类容易引人误解的表述，倒不如直接表述为"员工与股东高度重合"。

（三）多元的表决机制

股份合作企业股东大会采用何种表决机制并没有明确的法律规定，实践中出现了三种不同的做法：一人一票制、一股一票制、一人一票与一股一票相结合。

1. 一人一票制

在现行的关于股份合作企业的规范中，有一部分明确规定股东大会采用"一人一票"的表决机制，如《北京市农村股份合作企业暂行条例》规定股份合作企业的"股东大会实行一人一票制"，又如国家体改委《关于发展城市股份合作制企业的指导意见》也明确职工股东大会应实行一人一票的表决方式。

2. 一股一票制

从实践来看，有股份合作企业实际采用的是"一股一票"的表决机制，如山东诸城的股份合作企业〔1〕。这实际上是将股份合作制看成是我国股份制发展过程中出现的一种新的形式，因而更多地吸收了股份制企业的特点。

〔1〕　参见董迎："山东诸城股份合作制企业跟踪分析"，载《中国工业经济》1999年第11期。

3. 一人一票与一股一票相结合

为了体现劳动联合，维护员工作为劳动者的利益，同时兼顾员工作为出资者的利益，有些股份合作企业既不完全采用合作社"人头多数决"的表决机制，也不完全采用股份制企业"资本多数决"的投票方式，而是将二者结合使用，形成了独具特色的"一人一票"与"一股一票"相结合的表决机制，即在某些事项上实行"一人一票"的表决机制，在另一些事项上则实行"一股一票"的表决机制。如《上海市股份合作制企业暂行办法》（2010年修订）第30条规定，股份合作企业股东大会对于决定企业经营方针和投资计划、选举和更换企业法定代表人并决定其报酬事项、选举和更换由股东代表出任的监事并决定其报酬事项、审议批准董事会或者企业法定代表人的报告、审议批准监事会的报告、审议批准企业的年度财务预算方案、决算方案、审议批准企业的利润分配方案和弥补亏损方案、修改企业章程以及企业章程规定的其他重要事项，采取一人一票的表决机制；对于选举和更换董事、对企业增加、减少注册资本，以及合并、分立、破产、解散和清算等事项作出决议则采取一股一票的表决机制。

虽然在有限责任公司中，章程可以约定表决权的行使方式，从而排除按照出资比例行使表决权，但其原则仍是资本多数决。而在股份合作企业中，表决权行使原则呈现出多样化的特点。

三、农村社区股份合作社与股份合作企业的联系与区别

农村社区股份合作社和股份合作企业都发源于我国农村地区，都是为了解决农村集体产权不明晰的问题而出现的，名称中都包含"股份""合作"的字眼，成员资格都有着严格限制且带有一定福利因素，但二者截然不同。由于农村社区股份合

作社都是由原农村集体经济组织改革而成，与改制型的股份合作企业相似度较高，故以下讨论的对象限定于改制型股份合作企业。

（一）农村社区股份合作社与股份合作企业的联系

目前股份合作企业仍是一些乡镇企业的组织形式，而乡镇企业中又有很大一部分是由农村集体经济组织投资创办的，属于集体所有制企业，农村社区股份合作社与这些股份合作企业之间存在投资与被投资的关系，股份合作企业是集体经济的收益来源之一。

值得一提的是，笔者在北京市丰台区草桥村调研时注意到一种"形为股份合作企业、实为农村社区股份合作社"的特殊情况。草桥村没有名为"农村社区股份合作社"的农村集体经济组织，但该村于1997年组建了北京草桥实业总公司。北京草桥实业总公司在丰台区工商局登记注册的企业类型为集体所有制（股份合作），从形式上看，该公司是一个股份合作企业。但根据其公司章程的规定，该公司的资产主要来源于原草桥村的集体资产，并有少量的股东现金投入；在股权设置上设有集体共有股、劳动贡献股、户籍股和现金股四种股份，分别占公司注册资本的46.41%、44.72%、9.11%、2.95%，其中劳动贡献股是依据村民在本村的农龄从集体净资产中量化给村民的股份，户籍股是劳动关系在草桥并具有草桥村农业户口及按京政发（1997）7号文件转居人员所拥有的股份，现金股是具有公司股东资格的个人以现金投入形成的股份；在组织机构上设股东代表大会、董事会和监事会，股东代表大会实行一人一票制。从该公司的资产来源、股东范围、股权设置以及组织机构等方面看，北京草桥实业总公司的实质与农村社区股份合作社更为接近。

（二）农村社区股份合作社与股份合作企业的区别

1. 股东资格不同

股份合作企业为了实现员工控制，要求多数甚至全部员工入股，以强调劳动者的核心地位，是否具备股东资格基本上以其是否为企业员工为标准。而农村社区股份合作社股东资格的界定往往以在规定期限内农业户口、劳动服务、行政管理是否在本村，是否对本村的经济、社会承担责任和义务为标准。[1]大量股东不在农村社区股份合作社中劳动，即使划分股权时以劳龄为基础进行分配，也仅是对村民以前劳动贡献的肯定，与"现时"劳动无关。对农村社区股份合作社进行控制的也不一定是"现时"的劳动者。事实上，目前大多农村社区股份合作社都从事物业经济，股东除少数管理人员和职工在农村社区股份合作社就业、领取工资外，绝大多数股东都是"坐地收租"、领取分红。[2]

2. 股权设置不同

在股权设置方面，股份合作企业通常设置职工个人股、集体共有股、社会个人股和社会法人股，如《上海市股份合作制企业暂行办法》（2010年修订）规定股份合作企业的股份分为个人股和法人股，其中个人股包括本企业职工和本企业以外的个人投资入股形成的股份；此外，在集体企业改制型的股份合作企业中，原集体企业全体离退休职工集体共有的资产可以折合为股份，设为集体共有股。又如《北京市农村股份合作制企业暂行条例》规定企业应当设置集体股和职工个人股，是否设

---

〔1〕 参见傅晨："社区型农村股份合作制产权制度研究"，载《改革》2001年第5期。

〔2〕 参见李桂模："转制社区股份合作企业公司化改造的路径选择——以广州市'城中村'改制为视角"，载《法治论坛》2009年第4期。

置社员个人股（在农村集体经济组织内部募集的非本企业职工购买的股份）和社会法人股则由章程规定。与股东资格界定标准相关，农村社区股份合作社的股权通常可分为个人股和集体股，个人股又可分为人口股、劳龄股、现金股等，具体可参见本书第五章第一节关于农村社区股份合作社的股权设置的部分，此不赘言。

鉴于农村社区股份合作社与股份合作企业之间存在诸多差异，故农村社区股份合作社不属于股份合作企业。

第三章
农村社区股份合作社的法律地位

农村社区股份合作社是农村集体产权制度改革的产物，是农村集体经济组织在现阶段的表现形式之一。由于产权制度改革仍在持续推进，现阶段尚未形成一套完全规范化的体系，相关规定多见于各地地方性规范，全国性法律法规层面并未出现农村社区股份合作社或指代该类组织的类似概念。而作为农村社区股份合作社上位概念的农村集体经济组织，在法律上是有明文规定的，因而，从较高层级的法律规范的角度研究农村社区股份合作社的法律地位时，可以从农村集体经济组织的法律地位入手。各地对于农村社区股份合作社法律地位的定位值得我们研究，尤其是那些正在尝试将农村社区股份合作社法人化的地区，这些实践证明了确立农村社区股份合作社法人地位的现实需求，也在一定程度上倒逼全国性的立法活动。学界也多有将农村社区股份合作社法人化的呼声，但农村社区股份合作社是否具有法人化的必要性以及是否满足法人的构成要件，又应该将农村社区股份合作社界定为何种类型的法人，这些疑问都值得深入探讨。2017 年 10 月 1 日生效的《民法总则》作为我国未来民法典的龙头，首次从法律层面明确了农村集体经济组织的法律地位。农村集体经济组织法人化意味着它获得了法律主体的资格，能够以自己名义进入市场中从事交易，同时也为我们研究农村社区股份合作社的法律地位打开了方便之门。

第一节　农村社区股份合作社的法律地位现状

一、农村社区股份合作社法律地位的规范分析

从农村社区股份合作社的历史沿革可以看出，农村社区股份合作社源于农村集体产权制度改革，是农村集体经济组织的一种表现形式。鉴于目前有关农村社区股份合作社的立法存在空白，以下对农村社区股份合作社在规范意义上的法律地位的分析，将以全国性法律法规对农村集体经济组织法律地位的规定为切入点。

作为法律概念的"农村集体经济组织"，最早出现于1982年《宪法》中，后来的法律规定基本上沿用了该称谓，但《民法通则》中却又同时出现了"农业集体经济组织""农民集体经济组织"的提法。为了统一法律用语，巩固改革成果，《民法总则》于第三章"特别法人"一节明确将其称之为"农村集体经济组织"。鉴于新法优于旧法的原则，本书统一使用"农村集体经济组织"的称谓。

在《民法总则》出台之前，虽然众多法律法规中均提及农村集体经济组织，但却未有一部法律或法规对其作出明确界定，倒是一些地方政府规章从所有制基础、表现形式、历史演进等角度描述了农村集体经济组织。如《湖北省农村集体经济组织管理办法》（1997年）第2条规定："本办法所称农村集体经济组织，是指在一定社区范围内，以土地等生产资料劳动群众集体所有为基础的乡（含镇，下同）经济联合总社、村经济联合社、组经济合作社等集体经济组织。"又如《广东省农村集体经济组织管理规定》（2013年修订）第3条规定："本规定所称农村集体经济组织，是指原人民公社、生产大队、生产队建制经

过改革、改造、改组形成的合作经济组织，包括经济联合总社、经济联合社、经济合作社和股份合作经济联合总社、股份合作经济联合社、股份合作经济社等。"

我们可以从以下两方面来把握农村集体经济组织：①农村集体经济组织具有强烈的地缘性或社区性，集体所有的生产资料尤其是集体所有的土地是连结其成员的纽带，这使农村集体经济组织区别于农民专业合作社等不以土地为纽带、无地缘性特征的农村组织。②农村集体经济组织形式多种多样，内涵和外延在不断发生变化，但具有一定历史承继性和延续性。农村集体经济组织的前身是人民公社体制，存在人民公社、生产大队、生产队三级组织，最初可追溯至合作化时期的农村互助组，历经初级生产合作社、高级生产合作社直至人民公社，其后家庭承包经营制度的实行使得人民公社解体，改建成了乡镇、村、村内集体经济组织，农村集体经济组织在不同时期和级别上分别体现为经济联合总社、经济联合社、经济合作社、股份合作经济联合总社、股份合作经济联合社、股份合作经济社等。[1]

关于农村集体经济组织的法律地位，《宪法》第17条规定："集体经济组织在遵守有关法律的前提下，有独立进行经济活动的自主权……"，《农业法》第2条第2款规定："本法所称农业生产经营组织，是指农村集体经济组织、农民专业合作经济组织、农业企业和其他从事农业生产经营的组织。"可见，农村集体经济组织有权独立进行经济活动、开展农业生产经营。然而，《物权法》第59条和第60条将"农民集体"界定为农村集体资产的所有权人，农村集体经济组织"代表"集体行使所

---

[1] 详见本书第一章第一节"农村社区股份合作社的历史沿革"。

有权；〔1〕而根据《农村土地承包法》第 12 条和第 21 条的规定，农村集体经济组织可以作为土地发包方以自己的名义签订土地承包合同，而非以农民集体的名义签订合同。因此，农村集体经济组织具备民事主体资格，是一类独立的民事主体，而并非农民集体的执行机关或代理人。根据《物权法》等法律规定，农村集体经济组织依法代表全体成员行使农村集体资产所有权，承担农村集体经济经营管理事务的职责。虽然《物权法》并未直接规定农村集体经济组织的主体地位，但规定了它并非集体财产的所有者。有学者认为之所以如此，是因为《物权法》在立法时受到了"左"倾主义的严重影响。〔2〕集体所有与成员所有并非两个同一的概念，除了意识形态的束缚外，很大原因也在于农村集体经济组织法律地位的模糊性，才导致难以界分农村集体资产所有权的归属。2017 年 10 月 1 日实施的《民法总则》第 99 条规定："农村集体经济组织依法取得法人资格。法律、行政法规对农村集体经济组织有规定的，依照其规定。"据此，农村集体经济组织属于我国的一类法人形式。《民法总则》对农村集体经济组织法律地位的规定有着积极意义，但仍未完全解决问题。

首先，农村集体经济组织的法人形态问题。随着我国经济社会的发展，新的组织形式不断出现，法人形态发生了较大变化。《民法通则》关于企业法人、机关法人、事业单位法人和社会团体法人的分类已难以适应新的情况，有必要进行调整和完

---

〔1〕　有关农村集体资产所有权主体的争论以及农村集体经济组织与农民集体的关系将在本章第二节"农村社区股份合作社有条件满足法人构成要件"部分进行论述，此不赘言。

〔2〕　参见李永军："集体经济组织法人的历史变迁与法律结构"，载《比较法研究》2017 年 04 期。

善。《民法总则》遵循《民法通则》关于法人分类的基本思路，适应社会组织改革发展要求，按照法人设立目的和功能等方面的不同，将法人分为营利法人、非营利法人和特别法人三类，并把农村集体经济组织归入了"特别法人"。对此划分方式，学界有批评意见，认为"营利法人与非营利法人遵循'非此即彼'的语法表达，在逻辑上已经构成一个周延的类别划分体系，因此营利法人、非营利法人与特别法人三者无法在一个逻辑层面共存。"[1]《民法总则》第76条与第87条分别对"营利性"与"非营利性"作出了立法界定，即二者区分的关键在于是否向成员分利，而非在于法人投身市场持续经营的能力。凡以向成员分利为目的的法人皆为营利法人，因而"营利性与非营利性"本来就已经构成一个圆满的逻辑体系。依此逻辑，农村集体经济组织应归属于营利法人一类。然而在特别法人一节，立法者认为诸如合作经济组织、农村集体经济组织之类的法人除了营利性之外，还具有公益性或者互益性。[2]营利性与互益性是否属于处于同一层面的规范事实，殊值讨论。事实上，立法者也注意到了农村集体经济组织在法人分类中的尴尬地位。从《民法总则》历次草稿中可以看到立法者对于农村集体经济组织的定性是十分犹豫的。民法总则的室内稿、征求意见稿及第一次审议稿中都没有出现关于农村集体经济组织法律地位的规定。2016年10月11日民法总则第二次审议稿在法人章第一节"一

---

〔1〕 谭启平、应建均："'特别法人'问题追问——以《民法总则（草案）》（三次审议稿）为研究对象"，载《社会科学》2017年第3期。

〔2〕 参见《全国人民代表大会法律委员会关于中华人民共和国民法总则（草案）修改情况的汇报》，"五、关于增加特别法人类别"："有些常委会组成人员、部门和地方提出，实践中有的法人与营利法人和非营利法人在设立、终止等方面都有所不同，难以纳入这两类法人，建议增设一类特别法人。法律委员会经研究认为……合作经济组织，既具有公益性或者互益性，又具有营利性。"

般规定"的末尾曾增设一条："农村集体经济组织具备法人条件的，依法取得法人资格。"也就是说，从一开始农村集体经济组织就被立法者放在了"营利与非营利"二分模式之外。之所以说立法者对这个问题没有确定的答案，是因为如果将农村集体经济组织放在属于法人章通则的"一般规定"一节，显然农村集体经济组织只是一类具体的法人，并不具有统摄各种法人的功能，不能起到法人章"一般规定"一节"公因式"的作用。而如果将农村集体经济组织放在特别法人一节，也只是一种无奈的立法技术，因为立法者也并没有给出特别法人的内涵与外延，《民法总则》第96条放弃了对特别法人的定义，而只能采取封闭式列举的方式。将其置于特别法人一章除了承认它的主体地位，不具任何说明实益，相反，这会造成"农村集体经济组织法人能否适用营利法人或非营利法人一节规定"的困惑。农村集体经济组织是社区农民集体占有土地等集体公共资源、实现经济利益共享的载体，本质上具有营利属性，但由于其社区性和封闭性，对内并不以利润最大化而以成员利益最大化为目的，在历史背景、组织结构和社会功能等方面均不同于一般营利法人，因此在规范适用上也不能简单直接套用营利法人的规定。[1]因此，《民法总则》赋予集体经济组织的特别法人地位，并非否认其营利性。纵然农村集体经济组织同时兼具其他功能，亦无碍于营利性的成立。[2]其次，作为"特殊法人"的农村集体经济组织，需要制定针对其特殊性的专门法律规范。《民法总则》仅规定了农村集体经济组织"依法"取得法人资

---

〔1〕 参见张新宝：《〈中华人民共和国民法总则〉释义》，中国人民大学出版社2017年版，第187页。

〔2〕 参见李宇：《民法总则要义：规范释论与判解集注》，法律出版社2017年版，第137页。

格，这主要是考虑到特别法人具有较多的特殊之处，作为民事基本法的民法典难以对其进行十分细致的规定，因此需要依赖其他专门法的有关规定。我国目前尚未制定专门的农村集体经济组织法。一方面，虽然农村集体经济组织的概念在许多法律文件中反复出现，但均未对其准确界定。现实中的农村集体经济组织大致分为乡、村、组三级，类型多样，包括乡镇（街）集体经济经营实体、村经济合作社、村股份经济合作社、自然村组经济实体、农民专业合作社、其他农村合伙企业等。正是由于全国各地农村集体经济组织类型不一，经营方式也不尽相同，不宜做统一规定。另一方面，既要对农村集体经济组织的法律地位有所规定，为今后的农村改革留下制度接口，但又不能规定的过细，需要为未来农村集体经济组织改革预留足够的制度空间。笔者认为，应以法律、法规形式，对不是同类型的农村集体经济组织的成员范围、组织形式、组织机构、法律地位、议事规则、责任财产范围和责任形式进行规定，为各类农村集体经济组织"依法"成立或存续提供专门法律依据。最后，农村社区股份合作社的法律地位。农村集体经济组织作为农村集体所有制经济组织形式，存在着从事民商事活动、参加市场竞争的客观需求，民法总则应当给予其民商事主体地位。但由于农村集体经济组织责任财产的特殊性以及现实类型的多样性，《民法总则》赋予其能够"依法"取得特别法人的主体地位，即能够让有条件的农村集体经济组织取得特别法人的地位，满足农村经济发展需求，又为将来的农村集体经济组织法预留了充分的制度空间。而《民法总则》对农村集体经济组织的特别法人的规定仅是一个原则性的规定，作为农村集体经济组织表现形式之一的农村社区股份合作社的法律地位依旧不够明确。笔者认为，既然农村集体经济组织已经成为一类法律主体，可依法获得法人资格，那么农村社区股份合作社作为农村集体经济组织的改革成果或者说一种特殊表现形式，理应获得特殊法人的主体资格。

二、各地农村社区股份合作社法人化的实践研究

(一) 实践考察

虽然目前在全国性法律法规层面并未出现农村社区股份合作社或者类似概念，但许多地区已经出台相应的地方性规定对其进行规范，甚至通过地方性法规、政府规章、规范性文件认可农村社区股份合作社的法人地位。然而，各地做法不尽一致，其中多数地方由工商行政管理部门对经济合作社、股份合作社按照或参照农民专业合作社进行法人登记，如浙江、上海、江苏、山东、重庆等；还有少数地方则由农村经济经营管理部门将其登记为一类新型法人，如湖北省县级农村经济经营管理部门向农村集体经济组织颁发的《湖北省农村集体经济组织登记证》；更为特殊的是深圳经济特区将农村集体经济组织进行股份合作制改革后的组织界定为股份合作公司，并专门为其制定了条例，规定由工商行政管理机关办理登记手续。随着《民法总则》明确赋予了农村集体经济组织法人资格，各地实践也紧随立法，出台了相应的农村社区股份合作社的章程或登记办法。如施行于 2017 年 11 月 14 日的《牡丹区农村（社区）股份经济合作社登记管理办法》第 2 条明确规定："村集体经济组织完成股份合作制改造后，仍为集体所有、合作经营、民主管理、服务成员的社区性农村集体经济组织，登记类型属于特殊法人。"[1]

---

〔1〕"牡丹区农村（社区）股份经济合作社登记管理办法"，载 http://www.mudan.gov.cn/art/2017/11/13/art_ 190_ 40560. html，最后访问日期：2018 年 1 月 5 日。

各地农村社区股份合作社法人化的实践情况简要梳理如下：

编号	登记对象	法人证书类型	登记机关	法律依据	制定机关	实施日期	适用地区	备注
省级								
1	农村集体经济组织	湖北省农村集体经济组织登记证	县级农村经济经营管理部门	《湖北省农村集体经济组织管理办法》[1]	湖北省政府	1997年1月17日	湖北省	申请登记前应先经乡人民政府审核同意
2	村经济合作社、股份经济合作社	法人营业执照	工商行政管理部门	《浙江省村经济合作社组织条例》（2007年修订）[2]；《关于全面开展村经济合作社股份合作制改革	浙江省人大常委会；浙江省政府	2008年1月1日；2014年8月21日	浙江省	参照农民专业合作社登记办法制定登记注册办法

---

[1] 《湖北省农村集体经济组织管理办法》（湖北省人民政府令〔第114号〕）第12条："设立农村集体经济组织，应当经乡人民政府审核同意后向县级（含县级市，下同）农村经济经营管理部门申请登记，领取《湖北省农村集体经济组织登记证》，取得法人资格。农村集体经济组织管理委员会主任为其法定代表人。农村集体经济组织法人资格登记办法，由省农村经济经营管理部门另行规定。农村集体经济组织设立的企业，应当依照国家有关法律、法规的规定向工商行政管理部门注册登记。"

[2] 《浙江省村经济合作社组织条例》（2007年修订）（浙江省人大常委会公告第78号）第15条："村经济合作社可以向工商行政管理部门申请登记注册，取得法人营业执照。具体登记注册办法，由省人民政府工商行政主管部门商同省人民政府农业行政主管部门参照农民专业合作社登记办法制定。"

续表

编号	登记对象	法人证书类型	登记机关	法律依据	制定机关	实施日期	适用地区	备注
				的意见》〔1〕				
3	农村社区股份合作社	农民专业合作社法人营业执照	区、县工商行政管理部门	《关于本市农村社区股份合作社办理工商登记有关问题的通知》〔2〕	上海市工商行政管理局、上海市农业委员会	2009年6月25日	上海市	登记前应取得区县主管部门的同意〔3〕
4	农村社区股份合作社	农民专业合作社法人营业执照	县（市、区）工商行政管理局	《关于农村社区股份合作社登记的指导意见》〔4〕	江苏省工商局	2010年8月25日	江苏省	

　　〔1〕《关于全面开展村经济合作社股份合作制改革的意见》（浙政办发〔2014〕101号）："二、规范改革程序（六）办理变更手续。……简化登记管理，股份经济合作社按照《浙江省村经济合作社组织条例》的规定，执行村经济合作社工商注册登记管理办法。"

　　〔2〕 上海市工商行政管理局、上海市农业委员会《关于本市农村社区股份合作社办理工商登记有关问题的通知》（沪工商注〔2009〕236号）："一、农村社区股份合作社经登记机关依法登记，领取农民专业合作社法人营业执照，取得农民专业合作社法人资格。二、农村社区股份合作社由所在地的区、县工商行政管理部门登记。"

　　〔3〕 上海市工商行政管理局、上海市农业委员会《关于本市农村社区股份合作社办理工商登记有关问题的通知》（沪工商注〔2009〕236号）："五、农村社区股份合作社办理工商设立、变更、注销登记和备案的，应当按照《关于本市推进农村村级集体经济组织产权制度改革工作的指导意见》的规定向区县主管部门（农委或集体资产管理部门）办理相关手续，凭区县主管部门（农委或集体资产管理部门）出具的同意备案相关证明材料，依法向工商部门办理登记或备案。"

　　〔4〕 江苏省工商局《关于农村社区股份合作社登记的指导意见》（苏工商注〔2010〕244号）："二、农村社区股份合作社经县（市、区）工商行政管理局依法登记，领取农民专业合作社法人营业执照，取得农民专业合作社法人资格。"

续表

编号	登记对象	法人证书类型	登记机关	法律依据	制定机关	实施日期	适用地区	备注
5	农村新型股份合作社	农民专业合作社法人营业执照	工商行政管理部门	《重庆市推进农村新型股份合作社发展实施方案》〔1〕	重庆市政府	2011年11月23日	重庆市	
6	农村经济（社区）股份合作社	农民专业合作社法人营业执照	县级工商行政管理部门	《农村经济（社区）股份合作社办理工商登记有关问题意见》〔2〕	山东省工商局	2013年7月6日	山东省	
7	村股份经济合作社	非公司企业法人营业执照	县（市、区）市场监督管理部门	关于村股份经济合作社工商登记的指导意见（浙工商企〔2016〕11号）	浙江省工商行政管理局、浙江省农业厅	2016年9月18日	浙江省	

〔1〕 重庆市人民政府《重庆市推进农村新型股份合作社发展实施方案》（渝办发〔2011〕335号）将农村新型股份合作社纳入农民专业合作社的范畴，提出鼓励和支持农村集体经济组织在清理农村集体资产、资金、资源的基础上，对农村集体资产进行量化确股，组建或参与农村新型股份合作社。重庆主城近郊农村重点推行以农村集体资产量化确股组建农村新型股份合作社，其他地区重点推行多种要素入股组建农村新型股份合作社。并规定新成立的农村新型股份合作社须经工商行政管理部门登记注册。登记类型为农民专业合作社，名称应包含"股份合作社"字样。

〔2〕 山东省工商行政管理局《农村经济（社区）股份合作社办理工商登记有关问题意见》（鲁工商个规字〔2013〕5号）："二、农村经济（社区）股份合作社依法登记，领取农民专业合作社法人营业执照，取得农民专业合作社法人资格。六、县级工商行政管理部门负责农村经济（社区）股份合作社的注册登记。"

续表

编号	登记对象	法人证书类型	登记机关	法律依据	制定机关	实施日期	适用地区	备注
市级								
8	股份合作公司	企业法人营业执照	市工商行政管理机关	《深圳经济特区股份合作公司条例》(2010年修订)〔1〕	深圳市人大常委会	1994年7月1日	深圳市福田区、罗湖区、南山区、盐田区	
9	社区股份合作组织	法人营业执照	区工商行政管理部门	《关于加快推进农村集体资产改制发展社区股份合作经济的指导意	厦门市政府	2010年5月13日	福建省厦门市	参照农民专业合作社登记管理的有关规定注册登记;登记前应报镇政府(街道办)确认

---

〔1〕《深圳经济特区股份合作公司条例》(2010年修订)(深圳市第五届人大常委会公告第26号)第2条:"本条例所称股份合作公司是指依照本条例设立的,注册资本由社区集体所有财产折成等额股份并可募集部分股份构成的,股东按照章程规定享受权利和承担义务,公司以其全部资产对公司债务承担责任的企业法人。但集体所有的土地不能直接用以抵偿债务。"第3条:"本条例适用于福田区、罗湖区、南山区、盐田区内由社区集体经济组织改组设立的股份合作公司。前款所称社区集体经济组织是指以行政村或者村民小组(自然村,下同)为基础组成的合作经济组织。"第4条:"股份合作公司(以下简称公司)经深圳市工商行政管理机关(以下简称登记机关)依法核准登记成立。"第22条第1款:"登记机关应自接到设立申请之日起三十日内作出是否准予登记的决定。核准登记的,应发给企业法人营业执照;不予登记的,应当给予书面答复。"

续表

编号	登记对象	法人证书类型	登记机关	法律依据	制定机关	实施日期	适用地区	备注
				见》〔1〕				
10	农村社区股份合作社	农民专业合作社法人营业执照	县区登记机关	《关于农村社区股份合作社登记的指导意见》〔2〕	马鞍山市政府	2014年6月16日	安徽省马鞍山市	登记时应提交上一级主管单位批复〔3〕
11	农村新型股份合作社	农民专业合作社法人营	工商部门	《关于推行农村新型股份合作社登	合肥市工商行政管理局、合肥市农	2014年8月20日	安徽省合肥市	

〔1〕 厦门市人民政府办公厅转发市农业局《关于加快推进农村集体资产改制发展社区股份合作经济的指导意见》的通知（厦府办〔2010〕107号）："（三）规范改制程序。……五是办理登记。社区股份合作组织应将本组织名称、法定代表人、《章程》、股份合作制改革方案、清产核资及股份量化结果等情况上报镇政府（街道办）确认，凭镇政府（街道办）出具的相关证明材料，依法向区工商行政管理部门申请办理法人登记。工商部门参照农民专业合作社登记管理的有关规定办理注册登记，核发法人营业执照。社区股份合作组织名称统一表述为'××区××镇（街）××社区股份经济合作社'，其经营范围参照企业经营范围登记相关规定予以登记。"

〔2〕 马鞍山市政府《关于农村社区股份合作社登记的指导意见》（马政办〔2014〕43号）："二、农村社区股份合作社经县区登记机关依法登记、领取农民专业合作社法人营业执照，取得农民专业合作社法人资格。"

〔3〕 马鞍山市政府《关于农村社区股份合作社登记的指导意见》（马政办〔2014〕43号）："十二、设立登记农村社区股份合作社需提交材料：（一）设立登记申请书；（二）设立人签名、盖章的设立大会纪要；（三）设立人签名、盖章的章程；（四）法定代表人、理事的任职文件和身份证明；（五）盖章予以确认的出资清单；（六）成员名册以及成员主体的资格证明；（七）住所使用证明；（八）全体设立人指定代表或者委托代理人的证明；（九）名称核准通知书及相关材料；（十）出资方案；（十一）上一级主管单位批复。"

编号	登记对象	法人证书类型	登记机关	法律依据	制定机关	实施日期	适用地区	备注
		业执照		记的实施意见》〔1〕	业委员会			
12	村股份经济合作社	特别法人营业执照	区农业行政管理部门	《牡丹区农村（社区）股份经济合作社登记管理办法》	菏泽市牡丹区农业局	2017年11月14日	山东省菏泽市牡丹区	登记时需提交经镇、街道农村产权制度改革领导小组办公室或人民政府审核盖章的资产负债表、清产核资结果、成员名册、股权量化结果

（二）地方立法实践评析

从以上各地的实践看，一些改革较早、政策较成熟的地区，如浙江、上海、江苏等，已通过地方性规范的形式确立了农村社区股份合作社的法人资格，他们大多选择将其登记为农民专业合作社法人，采取这种做法除了市场交易的需要等通常

---

〔1〕 合肥市工商行政管理局、合肥市农业委员会《关于推行农村新型股份合作社登记的实施意见》（合工商〔2014〕83号）将农村新型股份合作社纳入农民专业合作社的范畴，对农村集体资产进行量化确股后组建的新型农民专业合作组织属于其中一类。要求各级工商部门按照《中华人民共和国农民专业合作社法》、《农民专业合作社登记管理条例》等法律法规规定，依法指导规范组建农村新型股份合作社，做好注册登记工作。

理由外〔1〕，还可能出于支持农村经济发展、让农村社区股份合作社享受农民专业合作社所能享有的财政支持、税收优惠等待遇的考虑。〔2〕虽然各地法人化的实践顺应了时代发展的要求，但囿于地方立法权限不足，以地方立法的形式将农村社区股份合作社界定或登记为与之存在本质区别的农民专业合作社，或将其创设为一类不同于现有法人类型的新型法人，既缺乏上位法依据，又无法理支撑，不符合法治要求。一种新类型法人的创设属于民事基本法律制度，一种新型企业法人的设计属于基本经济法律制度。〔3〕而根据《立法法》第8条和第9条的规定，民事基本制度和基本经济制度均属于法律相对保留事项，这两项基本制度只能由法律规定，尚未制定法律的，可由全国人大及其常委会授权国务院根据实际需要先行制定行政法规。〔4〕此外，地方性规范只能在其所管辖的特定地域范围内适用，在全国范围内并不具有普适性。因此，仅通过地方立法的方式并不足以明确农村社区股份合作社的法律地位。在《民法总则》之

---

〔1〕 详见本章第二节"农村社区股份合作社法人化的必要性"。

〔2〕 根据2008年财政部、国家税务总局《关于农民专业合作社有关税收政策的通知》（财税〔2008〕81号），农民专业合作社享有如下税收优惠：一、对农民专业合作社销售本社成员生产的农业产品，视同农业生产者销售自产农业产品免征增值税。二、对农民专业合作社向本社成员销售的农膜、种子、种苗、化肥、农药、农机，免征增值税。三、对农民专业合作社与本社成员签订的农业产品和农业生产资料购销合同，免征印花税。

〔3〕 参见蒋传宓："论农村集体经济组织制度的完善"，载《农业经济》2009年第8期。

〔4〕《立法法》（2015年修订）第8条："下列事项只能制定法律：……（八）民事基本制度；（九）基本经济制度以及财政、海关、金融和外贸的基本制度；……；（十一）必须由全国人民代表大会及其常务委员会制定法律的其他事项。"

第9条："本法第八条规定的事项尚未制定法律的，全国人民代表大会及其常务委员会有权作出决定，授权国务院可以根据实际需要，对其中的部分事项先制定行政法规，但是有关犯罪和刑罚、对公民政治权利的剥夺和限制人身自由的强制措施和处罚、司法制度等事项除外。"

前，一些地方把农村社区股份合作社登记为企业法人的做法，现在看来是有问题的。企业法人即现在营利法人的前身，既然《民法总则》明确将农村集体经济组织列为一类特别法人，而非将其定义为营利法人，因而农村社区股份合作社也不宜突破这个框架。未来应将农村社区股份合作社登记为特别法人，既参照适用营利法人的规范，同时也兼顾"共益性"的具体制度。

或许正是囿于地方立法权限不足，一些地区未将农村社区股份合作社明确界定为一类法人，但基于市场交易及方便管理等需要，要求农村社区股份合作社办理相关登记手续并领取登记证。如北京市要求乡镇集体经济组织和村集体经济组织在区（县）农村合作经济经营管理站登记并领取《北京市农村集体经济组织登记证》；[1]广东省规定县级农业主管部门向包括股份合作经济社在内的农村集体经济组织颁发同级政府同意并盖章的《广东省农村集体经济组织证明书》，作为农村集体经济组织的身份证明。[2]

---

〔1〕 北京市农村工作委员会《北京市乡村集体经济组织登记办法》（京政农发〔2003〕61号）第4条："乡镇集体经济组织、村集体经济组织、农民专业合作经济组织在成立以后必须进行登记。"

第6条："区（县）农村合作经济经营管理站对乡村集体经济组织进行登记以后，应当向其发放《北京市农村集体经济组织登记证》。"

第7条："具备条件的乡镇集体经济组织、村集体经济组织、农民专业合作经济组织，应同时到区县工商行政管理部门进行企业法人登记。"

〔2〕 广东省农业厅《农村集体经济组织证明书管理暂行办法》（粤农〔2007〕1号）第3条第1款："《证明书》是农村集体经济组织的身份证明。农村集体经济组织凭《证明书》办理组织机构代码证，按照有关规定在银行或者农村信用社办理开立账户等手续。"

第4条："县级人民政府或不设区的市人民政府免费向农村集体经济组织颁发《证明书》，具体工作由同级农业行政主管部门负责。"

第8条："《证明书》按下列程序申报、颁发：

（一）申请单位向所在地乡（镇）人民政府、街道办事处或者带农村的农林场提交第七条所列申请文件、证明材料，填写申请表。

综上，农村社区股份合作社作为一类农村集体经济组织，其法律地位并不明确。目前，《民法总则》仅原则性地规定农村集体经济组织"依法"取得特别法人的地位，尚无专门法律规范此类特殊法人。虽然一些城市化进程较快、农村集体经济组织股份合作制改革较早的地区已通过地方立法的方式承认了农村社区股份合作社的法人资格，且有的地方明确将其界定为特别法人。但由于《民法总则》对特别法人采封闭式列举的立法技术及地方立法的创设权限不足，无法使农村社区股份合作社的法人资格在全国范围内被普遍认可。

第二节　农村社区股份合作社法律地位的路径选择

如本书第一章所述，截至 2016 年底，全国已有 4.7 万个村和 5.7 万个组完成改革，量化资产 6 578.1 亿元，累计股金分红 2 255.9 亿元，农村集体资产股份权能改革试点也积极稳妥有序推进。[1]除了完成产权制度改革已成立的农村社区股份合作社外，还有更多的农村社区股份合作社正在设立中。随着我国城市化进程的不断推进，加之农村社区股份合作社相较原有的农村集体经济组织形式的优势凸显，对农村集体经济组织进行股份

（接上页）（二）乡（镇）人民政府、街道办事处或者带农村的农林场对申请单位提交的申请文件、证明材料和申请表进行审核，符合条件的复印留存一份，原件报送县级或不设区的市农业行政主管部门。

（三）县级或不设区的市农业行政主管部门对经复核符合条件的申请单位给予填写《证明书》，并转报县级人民政府或不设区的市人民政府。

（四）县级或者不设区的市农业行政主管部门把同级政府同意并加盖政府印章的《证明书》，向申请单位颁发。"

〔1〕　数据来自"陈晓华副部长在全国农村经营管理暨土地承包经营权确权工作会议上的讲话"，载 http://jiuban. moa. gov. cn/zwllm/tzgg/tz/201603/t20160304_5039392. htm，最后访问日期：2017 年 7 月 11 日。

合作制改革已成为一种趋势，国家亦有意在全国范围内开展改革试点工作，可以预计，农村社区股份合作社的数量将持续增加。

数量如此庞大的农村社区股份合作社目前却面临法律地位模糊的困境，改革的成果无法以法律明确承认的组织形式固定下来，成员股权的权能、取得、流转和丧失等多取决于国家或地方政策，不确定性较大，这在一定程度上也成为农村集体产权制度改革的瓶颈。因而，有必要对农村社区股份合作社法律地位的应然状态进行探讨。这一研究一方面有利于巩固产权制度改革的成果，另一方面有利于农村社区股份合作社的长远发展。笔者认为，法人化[1]将是农村社区股份合作社法律定位上的理性选择，以下分别从农村社区股份合作社法人化的必要性与可行性两方面展开论述。

一、农村社区股份合作社法人化的必要性

（一）顺应农村产权制度改革的需要

产权制度是农村经济的根本制度，正是由于过去农村集体经济组织的市场主体地位未明，导致农村集体经济组织地位被架空。不少地方的农民自治组织、党组织、集体经济组织三者关系不清、政经不分，间接导致了农村集体资产产权不清、权责不明、保护不力等问题。正是在地方自下而上农村股份制改革的实践需求下，推动了集体经济组织法人化的立法活动。

《农业部关于稳步推进农村集体经济组织产权制度改革试点的指导意见》明确提出："推进以股份合作为主要形式，以清产

----

〔1〕　此处"法人化"并非指强制性地要求所有改革后的农村社区股份合作社一律登记为法人，农村社区股份合作社成为法人还应取决于两方面的因素：一是符合法定条件及程序；二是社员自愿选择注册为法人。

核资、资产量化、股权设置、股权界定、股权管理为主要内容的农村集体经济组织产权制度改革。"股份合作制作为农村产权制度改革的主流形式，因此农村社区股份合作社为产权改革后的农村集体经济组织的主要形式。既然《民法总则》原则性地赋予农村集体经济组织特别法人地位，那么作为其主要表现形式的农村社区股份合作社理应依法取得特别法人地位。

（二）限制成员责任的需要

法人制度的功能之一乃责任限制。非法人团体或者没有独立的权利能力，或者仅具有部分权利能力，[1]但他们都没有完全独立的责任能力，非法人团体所负担的债务最终由其成员承担无限责任。然而，让成员对农村社区股份合作社的债务承担无限责任既不现实也不合理，因而需要通过独立责任主体的法律构造将成员责任限制在其对集体资产享有的份额范围内。笔者认为，法人制度是农村社区股份合作社在法律定位上的理性选择。

诚然，并非只有法人的成员才承担有限责任，《合伙企业法》规定的有限合伙企业中的有限合伙人亦仅以其出资额为限承担责任[2]，然而有限合伙企业的组织形式并不适合于农村社区股份合作社：首先，有限合伙企业中必须至少有一名普通合伙人，对合伙企业的债务承担无限责任；[3]其次，农村社区股份合作社的成员人数通常超过有限合伙企业中合伙人人数的上

---

[1] 学者朱庆育认为："与自然人权利能力之'全有或全无'模式不同，团体的权利能力表现为'或多或少'……以法人为标准，个人独资企业、合伙企业等非法人团体所拥有的，是范围不同的'部分权利能力'。"参见朱庆育：《民法总论》，北京大学出版社2013年版，第470~471页。

[2] 《合伙企业法》第2条第3款："有限合伙企业由普通合伙人和有限合伙人组成，普通合伙人对合伙企业债务承担无限连带责任，有限合伙人以其认缴的出资额为限对合伙企业债务承担责任。"

[3] 《合伙企业法》第61条第2款："有限合伙企业至少应当有一个普通合伙人。"

限 50 人；[1]最后，在有限合伙企业中，有限合伙人不能执行合伙企业的事务，这不利于社区成员的民主参与。[2]

此外，在德国法上，无权利能力社团可以通过章程将责任财产限定为社团财产，而不延及社员的其他个人财产，即将董事会享有的代表权范围限定为"仅有权从事有关社团财产的行为"。然而此种责任限制仅能适用于无权利能力的非营利性社团，通说认为无权利能力的营利性社团的社员应承担无限的个人责任。[3]农村社区股份合作社营利性的本质早已排除了适用无权利能力社团的规则限制成员责任的可能性。

因此，为了限制农村社区股份合作社成员的个人责任，有必要赋予农村社区股份合作社独立法人资格。

（三）市场交易的需要

根据《物权法》第 59 条和第 60 条的规定，成员集体是农村集体资产所有权主体，集体经济组织或村民委员会、村民小组代其行使所有权，对集体资产进行经营管理。集体资产管理属于经济领域的事项，按照职能分工，在存在农村集体经济组织的情况下应由农村集体经济组织管理集体资产，在农村集体经济组织缺位的情况下才采取由村民委员会或村民小组代为管理的替代方案。[4]

---

〔1〕《合伙企业法》第 61 条第 1 款："有限合伙企业由二个以上五十个以下合伙人设立；但是，法律另有规定的除外。"

〔2〕《合伙企业法》第 68 条第 1 款："有限合伙人不执行合伙事务，不得对外代表有限合伙企业。"

〔3〕［德］迪特尔·梅迪库斯著，邵建东译：《德国民法总论》，法律出版社 2001 年版，第 859 页。

〔4〕参见全国人大常委会法制工作委员会《对关于村民委员会和村经济合作社的权利和关系划分的请示的答复》（1992 年 1 月 31 日）："集体所有的土地依照法律规定属于村农民集体所有的，应当由村农业生产合作社等农业集体经济组织经营、管理，没有村农业集体经济组织的，由村民委员会经营、管理。"

然而，由于农村社区股份合作社的法律地位不明确，市场上的交易相对方难以认可其市场主体身份，导致其对外经营时常需以村民委员会的名义签订合同，使得基层自治组织与经济实体相分离的目标更加难以实现。倘若法律赋予农村社区股份合作社企业法人资格，使其具备从事商行为的能力，相对方在交易时会判断交易对象的性质与责任承担方式，控制交易风险，进而促进市场交易活动，农村社区股份合作社才能真正实现以自己的名义从事经营活动的目标。

（四）平衡社区公共职能与税赋负担的需要

虽然农村社区股份合作社可以通过直接注册成公司或作为出资人设立公司的形式满足对外经营的需求，但是目前农村社区股份合作社承担了大量社区公共职能，且该状态在短期内难以完全改变，而且农村社区股份合作社直接注册成公司需要满足《公司法》的要求，且与其他公司承担同样的纳税义务，这是有欠妥当的。

农村社区股份合作社作为集体资产的管理主体，同时还承担着一定的社区公共职能。立法上鼓励农村集体经济组织举办各种教育事业、兴办医疗卫生设施及开展群众性的卫生活动等。[1]实践中，农村集体经济组织承担了村里绝大部分的公共开支，农村集体经济组织的收入往往优先用于村（社）公共开支，如教育、合作医疗、公共道路、水电、环卫、治安等方面，甚至包括村委会、基层党组织的开支，剩余部分才用于成员分配。[2]有些地方的农村集体经济组织所承担的公共开支占其收入的

---

[1]《宪法》第 19 条第 4 款、第 21 条。

[2] 参见王权典："社区集体经济组织改制目标定位与职能重构之法律研析"，载《法学论坛》2009 年第 4 期。

30%～40%，有些地区甚至超出其总收入。[1] 可见，包括农村社区股份合作社在内的农村集体经济组织并不是纯粹的经济组织，它还承担了本应属于政府职责的公共产品供给与社会保障的重任。

通常认为，税收的必要性在于它能在一定程度上缓解公共产品领域存在的市场失灵，是最重要的提供公共产品的手段，它对社会收入进行再分配，进而成为宏观调控和保障经济与社会稳定的政策工具。而国家享有课税权的正当性也恰恰在于国家的公共职能，各国征税的直接目的是用于提供公共产品。[2] 然而，政府为农村配给的公共产品远不及城市，也远不能满足农民们的需求，因此提供公共产品的重任落在了能够创造收入的农村集体经济组织身上。要求农村社区股份合作社承担农村公共产品供给和税赋负担（无论是直接的还是间接的）的双重压力是缺乏正当性基础的，也不利于农村社区股份合作社自身的发展以及发挥其带动农村经济发展的功能。

将农村社区股份合作社创设为一类新型企业法人的同时应为其制定税收优惠政策，如在缴纳所得税前扣除其承担社区公共职能部分的支出，对其直接经营所得的收入实行优惠税率，或者允许其在应纳所得税税额中抵扣符合条件的公共支出等。但是对于农村社区股份合作社作为出资人设立的公司或集体企业所取得的收入，则应与普通企业承担同样的纳税义务，同时也不应对农村社区股份合作社的下设企业课以承担社区公共职能的法定义务。[3]

---

〔1〕 参见柳松、李大胜："农村集体经济组织的公共开支与税赋负担——来自广东的案例分析"，载《经济问题探索》2007年第2期。
〔2〕 参见张守文：《税法原理》，北京大学出版社2012年版，第5页。
〔3〕 关于税收优惠的设计详见本书第七章第一节。

（五）农村社区股份合作社与我国其他法定商主体存在本质区别的现实

如本书第二章所述，农村社区股份合作社与我国现有其他类型的经济组织存在本质区别，无法将其划归为公司、合作社或股份合作企业中的任何一种。

此外，有必要澄清农村社区股份合作社与乡镇企业的关系。根据《乡镇企业法》第2条的规定，乡镇企业符合企业法人条件的，依法取得企业法人资格。那么，农村社区股份合作社能否依据该法取得企业法人资格呢？答案是否定的。首先，根据《乡镇企业法》第2条对乡镇企业的界定，农村社区股份合作社（或者农村集体经济组织）是乡镇企业的出资人，而非乡镇企业本身。其次，乡镇企业是一系列不同种类企业的集合体，只要满足《乡镇企业法》对乡镇企业的界定[1]，即可认定为乡镇企业，享受相关权利[2]并履行相应义务[3]。乡镇企业的具体企业形态可以是个人独资企业、合伙企业、股份合作企业、公司等[4]。各类乡镇企业并不是依据《乡镇企业法》取得法人资格的，而是依相应特别法取得法人资格的，故农村社区股份

---

[1]《乡镇企业法》第2条："本法所称乡镇企业，是指农村集体经济组织或者农民投资为主，在乡镇（包括所辖村）举办的承担支援农业义务的各类企业。

前款所称投资为主，是指农村集体经济组织或者农民投资超过百分之五十，或者虽不足百分之五十，但能起到控股或者实际支配作用。

乡镇企业符合企业法人条件的，依法取得企业法人资格。"

[2]《乡镇企业法》第18条："国家根据乡镇企业发展的情况，在一定时期内对乡镇企业减征一定比例的税收。减征税收的税种、期限和比例由国务院规定。"

[3]《乡镇企业法》第17条第1款："乡镇企业从税后利润中提取一定比例的资金用于支援农业和农村社会性支出，其比例和管理使用办法由省、自治区、直辖市人民政府规定。"

[4]《乡镇企业法》第13条："乡镇企业按照法律、行政法规规定的企业形式设立，投资者依照有关法律、行政法规决定企业的重大事项，建立经营管理制度，依法享有权利和承担义务。"

合作社不能根据《乡镇企业法》第 2 条的规定取得法人资格。

综上，首先，顺应农村产权改革的需要，农村社区股份合作社为产权改革后的农村集体经济组织的主要表现形式。其次，为了将成员对农村社区股份合作社所负债务的责任限定在其对集体资产享有的份额范围内，有必要将农村社区股份合作社设定为民事主体中的法人。再次，由于农村社区股份合作社具有营利性，作为市场主体参与交易，在立法已将农村集体经济组织定义为特别法人的前提下，在进行专门立法时应允许适用营利法人的相关规范。最后，由于农村社区股份合作社同时承担社区公共职能和社会保障功能，不同于单纯从事营利活动的企业，加之农村社区股份合作社的实质特征使其区别于我国现有的任何一类法定商主体，因而在立法时还应充分注意其特殊性，即在营利性之下，农村社区股份合作社仍有公益性、互益性等特征，在一些具体制度上应适用特别的规定。

二、农村社区股份合作社法人化的可行性

"私法上的法人是通过私法行为设立的长期存在的人的联合体或者组织体，它本身是与其全体组成人员和管理人员相互分开的实体。它本身享有权利并承担义务，通过其机关的行为取得权利并履行义务，由此发挥自己的作用并参与法律交往。"[1]

法人具有以下特征：①法人是人的结合体和依特殊目的所组织的财产组织体，但随着立法对一人公司的承认，法人不必一定是团体；②法人资格的取得有赖于法律的承认，因而是否赋予某类组织以法人地位取决于一国的立法政策；③法人具有权利能力，即具有独立享有权利和承担义务的资格，这意味着

─────────

[1]　[德]卡尔·拉伦茨著，王晓晔等译：《德国民法通论》（上），法律出版社 2003 年版，第 183~184 页。

法人与其成员的财产分离、意志分离且责任分离。[1]

《民法总则》第57条对法人的定义是："法人是具有民事权利能力和民事行为能力，依法独立享有民事权利和承担民事义务的组织。"第58条列举了法人成立的条件："法人应当依法成立。法人应当有自己的名称、组织机构、住所、财产或者经费。法人成立的具体条件和程序，依照法律、行政法规的规定。设立法人，法律、行政法规规定须经有关机关批准的，依照其规定。"因此，以下逐一论述农村社区股份合作社满足或有条件满足的《民法总则》规定的法人要件、商主体的特殊要件。

（一）依法成立

"依法成立"，单从字面上看，似乎囊括了法人的所有要件，既包括实质要件，也包括程序要件。如此一来，似乎已无必要再规定其他要件。因此，应当对"依法成立"这一要件作限缩解释。

其一，"依法成立"意味着法人资格的取得有赖于法律的承认，即设立法人应有设立基础。设立某类法人，必须有现行立法对该类法人加以调整。设立人不得自行创设现行立法没有确认的法人类型。[2]只要国家认可，法律上承认农村社区股份合作社的法人资格，农村社区股份合作社即可成为一类法人。

其二，"依法成立"要求法人应依法定程序设立，这主要是指法人的登记程序。只要适格的主体按照法律规定的程序，向法律规定的机关提出农村社区股份合作社的设立登记申请并提交所需的材料，登记机关认为符合法定条件的，农村社区股份合作社即可成为法人。

（二）有必要的财产或者经费

必要的财产是法人能够独立承担责任的基础。探讨农村社

---

〔1〕 参见江平主编：《民法学》，中国政法大学出版社2007年版，第87页。

〔2〕 参见江平主编：《法人制度论》，中国政法大学出版社1994年版，第128页。

区股份合作社是否具备该条件一般从农村集体资产的所有权主体角度出发。《民法通则》以所有制为标准区分了三种财产所有权形式，即国家所有权、集体所有权和个人所有权，《民法通则》第 74 条规定："劳动群众集体组织的财产属于劳动群众集体所有……集体所有的土地依照法律属于村农民集体所有，由村农业生产合作社等农业集体经济组织或者村民委员会经营、管理。已经属于乡（镇）农民集体经济组织所有的，可以属于乡（镇）农民集体所有。"该条款中的"集体所有"，究竟是指所有权主体为集体经济组织内的劳动群众集体，还是指所有权主体是农村集体经济组织本身，表述并不明确，条文中"已经属于乡（镇）农民集体经济组织所有的"的表述，似乎可以理解为农村集体资产的所有权主体为农村集体经济组织。立法的模糊导致理论上的争议，关于农村集体资产所有权尤其是农村土地所有权的讨论可谓百家争鸣、百花齐放。有学者将其归纳为以下八种主要学说：农村集体经济组织法人所有权说，集体组织成员共有说，传统总有说，新型总有说，集体经济组织法人所有与新型总有结合说，新型合有说，村民小组、村、乡镇所有权说，个人化与法人化契合说，并指出这八种学说都或多或少存在缺陷，不能与我国集体土地所有权制度完全吻合。[1]

2007 年出台的《物权法》从表面上看似乎解决了这个问题。《物权法》第 59 条规定："农民集体所有的不动产和动产，属于本集体成员集体所有……"因而，集体所有权的主体是集体成员集体而非集体经济组织。如果说该条仍不足以支持此结论，那么下一条规定则可作为更加有力的论据。《物权法》第 60 条规定："对于集体所有的土地和森林、山岭、草原、荒地、

───────────────

〔1〕　各学说主要观点及评价参见丁关良："'集体土地所有权'性质之客观界定"，载《淮阴师范学院学报（哲学社会科学版）》2007 年第 1 期。

滩涂等，依照下列规定行使所有权：（一）属于村农民集体所有的，由村集体经济组织或者村民委员会代表集体行使所有权；（二）分别属于村内两个以上农民集体所有的，由村内各该集体经济组织或者村民小组代表集体行使所有权；（三）属于乡镇农民集体所有的，由乡镇集体经济组织代表集体行使所有权。"因此，农村集体资产的所有权主体是农民集体，农村集体经济组织仅仅是"代表"集体行使所有权，而非所有权人本身。

为了维护作为社会主义公有制组成部分的集体所有制，我国立法上强调将"集体"作为集体资产的所有权主体，因而出现了集体所有权的概念。传统意义上的集体所有制是指由集体组织享有集体资产所有权的制度，而并非由一个只在概念意义上存在的抽象的"集体"来作为集体资产的所有权主体。

鉴于在我国现行法律框架下，"农民集体"仍为农村集体资产的所有权主体，农村集体经济组织只是"代表"集体行使所有权，其本身并不享有财产所有权，因此农村社区股份合作社似乎并不符合"有必要的财产或者经费"这一法人构成要件。那么能否考虑通过类似公司和股东的关系来构造农村社区股份合作社与集体成员的法律关系来实现呢？时下的股份合作制改革的具体做法是将农村集体资产量化到适格的农民身上，农民转变为农村社区股份合作社的股东，如果不从资产量化的角度看股份合作制改革，而是从出资的角度观之，股份合作制改革也可以看做是全部成员将"集体"拥有的财产所有权投资到农村社区股份合作社，由农村社区股份合作社法人对集体资产享有所有权，成员则按比例享有股权。因而由农村社区股份合作社法人作为集体资产的所有权人并不会动摇我国集体所有制的根基。

此外，我国存在国有独资公司和国有控股、参股公司，它属于公司法人，均享有法人财产权，国家则作为股东用国有资产出资以换取股权，享受国有资产带来的收益。同理，集体成员应亦可用集体资产向农村社区股份合作社出资，并作为农村社区股份合作社的股东来分享集体资产的收益，该情形下股权成为了集体资产与法人财产权之间的连接点。至于土地所有权，确实没有任何一家企业拥有土地所有权，企业只能拥有用益物权。各地的股份合作制改革对于农村集体土地有两种处置办法：第一种做法是将土地与其他农村集体资产一起折股量化，典型的如深圳股份合作公司，在此情形下，土地为农村社区股份合作社的财产，通常，法人应以其全部资产对外承担责任，但因集体土地的存在，集体土地的特殊性使得农村社区股份合作社仅得以集体土地以外的财产作为责任财产，集体土地所有权不得用于对外承担责任，或至少不得直接用以抵偿债务。[1]第二种做法是不对土地进行折股量化，因为农村集体土地的受益对象指向的是集体成员，而农村社区股份合作社的股东不限于集体成员，加之允许农村社区股份合作社的股权进行继承和内部流转，集体成员和农村社区股份合作社的股东更不可能完全重合，考虑到主体范围的差异，土地被放置在原来的农村集体经济组织——经济合作社中，故而土地并不属于农村社区股份合作社的财产。

新颁行的《民法总则》将集体经济组织规定为具有独立地位的法人，实质上进一步明确了集体经济组织对集体财产的经营、管理权，即集体经济组织对其经营管理的集体财产拥有独立的法人财产权，并以其独立承担责任。

---

〔1〕　实践中已出现类似规定，如《深圳经济特区股份合作公司条例》（2011年修正）第2条："本条例所称股份合作公司是指依照本条例设立的，注册资本由社区集体所有财产折成等额股份并可募集部分股份构成的，股东按照章程规定享受权利和承担义务，公司以其全部资产对公司债务承担责任的企业法人。但集体所有的土地不能直接用以抵偿债务。"第16条："注册资本应当注明集体所有的土地折股的份额，公司拥有的集体所有的土地不能直接用以抵偿公司债务。"

（三）有自己的名称、组织机构和场所

如同自然人都有姓名以区别于其他人，法人也须有自己的名称，以示与其他主体之区分。各地经过股份合作制改革后的农村集体经济组织称谓不尽相同，但都包含"股份合作"的字样，如××股份经济合作社、××股份合作经济社、××股份合作社、××农村社区股份合作社、××股份合作公司等。倘若将来通过国家立法的形式赋予农村社区股份合作社法人资格，可以考虑对其名称进行统一规范，如一律以"××（行政区划）××（字号）农村社区股份合作社"命名。

正如自然人体内有各种组织、器官、系统，使其能够独立思考并以思想来指导行动，法人也需要各种内部组织机构以形成独立于其设立人和成员的意思并执行相关决策，这也是法人与非法人主体的区别之一，例如不具备法人资格的合伙企业就无法完全独立于其投资人，合伙企业没有独立的意思机关和执行机关，合伙事务由所有合伙人以一人一票的方式形成决议，并由合伙人执行。[1]在产权制度改革过程中，农村社区股份合作社都按要求设立了意思机关、执行机关和监督机关，分别表现为股东大会或股东代表大会（社员大会或社员代表大会、成员大会或成员代表大会）、董事会（理事会、管理委员会）和监事会（监察委员会）。尽管实践中许多农村社区股份合作社的治理结构和组织架构并不完善，运行过程也可能不尽规范，不符合《公司法》要求除了股东人数较少或者规模较小的有限责任公司以外，公司均应设立股东（大）会、董事会、监事会，而实践中也有不少公司的"三会"运行并不规范，因而不能仅以实际与规范不完全相符就认为农村社区股份合作社不具备组织

---

[1]《合伙企业法》第26条、第30条。

机构的要件，而应通过制度设计，要求并促使农村社区股份合作社的组织架构和治理结构在实际运行过程中更加规范化。

与"场所"对应的更为规范的法律术语是住所，住所与诉讼管辖、履行地等法律事务密切相关。无论采用自有物业或租赁物业的方式均能满足农村社区股份合作社的住所要件，况且农村社区股份合作社是以农村集体土地为纽带建立的，通常拥有自有物业，因此住所不会成为农村社区股份合作社登记为法人的障碍。

（四）能够独立承担民事责任

作为法律拟制的主体，法律赋予法人在满足一定条件的情况下独立承担责任的能力。法人独立承担民事责任是以拥有独立的财产为前提的，法人以其全部财产对外承担民事责任。但有学者对《民法通则》规定的法人构成要件提出了批评，认为"能够独立承担民事责任"不是法人成立的条件，而是法人成立后的结果，属于法人的特征。法人的特征与其成立条件虽有联系，但毕竟是不同的概念，法人的成立条件是社会组织要取得法人资格应具备的要素，法人的特征则是指社会组织取得法人资格后与自然人和非法人团体相比较所具有的特点。正因为特征是法人成立后才具有的，因此不能作为一个社会组织是否能够成为法人的衡量标准。[1] 笔者赞成该观点，《民法通则》混淆了"能够独立承担民事责任"与"具备法人资格"之间的因果关系，事实上，后者是因，前者是果。

（五）章程

"章程，是团体的设立人作出的旨在使团体据之组建以及组建后据之运作和存止的意思表示。章程是团体形成组织的规范

---

[1]　参见江平主编：《法人制度论》，中国政法大学出版社1994年版，第131页。

性文件，无章程也无以成团体。"[1] 章程是一个团体的"宪法"，处于"根本大法"的地位。目前设立的农村社区股份合作社通常有自己的章程，一些地方还制定了示范章程，如浙江杭州市、江苏盐城市、山东滕州市等。这些示范章程中通常包括总则，社员（股东），股权设置（与量化），组织机构，资产经营与管理，财务管理与收益分配，合并、分立、解散和清算，以及附则等内容。因而，农村社区股份合作社具备章程这一要件。

（六）有关机关批准

与前述"依法成立"要件相同，如果法律规定农村社区股份合作社须得到相关部门批准才能成立，那么只需满足该部门的认定标准即可成为法人，这并不会成为农村社区股份社法人化的实质障碍。

（七）商主体的特殊要件

通过前文分析可知，农村社区股份合作社有条件满足成为法人的所有构成要件。而基于农村社区股份合作社的经济组织和营利性的特征，农村社区股份合作社还需要满足商主体的一些特殊条件。

商主体，是指依照商法的规定具有商事权利能力和商事行为能力，能够以自己的名义独立从事商事行为，在商事法律关系中享有权利和承担义务的个人和组织。[2] 学理上，商主体应具备三个实质要件：①实施某种特定的营利性行为；②持续实施营利性行为；③以自己的名义实施营利性行为。[3]《民法总

---

〔1〕 张俊浩主编：《民法学原理（修订第3版）》（上册），中国政法大学出版社2000年版，第166~167页。

〔2〕 参见赵旭东主编：《商法学》，高等教育出版社2007年版，第28页。

〔3〕 参见雷兴虎：《商事主体法基本问题研究》，中国检察出版社2007年版，第6页。

则》第76条规定，以取得利润并分配给股东等出资人为目的成立的法人，为营利法人。营利法人包括有限责任公司、股份有限公司和其他企业法人等。从概念上看，营利法人是商主体的从属概念。

《民法总则》将法人分为营利法人、非营利法人和特别法人三类，从文义上看，营利法人与特别法人是两种不同的法人，农村集体经济组织既然被划分为特别法人，就不属于营利法人。但如前文所述，农村集体经济组织作为特别法人中的一种，其特殊性在于它兼有营利性和公益性、自益性，因此农村社区股份合作社也应当具备商主体的特征。

商主体具有如下特征：①商主体法定，即商主体资格的确认和赋予取决于商事法律、法规；②商主体依法具有商事能力，该能力是在一般民事能力的基础上附加的能力；③商主体的身份或资格经商业登记而取得；④商主体以从事营利性活动为常业，即连续、稳定地以营利为目的从事经营活动。其中前三项是商主体的法律特征，第④项是商主体的本质特征。[1]

农村社区股份合作社作为农村集体经济组织的一种形式，理应通过持续的营利性[2]行为获取利益，并将部分利益分配给股东，部分利益则需用于提供社区公共产品和履行社会保障职能。因此，农村社区股份合作社本质上无疑属于商主体。

农村社区股份合作社已经具备商主体的本质特征，而且有成为商主体的需求，目前的关键问题在于其暂不具备商主体的法律特征。因而必须通过立法予以解决。首先，未来应当在农

---

〔1〕 参见赵旭东主编：《商法学》，高等教育出版社2007年版，第29~30页。

〔2〕 需要指出，"营利性"的判断标准并不仅仅指从事经营活动，同时还应具备将经营所得分配给成员的特征。参见江平主编：《民法学》，中国政法大学出版社2007年版，第93页。

村集体经济组织法中确认农村社区股份合作社的商主体资格；其次，应通过法律或至少以行政法规的形式规定农村社区股份合作社的商业登记程序，因为按照我国现行工商登记法规，任何个人或组织要从事营利性经营活动，都必须经登记取得企业法人营业执照，否则即为依法应予取缔的无照经营或非法经营行为。[1] 而根据《行政许可法》，部门规章无权设定行政许可，地方性法规和地方政府规章不得设定企业或者其他组织的设立登记及其前置性行政许可，其他规范性文件一律不得设立行政许可。[2] 因此，为了使农村社区股份合作社能够名正言顺地合法经

---

[1] 参见赵旭东主编：《商法学》，高等教育出版社 2007 年版，第 30 页。《企业法人登记管理条例》第 2 条："具备法人条件的下列企业，应当依照本条例的规定办理企业法人登记：（一）全民所有制企业；（二）集体所有制企业；（三）联营企业；（四）在中华人民共和国境内设立的中外合资经营企业、中外合作经营企业和外资企业；（五）私营企业；（六）依法需要办理企业法人登记的其他企业。"

第 3 条："申请企业法人登记，经企业法人登记主管机关审核，准予登记注册的，领取《企业法人营业执照》，取得法人资格，其合法权益受国家法律保护。

依法需要办理企业法人登记的，未经企业法人登记主管机关核准登记注册，不得从事经营活动。"

[2] 《行政许可法》第 14 条："本法第十二条所列事项，法律可以设定行政许可。尚未制定法律的，行政法规可以设定行政许可。

必要时，国务院可以采用发布决定的方式设定行政许可。实施后，除临时性行政许可事项外，国务院应当及时提请全国人民代表大会及其常务委员会制定法律，或者自行制定行政法规。"

第 15 条："本法第十二条所列事项，尚未制定法律、行政法规的，地方性法规可以设定行政许可；尚未制定法律、行政法规和地方性法规的，因行政管理的需要，确需立即实施行政许可的，省、自治区、直辖市人民政府规章可以设定临时性的行政许可。临时性的行政许可实施满一年需要继续实施的，应当提请本级人民代表大会及其常务委员会制定地方性法规。

地方性法规和省、自治区、直辖市人民政府规章，不得设定应当由国家统一确定的公民、法人或者其他组织的资格、资质的行政许可；不得设定企业或者其他组织的设立登记及其前置性行政许可。"

第 17 条："除本法第十四条、第十五条规定的外，其他规范性文件一律不得设定行政许可。"

营，应当通过法律或至少以行政法规对其商业登记程序予以规定。

综上，为顺应农村产权改革的需要、限制成员责任的需要、市场交易的需要、平衡社区公共职能与税赋负担的需要以及与我国其他法定商主体存在本质区别的现实，农村社区股份合作社具有法人化的必要性。且农村社区股份合作社满足或有条件能够满足法人的构成要件。此外，基于农村社区股份合作社经济组织的本质属性，其向社区居民分配"股利"、提供社区公共产品、承担农民社会保障等功能主要通过持续性的营利活动来实现，因此当具有商法人属性。在现有《民法总则》已经赋予了其上位概念农村集体经济组织特别法人地位的背景下，可以在适当时机出台《农村集体经济组织法》，通过法律形式确定农村集体经济组织法人化的要件，使得满足条件的社区股份合作社经登记取得特别法人的地位。

有学者认为农村社区股份合作社既不是合作制也不是股份制，"非牛非马"的制度设计遭到了批评。诚然，股份合作组织也许只是一种过渡性的组织形式。"现代化过程中的乡村社会的再组织过程，应该是市场化的组织过程。市场化的一个显著特点就是经济并不以区域为界线。村民在市场化过程中的再组织也就不可能以行政区划来进行运作。"[1]农村社区股份合作社的封闭性也许最终将会被打破，中国城市和农村的社会保障体制终将统一，农村公共产品供给职能最终也将由政府承担，农村社区股份合作社承担社会公共职能的局面终将结束。然而，

---

〔1〕 于建嵘："新时期中国乡村政治的基础和发展方向"，载《中国农村观察》2002年第1期。

这个过渡期也许会非常漫长[1]，没有人能够预计城镇化的进程何时完成，也没有人能预计长久以来形成的城乡二元结构局面究竟需要多长时间才能彻底被打破，而对农村社区股份合作社法人地位的承认却是亟需解决的现实问题。事实证明，只要能符合实践生活的需要，能够解决实践中存在的问题的制度就是值得肯定的制度。农村社区股份合作社的制度设计一方面通过"合作"的因素体现了社区股份合作社与集体经济的联系，另一方面通过股份制进行产权制度改革，量化集体资产，落实个人权利。与此同时还加入社区性的因素，延续了中国农村的地缘关系和传统乡土格局中的福利提供、道德约束等功能，符合农村社区发展的需要。

农村社区股份合作社的制度功能在于明晰农村集体经济的模糊产权，向市场经济体制转轨。我国农村传统集体经济向市场经济体制转轨才刚刚起步，目前对农村集体经济组织的股份合作制改革主要集中在北京、上海、广东、浙江、江苏等城市化进程较快、经济相对发达的地区，即使将来现有的农村社区股份合作社向别的经济组织形式转变，在其他地方也会不断产生新的农村社区股份合作社，正像"铁打的营盘流水的兵"。[2]此外，随着改革的深入以及试点工作在全国范围内展开，改革成果也需以立法形式予以承认，明确改革后的农村集体经济组织

　　〔1〕　2014年7月24日国务院《关于进一步推进户籍制度改革的意见》（国发〔2014〕25号）所明确的"建立城乡统一的户口登记制度"无疑是一大突破，但其所确立的"建立与统一城乡户口登记制度相适应的教育、卫生计生、就业、社保、住房、土地及人口统计制度""加快实施统一的城乡医疗救助制度""加快实施统一的城乡居民基本养老保险制度""加快建立覆盖城乡的社会养老服务体系"等要求却是实现城乡统一更具实质意义的目标，这些目标的完全实现均需要较长的时间。
　　〔2〕　参见傅晨：《中国农村合作经济：组织形式与制度变迁》，中国经济出版社2006年版，第163页。

的法律地位，可以进一步引导集体经济产权制度改革的推进。因此，不能因为农村社区股份合作社可能只存在于过渡时期，就否认其作为一种特别法人存在的必要性。

将农村社区股份合作社创设为一类特别法人其实是为产权制度改革后的农村集体经济组织多提供了一种选择，有条件、有能力也有意愿的农村集体经济组织完全可以自主选择成立公司，而不具备成立公司条件的或者不愿设立公司的、但符合农村社区股份合作社法人设立条件的则可选择注册为农村社区股份合作社法人。即使经过长时间的发展，过渡期结束，政府承担起农村公共产品供给和社会保障等公共职能，农村社区股份合作社也有两种选择：一是仍然维持农村社区股份合作社的模式；二是转为公司制，如何选择则取决于全体股东的意志。

此外，需要强调本书提出的"法人化"并非强制性地要求所有改革后的农村社区股份合作社一律登记为法人，农村社区股份合作社成为法人还应取决于两方面的因素：一是符合法定条件及程序；二是股东自愿选择注册为法人。"法人化"的主张其实是通过对一些农村集体经济组织产权制度改革的成功案例进行经验总结，归纳出普遍适用的规则，用以指导将要进行产权制度改革的地区，并形成一套适用于农村社区股份合作社的制度规范，提高组织搭建效率和交易效率。

因此，农村集体经济组织股份合作制改革的成果可能表现为两种形式：一是符合法定条件与程序并且股东自愿选择注册为法人的农村社区股份合作社，可以登记注册为特别法人，有独立的财产，能以自己的名义从事经营活动，并独立承担法律责任；二是未满足注册为法人的条件或者股东不愿注册为法人的农村社区股份合作社，仍可维持目前的经营模式，或者通过下设公司等其它法律主体进行经营，股份合作制改革的成果更多体现为农村集体经济组织内部收益分配机制的改革，农村社区股份合作社承担着按照股份进行股利分配的现实功能。

第四章
农村社区股份合作社股东资格的认定

　　农村集体经济组织产权制度改革按照股份合作制的原则，将农村集体资产进行量化并赋予农村集体经济组织成员股权，这一过程中不可避免地要涉及到农村社区股份合作社股东资格的认定。农村社区股份合作社是农村集体经济组织进行产权制度改革之后的表现形式，是一种新型的农村集体经济组织，农村社区股份合作社的初始股东资格是由原有的农村集体经济组织的成员资格延续而来的，因此，讨论农村社区股份合作社股东资格认定问题必须要回溯到对农村集体经济组织成员资格认定问题的研究。当前，关于农村集体经济组织成员资格认定没有明确的法律依据，各地农村集体经济组织成员资格认定具有浓重的"乡土"色彩。随着工业化、城市化进程的加快，人口流动性不断加强，农村集体经济组织成员资格认定问题日趋复杂。土地补偿费、集体资产收益的分配问题逐步凸显，有些社区成员为了利益而回迁，从而出现逆城市化的现象；侵犯"外嫁女"等群体的成员权益的现象也时有发生。《国务院关于进一步推进户籍制度改革的意见》（国发〔2014〕25 号）指出要"推进农村集体经济组织产权制度改革，探索集体经济组织成员资格认定办法和集体经济有效实现形式"。可见，农村集体经济组织成员资格认定问题，亦即农村社区股份合作社股东资格认定问题，是当前备受关注的问题之一，是关涉农民根本利益的重要问题。因此，本章主要针对农村社区股份合作社股东资格认定问题展开，为了保证用词的准确性，本章中的一些章节使用"农村集体经济组织成员资格"一词。

第一节　农村社区股份合作社股东资格认定概述

一、农村社区股份合作社股东与农村集体经济组织成员的关系

农村集体经济组织成员资格的认定是产权制度改革过程中不可回避的问题之一，它决定了哪些人在产权制度改革过程中可以成为农村社区股份合作社的股东，并享有相应的权利和利益。

农村社区股份合作社是在农村产权制度改革中形成的一种新型的农村集体经济组织，其成立的过程就是将农村集体资产量化到农村集体经济组织成员身上的过程。根据《物权法》第59条和第60条的规定，农村集体资产的所有权主体是农村集体经济组织成员集体，农村集体经济组织成员对农村集体资产享有权利，而农村产权制度改革的核心是"资产变股权，农民当股民"，把原来法律上"人人有份"的权利落实至每一位适格的农村集体经济组织成员。因此，农村社区股份合作社的初始股东资格是由原有的农村集体经济组织的成员资格延续而来的。一般而言，农村集体经济组织成员天然享有改制后的农村社区股份合作社的股东资格。此外，对于曾经是农村集体经济组织成员，但是由于农转居、户口迁移等原因脱离原农村集体经济组织的人员，考虑到其对农村集体经济组织的劳动、投资等贡献，往往也会赋予其一定的股权。例如，根据北京市委农村工作委员会、北京市农村工作委员会《关于积极推进乡村集体经济产权制度改革的意见》（京农发〔2004〕28号），北京市在进行产权制度改革的过程中，确定了两类人员可以成为农村社区

股份合作社的股东：①身份是农村集体经济组织成员的；②对于原农村集体经济组织中成员，已经通过户口迁移、农转非等方式脱离原农村集体经济组织，不再是改制村集体经济组织成员的，按照其对该集体经济组织的劳动和投资贡献，享有相应的集体资产所有权。

农村集体经济组织的成员资格可以因出生、婚姻、收养等事由取得，同样地会因死亡、迁出等事由而消灭。那么在产权制度改革完成后，由于出生、婚姻、收养等事由加入农村集体经济组织的成员是否也应该当然地享有农村社区股份合作社的股东资格？因迁出等事由脱离农村集体经济组织的成员是否自然地丧失农村社区股份合作社的股东资格？即农村集体经济组织成员资格的变化是否会导致农村社区股份合作社的股东结构调整？对于这个问题，各地的处理方式有所不同。如果农村社区股份合作社的股东随着农村集体经济组织成员的变动进行调整，那么农村社区股份合作社的股东就与农村集体经济组织成员的范围大致相同。如果农村社区股份合作社的股东不随着农村集体经济组织成员的变动进行调整，农村社区股份合作社的股东就可能与农村集体经济组织的成员范围出现一定的差异。但可以确定的是，改制之时农村社区股份合作社的股东资格认定问题实质上是原农村集体经济组织的成员资格认定问题。因此，本章主要围绕农村集体经济组织的成员资格认定问题展开。对于因新生人口、股权流转等原因引起的股东变动问题将在下一章专门讨论。

二、农村集体经济组织成员与村民、农民的联系和区别

在20世纪80年代，每个村庄都是一个封闭的整体，几乎没有人口流动，农村集体经济组织成员、村民和农民三种身份基

本上是重叠的。但随着农村政治经济体制改革和农村流动人口的急剧增加，这三种身份出现了分化。在农村产权制度改革的过程中，必须首先厘清农村集体经济组织成员、村民和农民这三种身份之间的关系，才能对农村社区股份合作社股东资格进行准确的界定。

（一）"农村集体经济组织成员"的概念

《宪法》《物权法》《村民委员会组织法》《土地管理法》《农村土地承包法》等法律和其他一些法规中，散见着有关赋予农村集体经济组织成员权利的规定。如依据《农村土地承包法》第5条，农村集体经济组织成员有权依法承包由本集体经济组织发包的土地；《土地管理法》《房屋登记办法》等也明确指出农村集体经济组织成员有申请宅基地使用权的权利。《民法总则》第96条、第99条规定农村集体经济组织属于特别法人，但并未提及农村集体经济组织成员的认定方式，只是交由法律与行政法规来具体规定。

在学理上，有学者认为："农民集体成员是指特定农村社区范围内以农民集体所有的财产和资源为基本生存保障，并与特定农民集体发生权利义务关系的自然人。"[1]也有学者认为："集体经济组织成员是户籍和居住在行政村内，且生存保障、就业渠道依赖于集体土地的公民，它是一个法律概念。"[2]

鉴于农村集体经济组织成员权益纠纷多牵涉农村集体经济组织成员资格确认，有法院对农村集体经济组织成员作出定义，如陕西省高级人民法院认为："农村集体经济组织成员一般是指

[1] 管洪彦：《农民集体成员权研究》，中国政法大学出版社2013年版，第20页。

[2] 胡昊、王春香、石峰："新形势下农村宅基地管理问题研究"，载《2009年中国土地学会学术年会论文集》第62项。

在集体经济组织所在村、组生产生活，依法登记常住户籍并与
农村集体经济组织形成权利义务关系的人"〔1〕。

笔者认为，农村集体经济组织成员是因户籍、居住等因素
与特定农村集体经济组织产生联系，享有农村集体资产权益的
自然人。

（二）农村集体经济组织成员与村民

我国法律上亦未见"村民"的定义。村民的概念来源于户
籍管理制度，是与"市民"相对的概念，指具有本村农业户籍
的人口。但随着人口流动的加快，在农村又出现了经常居住的
外来户，这就使得村民的外延发生了变化，除了具有农业户籍
的人口之外，在本村长期居住的外来人口也被有条件地视为村
民。《村民委员会组织法》使用了"村民"这一词语，该法第
13 条规定了可列入参加村民委员会选举的村民名单的三类人员：
①户籍在本村并且在本村居住的村民；②户籍在本村，不在本
村居住，本人表示参加选举的村民；③户籍不在本村，在本村
居住一年以上，本人申请参加选举，并且经村民会议或者村民
代表会议同意参加选举的公民。其中，前两种明确以户籍为标
准而称为"村民"，第三种则是在村中居住达到法定时限的公
民，在选举中有条件地被视为村民。

现实生活中村委会和农村集体经济组织不是截然分开的，
村委会往往代行农村集体经济组织的职能，因此村民与农村集
体经济组织成员的概念容易被混淆。笔者认为，农村集体经济
组织成员与村民的概念不完全相同。村民是在一定区域内以户
籍为标准并在尊重村民自治的基础上进行的一种划分，它强调
的是一种自然的身份属性，强调民主自治管理。年满 18 周岁的

---

〔1〕《陕西省高级人民法院关于审理农村集体经济组织收益分配纠纷案件讨论
会纪要》（2006 年 1 月 6 日），来源于北大法宝，法宝引证码：CLI. 13. 868280。

村民享有村民委员会的选举权和被选举权，但是村民并不必然与农村集体经济组织的经济利益相关。[1]农村集体经济组织的成员权益是一种与农村集体经济组织财产所产生的经济权益密切相关的权益，农村集体经济组织成员除享有政治权利外，还可以分享农村集体资产所带来的各种经济利益，这些利益并非具有村民身份就能获得。因此，村民并不一定就是农村集体经济组织成员，如未交纳集体积累的"空挂户"[2]，虽为村民，但不属于农村集体经济组织成员；而农村集体经济组织成员也未必是村民，如全家转为小城镇户口的农户，未办理自愿放弃土地承包经营权手续的人员。[3]

（三）农村集体经济组织成员与农民

农村集体经济组织成员也不等同于农民。"农民"这一概念可以从职业性和身份性两个角度来理解。从职业性的角度看，"农民在人类历史上一直是社会生活的主体，更是农村社区生活的主体，是直接从事农业生产劳动的劳动者"[4]。农民是从事农业生产的人，这与农村集体经济组织成员不同，农村集体经济组织成员不一定从事农业生产活动。从身份性的角度看，农

---

[1]　需要指出的是，《村民委员会组织法》规定了村委会行使集体资产管理权，关涉集体资产的一些事项也需经过村民会议讨论。这是受我国存在的村委会代行集体经济组织职能的现实情况所影响，集体资产的事项应由集体经济组织决定，而非村委会。

[2]　"空挂户"是在人口自由迁徙过程中，由于户籍管理制度所导致的居住地与户籍地分离的人口，该部分人口在户籍地无固定住所。集体经济组织的"空挂户"一般是指户籍在某集体经济组织所在地，但又不在此生产或生活的人员。可分两种情况：一是名副其实的"空挂户"，指原不具有某村户籍，为了某种目的而将户口迁入某集体经济组织，空有户口而不见其人的人员；二是原具有某集体经济组织户籍并在其中居住和生活，后因婚嫁等原因长期不在该村居住、生产和生活，只是户口未迁走的人员。如无特殊说明，本章中所说的"空挂户"特指第一种情况。

[3]　参见张英洪等：《认真对待农民权利》，九州出版社2013年版，第298页。

[4]　韩明谟编著：《农村社会学》，北京大学出版社2011年版，第74页。

民应当是指具有农业户口的人。农业户口和非农业户口是我国户籍制度的特殊产物，它是一个公民的身份概念，仅具有户籍身份识别与行政管理上的意义，认定农村集体经济组织成员并不仅以户籍作为单一标准，因此从此角度看农民亦不等同于农村集体经济组织成员。

三、农村集体经济组织成员资格认定的必要性

农村集体经济组织成员是一个动态的集合体，生老病死的自然更替使得农村集体经济组织成员范围没有稳定的边界，农村剩余劳动力转移、非农业生产的发展以及城市化的演变，均促使农村人口流动，这进一步加剧了农村集体经济组织成员范围的波动。"在城镇化进程中，原集体经济组织征地补偿费、集体不动产收益在集体成员中的分配问题、原集体经济组织成员对集体资产的权益及份额问题等都凸显了出来，需要通过农村集体经济组织产权制度改革来加以明晰及妥善解决"[1]，而产权制度改革中的关键问题之一便是农村集体经济组织成员资格的认定问题，农村集体经济组织成员资格的认定即确定集体资产权益主体的过程。界定农村集体经济组织成员资格除了满足农村产权制度改革的需要之外，对维护农民利益、促进劳动力流动和维护社会稳定也有重要意义。

（一）农村集体经济组织成员资格的认定是维护农民切身利益的需要

从表面上看，农村集体经济组织成员资格认定仅仅是一个身份确认的问题。从深层次看，这是一个关系到利益分配的问题。具有农村集体经济组织成员资格是享有农村集体经济组织

---

[1] 《农业部关于稳步推进农村集体经济组织产权制度改革试点的指导意见》（农经发〔2007〕22号）。

成员权的前提，也是成为农村社区股份合作社股东并真正享受农村集体资产所带来的收益的前提。只有具有农村集体经济组织成员资格的人才能享有农村集体经济组织成员权并享受此权利带来的各种收益。因此，对农村集体经济组织成员资格进行认定是维护每一个农村集体经济组织成员个人利益的需要。

（二）农村集体经济组织成员资格的认定有利于促进劳动力流动

"农村集体经济组织成员资格的确认问题，与两种利益相关联：第一，农村集体经济组织成员的迁徙自由，即农村集体经济组织成员资格不应成为宪法赋予农民的迁徙自由的新身份障碍；第二，农村集体经济组织成员因取得成员资格而获得的经济利益，或者对经济利益的期待。"〔1〕在"撤乡建区""撤村建区"和"城中村"改造的城市化过程中，农民逐渐向市民转变。此外，因务工或其他原因进城的农民不断增加，人口迁移流动打破了城乡社区的封闭性。在城市化和工业化不断深入推进、人口迁移日益频繁的情况下，以户籍为基础界定农村集体经济组织成员资格的局限性愈发凸显。按照传统集体经济财产制度的定义，财产所有者只限于现有成员，一旦他们离开社区，就会失去成员资格，同时也就失去了财产权利，并且得不到补偿。农民一直惦记着自己在集体资产中的权益，担心自己进城后属于自己的权益得不到保障，所以，农民进城务工、转居便有了后顾之虞，有些人可能被迫选择安于故土。这在一定程度上阻碍了劳动力的合理流动，影响了农民变市民及城市化进程。通过产权制度改革对农村集体经济组织成员进行界定并进行一定程度上的固化，可以使农村集体经济组织成员放心带着股权进

---

〔1〕 张钦、汪振江："农村集体土地成员权制度解构与变革"，载《西部法学评论》2008年第3期。

城，有效促进劳动力的流动。

（三）农村集体经济组织成员资格的认定是维护社会稳定的需要

农村集体经济组织成员资格认定关涉每个成员的切身利益，关涉其是否能享受到各项集体经济组织的成员权益，包括土地承包经营权、宅基地分配请求权及使用权、福利分配请求权等。这些权利具有一定的社会保障功能，直接关系到农民的生存，因此农村集体经济组织成员资格认定问题不仅仅是农民个人利益的问题，更是关系到社会稳定的大问题。在城市化进程加快和农村经济结构转型的背景下，农村土地被大量征用、出租、作价入股，征地补偿款、土地租金等集体财产收益取代了以前单一的土地收益。随之而来的是有关农村集体资产权益的纠纷不断涌现，但是目前并没有关于农村集体经济组织成员资格认定的统一标准，不同地区对纠纷的处理结果不一致，这也在一定程度上加深了社会矛盾。农村集体经济组织成员资格认定的问题是解决这些社会矛盾、维护社会稳定的前提条件。因此，界定农村集体经济组织成员资格也是维护社会稳定、解决社会矛盾的需要。

第二节　农村集体经济组织成员资格认定的现状

一、农村集体经济组织成员资格认定的立法现状

（一）现行法律及司法解释

我国目前没有关于农村集体经济组织的专门立法，也没有针对集体成员资格认定的相关法律及司法解释。有学者在《物权法》起草过程中曾表示："物权法中具体规定成员资格的取得

问题是十分困难的"〔1〕。最高院在 2005 年 7 月 29 日发布的《关于审理涉及农村土地承包纠纷案件适用法律问题的解释》的答记者问中指出："最高人民法院审判委员会对《解释》稿进行讨论后认为：农村集体经济组织成员资格问题事关广大农民的基本民事权利，属于《立法法》第 42 条规定的情形，其法律解释权在全国人大常委会，不宜通过司法解释对此重大事项进行规定。因此，应当根据《立法法》第 43 条的规定，就农村集体经济组织成员资格问题，建议全国人大常委会作出立法解释或者相关规定。"〔2〕但是，此后也未有立法或者司法解释对农村集体经济组织成员资格的问题作出专门规定，农村集体经济组织成员资格认定在立法上仍处于空白状态。

一直以来，制定适用于全国的农村集体经济组织成员资格的认定标准存在一定障碍，其现实困境主要体现在两个方面：

1. 农村集体经济组织与其他组织的关系尚未完全理顺

从立法权限来看，全国人大常委会有权制定有关农村集体经济组织成员资格标准的法律。但由于涉及农村集体经济组织的很多关系尚未理顺，比如《民法总则》第 101 条第 2 款规定，未设立集体经济组织的，由村委会代行集体经济组织的职能。农村集体经济组织与农村基层自治组织的职能和组织应否以及能否完全分开；农村集体经济组织内部的治理机制如何建立；农村集体经济组织能否如企业一类市场主体一样排除来自基层政府、基层自治组织的不当干预等，所以，全国人大常委会无法绕过以上问题就农村集体经济组织进行单独立法，也无法单

---

〔1〕 王利明：《物权法论》，中国政法大学出版社 2003 年版，第 292 页。

〔2〕 "最高人民法院《关于审理涉及农村土地承包纠纷案件适用法律问题的解释》答记者问"，载 http://old.chinacourt.org/public/detail.php? id=171297，最后访问日期：2014 年 10 月 17 日。

就农村集体经济组织成员资格认定问题作出统一的规定。

2. 农村集体经济组织成员与其权利义务之间的对应关系模糊

农村集体经济组织成员的成员权是一种身份权，农村集体经济组织成员应当具备一些足以证明其身份的特征，这些特征在法律上应表现为非成员不享有的权利和承担的义务，这些权利义务应具有相对稳定性。而在实践中，农村集体经济组织成员与其权利义务之间的对应关系十分模糊。在一定的社会经济条件下，一个自然人一般同时是村民、农村集体经济组织成员和农民。随着农村地区工业化和城市化进程的推进，尤其是在城乡接合部地区，农村劳动力转移和人口流动日益频繁，集村民、农村集体经济组织成员和农民身份于一体的农民概念发生了变化，但各自所应对应的群体却没有明确的界定标准。此外，农村集体经济组织成员的权利义务变化主要是受国家政策调整的结果，目前我国对农村的改革探索和政策调整远远未结束，如欲通过法律规定来明确这一融合了习惯和政策的身份权内容，立法者必须考虑其介入的时机和方式，以免演变成法律与习俗、政策之间的对抗。

随着农村集体产权制度改革地逐步推行，亟需为农村集体经济组织成员资格的认定确立恰当的标准，为此，必须妥善处理上述两方面的障碍。

（二）地方性法规规定及法院指导意见

各省人大及其常委会制定的有关实施《中华人民共和国土地承包法》的规定[1]中或多或少提及了农村集体经济组织成员

---

〔1〕新疆维吾尔自治区、安徽省、青海省、重庆市、江西省、辽宁省、内蒙古自治区、山东省、陕西省、四川省、海南省、云南省等省份均制定了《实施〈中华人民共和国土地承包法〉办法》，湖北省制定了《湖北省农村土地承包经营条例》，福建省制定了《福建省实施〈中华人民共和国农村土地承包法〉若干问题的规定》。

资格认定的问题，以解决土地承包经营权的权利主体问题。有的省份采用了"户籍+实际居住"的标准，如新疆维吾尔自治区。[1]多数省份则采取以"户籍"为判断标准，即户口登记在农村集体经济组织所在地的人具有该集体经济组织成员资格，包括通过婚姻、收养、政策性移民迁入等方式取得户口的人员，同时还为现役义务兵和符合国家有关规定的士官、在校的大中专学生、服刑人员等特殊群体保留了农村集体经济组织成员资格。[2]此外，有省份还认可通过合理程序由农村集体经济组织接纳新成员，如《辽宁省实施〈中华人民共和国农村土地承包法〉办法》第6条："符合下列条件之一，为本集体经济组织成员：……（五）其他将户口迁移至本村居住，能够承担相应义务和交纳公共积累，经本集体经济组织成员的村民会议三分之二以上成员或者三分之二以上村民代表同意，接纳为本集体经济组织成员的。"[3]

湖北省和广东省针对农村集体经济组织制订了相应的政府规章——《湖北省农村集体经济组织管理办法》《广东省农村集

---

〔1〕 《新疆维吾尔自治区实施〈中华人民共和国土地承包法〉办法》第7条中规定："本集体经济组织成员为户籍关系在本村的常住人员。"

〔2〕 如安徽省《实施〈中华人民共和国农村土地承包法〉办法》第8条规定："符合下列条件之一的本村人员，为本集体经济组织成员：（一）本村出生且户口未迁出的；（二）与本村村民结婚且户口迁入本村的；（三）本村村民依法办理子女收养手续且其所收养子女户口已迁入本村的；（四）刑满释放后户口迁回本村的；（五）其他将户口依法迁入本村的。"第10条规定："统一组织家庭承包时，原户口在本村的下列人员，依法享有农村土地承包经营权：（一）解放军、武警部队的现役义务兵和符合国家有关规定的士官；（二）高等院校、中等专业学校在校学生；（三）正在服刑的人员。"

福建省、青海省、重庆市、湖北省、江西省、内蒙古自治区、山东省、陕西省、四川省等省份均有类似规定。

〔3〕 江西省、内蒙古自治区、山东省、陕西省、四川省《实施〈中华人民共和国土地承包法〉办法》中也有类似规定。

体经济组织管理规定》。《湖北省农村集体经济组织管理办法》第 15 条规定："凡户籍在经济合作社或经济联合社范围内，年满 16 周岁的农民，均为其户籍所在地农村集体经济组织的社员。户口迁出者，除法律、法规和社章另有规定外，其社员资格随之取消；其社员的权利、义务在办理终止承包合同、清理债权债务等手续后，亦同时终止。"可见，《湖北省农村集体经济组织管理办法》采取以"户籍+年龄"为标准认定农村集体经济组织成员资格。《广东省农村集体经济组织管理规定》中采取了"户口+履行相应义务"的标准，同时还规定了可按照组织章程的规定由社委会或者理事会审查和成员大会表决确定户口迁入、迁出集体经济组织的公民的成员资格。[1]

　　除了地方性法规和地方政府规章之外，为了解决在司法实践中确认农村集体经济组织成员资格的问题，各地法院也出台了相关的指导意见，如《陕西省高级人民法院关于审理农村集体经济组织收益分配纠纷案件讨论会纪要》《天津市高级人民法院关于农村集体经济组织成员资格确认问题的意见》、重庆市高级法院印发《关于农村集体经济组织成员资格认定问题的会议纪要》的通知、《重庆市高级法院关于农村集体经济组织成员资格认定的指导意见》《安徽省高级人民法院关于处理农村土地纠

---

　　[1] 《广东省农村集体经济组织管理规定》第 15 条："原人民公社、生产大队、生产队的成员，户口保留在农村集体经济组织所在地，履行法律法规和组织章程规定义务的，属于农村集体经济组织的成员。实行以家庭承包经营为基础、统分结合的双层经营体制时起，集体经济组织成员所生的子女，户口在集体经济组织所在地，并履行法律法规和组织章程规定义务的，属于农村集体经济组织的成员。实行以家庭承包经营为基础、统分结合的双层经营体制时起，户口迁入、迁出集体经济组织所在地的公民，按照组织章程规定，经社委会或者理事会审查和成员大会表决确定其成员资格；法律、法规、规章和县级以上人民政府另有规定的，从其规定。农村集体经济组织成员户口注销的，其成员资格随之取消；法律、法规、规章和组织章程另有规定的，从其规定。"

纷案件的指导意见》等。

上述地方性法规及法院指导意见在一定程度上弥补了现行国家立法中关于农村集体经济组织成员资格认定的空白，对解决有关农村集体经济组织成员资格认定的纠纷起到了指导作用。但是，这些地方性法规和一般规范性文件位阶较低，法律效力有限，且各地规定的界定标准和方式也不一致。农村集体经济组织成员资格认定关系到农村集体经济组织成员的基本民事权利，从长远来看，还有赖于全国人大或其常委会对农村集体经济组织成员资格认定的问题作出专门规定。

二、农村集体经济组织成员资格认定的司法实践

（一）司法实践现状

有关征地补偿款、集体资产收益的分配、土地承包经营权等农村集体经济组织成员权益纠纷大都涉及农村集体经济组织成员资格的认定。由于我国目前没有关于农村集体经济组织成员认定的相关程序的规定，单就农村集体经济组织成员资格认定向法院提起确认之诉存在一定障碍，因此，对农村集体经济组织成员资格的确认多在被否定了农村集体经济组织成员资格的集体成员所提起的给付之诉中一并审查。笔者在北大法宝数据库上检索到的以"侵犯集体经济组织成员权益纠纷"为案由的案件中，多涉及农村集体经济组织成员资格认定的问题。法院在案件审理过程中对农村集体经济组织成员资格认定的标准虽不一致，但在审理这些案件时，法院通常采取的不是单一标准。如杭州市西湖区人民法院在"张菊芳诉杭州市蒋村乡王家桥村经济合作社侵害集体经济组织成员权益纠纷案"中，认为"对于农村集体经济组织成员资格的认定，应当综合考虑相应标准在整个农村社会层面所具有的合理性。在具体处理时，应当

以在土地补偿分配方案确定时，成员是否已与集体经济组织形成较为稳定的生活、生产状态，是否以集体经济组织所在地为常住户籍以及是否已经取得其他替代性生活保障，作为界定的标准。"[1]再如，天津市第二中级人民法院在"董光军与天津市东丽区金桥街道么六桥村村民委员会侵害集体经济组织成员权益纠纷上诉案"中，认为"农村集体经济组织成员资格的确认，应当综合考虑是否为农业户口且落户在该集体经济组织，是否在该集体经济组织生产、生活，是否以该集体经济组织土地为基本生活保障。"[2]此外，法院在认定标准中也提到了村民自治，如厦门市翔安区人民法院在"王伊静等诉厦门市翔安区新店镇洪前社区居民委员会山前居民小组侵害集体经济组织成员权益纠纷案"中认为"集体经济组织成员资格的取得需在尊重村民自治的前提下，结合户籍因素、土地承包关系和生活保障基础作综合考量"。[3]

（二）司法是否应当介入农村集体经济组织成员资格的认定

对于司法能否介入农村集体经济组织成员资格认定的问题，学界存在两种截然不同的观点[4]：一种观点认为司法不应当介入农村集体经济组织成员资格认定，理由有二：一是认为该问题属于村民自治的范畴，司法不应当介入；二是认为农村集体经济组织成员资格认定问题事关广大农民的基本权利，其法律

---

〔1〕（2011）杭西民初字第 1815 号，案例来源于北大法宝，法宝引证码：CLI. C. 3004880。

〔2〕（2014）二中速民终字第 1313 号，案例来源于北大法宝，法宝引证码：CLI. C. 3099082。

〔3〕（2014）翔民初字第 950 号，案例来源于北大法宝，法宝引证码：CLI. C. 3085436。

〔4〕参见鞠海亭："村民自治权的司法介入——从司法能否确认农村集体组织成员资格谈起"，载《法治研究》2008 年第 5 期。

解释权在全国人大常委会，在法律尚未对确认农村集体组织成员资格的标准作出规定的情况下，法院不应受理该类案件，已经受理的应驳回起诉。另一种观点则持肯定态度，认为当村民自治过程中侵害了部分村民的合法权益时，司法应当提供救济的途径。尽管立法尚未对农村集体组织成员资格确认的标准作出规定，但法院不能以法无明文规定为由拒绝裁判。

如前文所述，涉及农村集体经济组织成员资格认定的案件大都是在侵犯农村集体经济组织成员权益的诉讼中一并提出的。侵犯农村集体经济组织成员权益最突出的案件类型是征地补偿款纠纷，在这类案件中，法院的通常做法是以征地补偿费分配方案属于村民小组自治范畴而非法院受案范围而不予受理〔1〕。如果以此为由不予受理，那么案件中所涉及的农村集体经济组织成员资格认定的问题自然也无法得到解决。关于征地补偿款纠纷案件，最高人民法院的态度也出现前后不一致的情况。例如，2001 年最高人民法院研究室《关于人民法院对农村集体经济所得收益分配纠纷是否受理问题的答复》中认为农村集体经济组织与其成员之间因收益分配产生的纠纷，属平等民事主体之间的纠纷。当事人就该纠纷起诉到人民法院，只要符合民事诉讼法的规定，人民法院应当受理。最高人民法院 2004 年《关于村民请求分配征地补偿款纠纷法院应否受理的请求的答复》认为，农村集体经济组织与其成员之间因土地补偿费分配产生的纠纷，当事人就该纠纷起诉到人民法院的，人民法院可不予受理。2005 年《最高人民法院关于审理涉及农村土地承包纠纷案件适用法律问题的解释》规定承包地征收补偿费用分配纠纷

---

〔1〕 如天津市第二中级人民法院在 "赵广喜与宁河县芦台镇小赵村村民委员会侵害集体组织成员权益纠纷上诉案" [（2014）二中速民终字第 1169 号]（法宝引证码：CLI. C. 3031705）中，即以此为由不予受理。

属于涉及农村土地承包民事纠纷，法院应予受理。《物权法》第
63 条则规定"集体经济组织、村民委员会或者其负责人作出的
决定侵害集体成员合法权益的，受侵害的集体成员可以请求人
民法院予以撤销"，该规定赋予了农村集体经济组织成员以撤销
权。笔者认为，认定农村集体经济组织成员资格的决定也可能
会侵害农村集体经济组织成员的合法权益，农村集体经济组织
成员可以对此类决定行使撤销权，从而为法院介入农村集体经
济组织成员资格认定提供了法律依据。

　　有观点认为，村民自治对农村治理起到了举足轻重的作用，
农村集体经济组织成员资格认定应该属于村民自治的范畴。乡
土社会法治秩序的建构过程本质上是"国家法"和"民间法"
两种法治资源相互契合相互兼容的过程，民间法主要由村民自
治章程、村规民约、民俗习惯等构成。在创建新的法治秩序时
不应该忽略固有秩序的有效性和合理性。在不能为农村社会提
供切实有效的法律机制特别是司法制度来维持乡土秩序的时候，
否定旧有的治理方式只会招致社会的混乱与失范。司法介入农
村问题使得村民及村民自治组织均过分依赖于法院判决，排斥
了传统乡村秩序下基于民间法产生的多种化解纠纷的有效途径。
行政指导功能、村规民约与民俗习惯的纠纷化解功能均因法院
判决的存在而黯然失色。就判断村民是否具有农村集体经济组
织成员资格或其生产生活是否依附于村集体经济组织而言，长
期生活在本村的村民集体较之在法院工作的法官应当更有发言
权。因此，司法退出对农村集体经济组织成员资格认定问题的
干预，尊重乡土社会的特殊性和乡土社会中人们特殊的生活态
度、生活方式，交由村民自治，可以更充分利用乡土社会中的

固有资源，实现多元化化解纠纷的目标。[1]

但是，肯定村民自治的同时不应忽视司法的作用。《村民委员会组织法》中规定了"村民自治章程、村规民约以及村民会议或者村民代表会议的决定不得与宪法、法律、法规和国家的政策相抵触，不得有侵犯村民的人身权利、民主权利和合法财产权利的内容"[2]，如果将农村集体经济组织成员资格认定的问题完全交由村民自治，有可能会出现以多数人的决定剥夺少数人的合法权益的情形。如前所述，农村集体经济组织成员资格认定的问题关系到农民切身利益，在立法并未明确规定认定标准的情况下，并不意味着放弃对农民利益的保护，参照相关法律制度进行的司法救济可以作为保护农民利益的一种途径。在实践中出现过因村民自治侵害农村集体经济组织成员权益的行为，法院也的确通过司法判决维护了农民的合法权益，如陕西省西安市长安区（县）人民法院在"韩培等诉西安市长安区郭杜街道温国堡村村民委员会等侵犯集体经济组织成员权益纠纷案"中认为："作为农村集体经济组织成员，享有本集体经济组织内部集体经济收益分配权系公民的基本权利，即农村集体组织通过民主议事程序不能剥夺其成员作为公民的基本权利"。[3]再如，安徽省怀宁县人民法院在"朱方芳等诉怀宁县凉亭乡凉亭居委会利民村民组承包地征收补偿费用分配纠纷案"中认为："土地补偿费数额的分配虽属于农村村民自治的范围，其分配方案应经村民大会讨论决定，但会议决定应遵循平等原则，不能以任何形式侵犯公民的合法权利，不得侵犯其他社员平等享受

〔1〕 参见林振泰："农村土地征收'二元化'补偿制度构建——走出征地补偿款分配纠纷的司法困境"，载《东南司法评论（2009年卷）》。
〔2〕《村民委员会组织法》第27条。
〔3〕（2014）长安民初字第00950号，案例来源于北大法宝，法宝引证码：CLI. C. 3069938。

补偿款的权利。"〔1〕

因此，在肯定村民自治的同时应当允许不服村民自治结果的当事人就农村集体经济组织资格认定的问题寻求必要的司法救济。首先，法律应当明确规定对农村集体经济组织关于当事人是否具有农村集体经济组织成员资格的认定而产生的纠纷具有可诉性。当事人可以就其单独提起诉讼，也可在相关权益争议纠纷中一并提出确认农村集体经济组织成员资格的诉求。其次，在制度设计上，可以将单独提起诉讼的农村集体经济组织成员资格认定案件和选民资格案件一样作为特别程序的类型之一，纳入民事诉讼特别程序中。如果在相关权益争议纠纷中需要解决农村集体经济组织成员资格的，则在该程序中一并解决。最后，在审理农村集体经济组织成员资格认定的案件时，司法活动应当充分尊重村民的自治权，司法的介入重在监督和保障村民自治的有效运行，重点审查农村集体经济组织在认定过程中程序是否违法、认定的依据是否合法，是否侵犯了当事人应享有法定的基本权利。

第三节　农村集体经济组织成员资格的认定原则及标准

一、农村集体经济组织成员资格的认定原则

农村集体经济组织成员资格背后的成员权益是每个农村集体经济组织成员生存权的基本保障〔2〕，因此农村集体经济组织成员资格对每个集体成员都具有非比寻常的重要性。考虑到

---

〔1〕　(2014) 怀民一初字第 00856 号，案例来源于北大法宝，法宝引证码：CLI. C. 3063188。

〔2〕　参见管洪彦：《农民集体成员权研究》，中国政法大学出版社 2013 年版，第 118 页。

农村集体成员资格背后所蕴含利益的重要性，在认定农村集体经济组织成员资格的过程中，既要遵循平等原则保证特殊群体的成员资格不因身份歧视等原因被侵犯，同时也要注重公平原则尽量避免利益分配不均的情形。此外，基于农村集体资产的基本功能，在农村集体经济组织成员资格认定过程中也要贯彻保障生存原则，保障每一位成员的应得利益。通过平等原则、公平原则和生存保障原则以保证每一位农民均可享有一个农村集体经济组织成员资格且仅享有一个农村集体经济组织成员资格。

（一）平等原则

《宪法》第32条规定："中华人民共和国公民在法律面前一律平等。"平等权是公民的一项基本权利，在农村集体经济组织成员资格认定上也应体现平等性，"即不分加入集体时间长短，不分出生先后，不分贡献大小，不分有无财产的投入等，其成员资格都一律平等"[1]。"平等原则与农民集体成员的自然共同体特征相契合，在农民集体成员资格的认定过程中坚持平等原则符合人人平等的自然法精神"。[2]因此，在农村集体经济组织成员资格认定的过程中，应将平等原则作为基本原则之一。通过村民会议表决或村规民约否认外嫁女、入赘婿等特殊群体的农村集体经济组织成员资格有违平等原则。

（二）公平原则

"所谓公平原则是指在认定农民集体成员资格时应当在各个成员之间、各个集体之间合理地分配利益和负担，避免分配过

---

〔1〕胡康生主编：《中华人民共和国物权法释义》，法律出版社2007年版，第141页。

〔2〕管洪彦：《农民集体成员权研究》，中国政法大学出版社2013年版，第115页。

程中不公平结果的出现。"[1] 出于公平原则的考虑，每一位成员
应仅仅具有某一个农村集体经济组织的成员资格，避免双重资
格的出现，防止某一个农村集体经济组织成员用不正当的手段
获取另一个农村集体经济组织的成员资格。对于仅仅由于利益
驱动或其他原因将户口挂在农村集体经济组织，而不在农村集
体经济组织生产和生活的人员，不应赋予其农村集体经济组织
成员资格。同样，在农村集体经济组织成员户籍的变动过程中，
可能会出现同一个人在迁入地和迁出地都具有农村集体经济组
织成员资格的现象，这就使得同一个人占用了两个农村集体经
济组织的资源和利益，这亦会损害到其他农村集体经济组织成
员的利益，也是违反公平原则的。

（三）保障生存原则

"某个自然人能否成为农村集体经济组织的成员，看他是否
依赖集体土地为其基本的生存保障。农民集体土地是农民集体
成员的基本生存保障。对农村土地之所以采取集体所有的形式，
就是为了保障每一个农村居民平等地获得生存保障。这是集体
所有制土地的基本功能。以农村集体土地为生存保障，就是说
依赖土地为其基本的生活来源和稳定的生活保障。农民进城务
工，但没有纳入城市社会保障体系，其在城市的工作不稳定，
还得依赖原所在农村的土地为其生存保障。"[2] 因此，为农村集
体经济组织成员提供生存保障是农村集体资产最为根本的功能。
农村集体经济组织成员资格认定直接关系到集体成员的生存利
益，在认定过程要贯彻保障生存原则，杜绝出现"两头空"的

---

〔1〕　管洪彦：《农民集体成员权研究》，中国政法大学出版社 2013 年版，第
116 页。
〔2〕　韩松："论成员集体与集体成员——集体所有权的主体"，载《法学》
2005 年第 8 期。

现象。在农村集体经济组织成员未被纳入城市社会保障体系之前，依据保障生存原则，不应认定为其已经丧失了农村集体经济组织成员资格。

二、农村集体经济组织成员资格的认定标准

考察现行有关农村集体经济组织成员资格认定的政策和司法实践，在成员资格认定过程中主要考虑户籍、生存保障、权利义务和意思自治等因素。首先，户籍是一个公民身份情况最直观、最简洁的证明，应当作为农村集体经济组织成员资格认定的标准之一。其次，从农村集体资产的功能出发，农村集体资产对未被纳入城市社会保障体系的人员具有保障生存的作用，因此生存保障也应作为成员资格认定过程中的考虑因素。再次，农村集体经济组织成员与农村集体经济组织之间具有一定的权利义务关系，基于权利义务的对等性，未尽相应义务的，也不应享有相应权利。因此，权利义务也可作为成员资格认定的标准。最后，出于村民自治及成员权理论的考量，意思自治也应作为成员资格认定的标准之一。需要指出的是，农村集体经济组织成员资格的认定是一项复杂的工作，不能选择单一因素作为成员资格认定的标准，必须综合考量各种因素才能确保认定结果的公平公正。

（一）户籍

新中国成立初期，国家为了获得原材料发展重工业，通过户籍和就业管理将农民固定在农村，加大农民的迁移成本，同时为了节省对个体的控制成本，直接控制农业生产组织，推动人民公社的形成，这在很大程度上节省了交易费用，推动了我国工业化的发展。但这种制度安排是一种自上而下的、国家政治压力推动的产物，而非农民自发选择的结果。在这种制度下，

农民没有选择集体的权利，国家通过户籍制度和土地制度使得集体成员对所属的集体有着强烈的依附关系[1]，这种制度与传统的城乡二元结构体制是相适应的。在传统的城乡二元体制下，城市化进程缓慢，城乡人口基本不流动，集体组织的成员、户籍和地籍基本是合一的，很少发生变动，农村集体经济组织成员被束缚在相对封闭的农业社会和相对稳定的土地承包关系中，个人与组织之间是单纯的地缘关系，在农村集体经济组织成员资格的认定上也主要以户籍作为标准，农村集体经济组织成员资格的认定比较清楚。因此，从历史发展源流来看，将户籍作为确定农村集体经济组织成员的标准具有合理性，而且以户籍为标准容易识别，操作起来简便易行。

不过，户籍不宜作为认定农村集体经济组织成员资格的单一标准。随着城乡一体化的推进和农村经济的发展，农村土地的经营方式，集体成员的身份、职业、居住方式，农村基层自治组织的管理方式都发生了变化，农村集体经济组织成员的分化更加明显和复杂，农村集体经济组织成员身份的认定变得更加困难，农村集体经济组织成员身份背后隐藏的权利和利益之争逐渐增多，引发了一些社会问题。在此情形下，仅仅采用户籍为标准确认农村集体经济组织成员资格无法适应这种发展变化。首先，随着经济的发展，大量农村人口进城务工或经商，升学、婚姻等多种因素也导致农村和城市之间的人口流动日益频繁，对于这些人口而言，户籍地和居住地不是同一地方。"随着农村人口的多向流动及频繁穿插，成员身份的稳定状态受到冲击，虽然集体的地域边界仍很清晰，但固有成员和各种社区新成员在利益享有上的差异使得农村社区在成员结构上形成一

〔1〕　参见钱忠好：《中国农村土地制度变迁和创新研究（续）》，社会科学文献出版社2005年版，第46页。

种差序状态"。[1]在人口流动日益频繁的今天，如果仍仅以户籍为标准来确定农村集体经济组织成员资格会产生一些弊端，甚至可能对农民的利益造成侵害。其次，如果采取以户籍作为农村集体经济组织成员资格认定的单一标准，有可能会导致因利益驱动而产生"空挂户"的现象，造成经济实力较强的农村集体经济组织的人口膨胀，侵占那些应当真正享有农村集体经济组织成员资格的人员的合法利益。最后，户籍并非对公民权利义务的确认，而是出于行政管理的方便对公民身份的一种确认，将其作为确定公民是否属于某一农村集体经济组织的唯一标准并不合适。区域人口流动的加快导致出现居住地与户口登记地不符的现象，如果仅仅以户籍为标准，对于户籍不在农村集体经济组织但是依赖农村集体经济组织生活的个体来说则有失公平。

（二）生存保障

生存保障的标准主要基于上述的生存保障原则。农村集体经济组织肩负着一定的社会保障功能，农村集体经济组织成员未被纳入城市社会保障体系前，仍需要依赖于集体资产的收益。因此，对于以集体资产为生活保障来源的人，应当认定为农村集体经济组织成员。这也是符合我国相关立法精神的，如《农村土地承包法》第26条规定："承包期内，承包方全家迁入小城镇落户的，应当按照承包方的意愿，保留其土地承包经营权或者允许其依法进行土地承包经营权流转。承包期内，承包方全家迁入设区的市，转为非农业户口的，应当将承包的耕地和草地交回发包方。承包方不交回的，发包方可以收回承包的耕地和草地。"此规定考虑到了农村、小城镇与设区的市在社会保障方

---

〔1〕 戴威、陈小君："论农村集体经济组织成员权利的实现——基于法律的角度"，载《人民论坛》2012年第2期。

面存在着较大差异，设区的市有较为完善的社会保障体系，取得设区的市的非农业户口就可以享受城市相应的社会保障，如果再赋予其土地承包经营权，那么这些成员就有了双重社会保障，这对于仅以集体资产为社会保障的集体成员而言是不公平的。因此，取得设区的市的非农户口的家庭应当将承包地返还给集体。同理，如果一个人不需要以农村集体资产作为其基本社会保障来源，那么就不应该再拥有农村集体经济组织成员资格。[1]

生存保障这一标准考虑到了农村集体资产的根本功能，这是确定农村集体经济组织成员资格过程中不可忽视的因素。但是，生存保障这一标准亦不能作为单独的认定标准，被认定为农村集体经济组织成员还必须有其他因素作为支撑，比如具有农村集体经济组织的户籍，或者长期在该农村集体经济组织中生产生活等。

（三）权利义务

由于农村集体经济组织成员与农村集体经济组织之间存在着权利义务关系，从权利义务的对等性出发，享有农村集体经济组织成员权利的，同时也要履行相应义务，因此是否履行了农村集体经济组织所要求的相关义务也被作为农村集体经济组织成员资格的认定标准之一。如前面所提到的《广东省农村集体经济组织管理规定》即采用了"户籍＋权利义务"的认定标准。[2]《广东省实施〈中华人民共和国妇女权益保障法〉办法》

---

〔1〕 此处仅围绕集体经济组织成员资格进行讨论，对于曾经对集体经济组织有过财产和劳动投入的人员，虽不再具有集体经济组织成员资格，在产权制度改革过程中，考虑到这些人员能对集体经济组织的贡献，往往也赋予其一定的股权，从而这部分非集体经济组织成员也具有农村社区股份合作社的股东资格。

〔2〕《广东省农村集体经济组织管理规定》第15条第1款规定："原人民公社、生产大队、生产队的成员，户口保留在农村集体经济组织所在地，履行法律法规和组织规章规定的义务，属于农村集体经济组织的社员。"

中也确立了以"户籍+权利义务"作为妇女集体经济组织成员资格的认定依据。[1]再如《陕西省高级人民法院关于审理农村集体经济组织收益分配纠纷案件讨论会纪要》中对于农村集体经济组织成员身份的确认也将权利义务的因素考虑其中，该会议纪要将农村集体经济组织成员定义为"在集体经济组织所在村、组生产生活，依法登记常住户籍并与农村集体经济组织形成权利义务关系的人"。但是，法律法规对农村集体经济组织成员的权利义务并未进行明确规定，上述地方性规定和会议纪要中也未对法律和农村集体经济组织章程规定的义务进行明确说明。因此在具体个案中参照适用该地方法规时也会出现争议。如在广东省阳江市中级人民法院二审的"江选友等诉阳西县织贡镇苏村村委会丹霄村经济合作社侵犯集体经济组织成员权益案"[2]中，"是否履行了相关的法律法规和农村集体经济组织章程规定的义务"即成为法院审理的焦点争议之一。原告主张其履行了交公路集资款、交统筹费等义务，最后法院予以了认可。权利义务的标准考虑了成员与集体之间的权利义务关系，但是由于农村集体经济组织成员与农村集体经济组织之间的权利义务关系并不是那么清晰，在司法实践中难以把握，因此也只能作为农村集体经济组织成员资格认定的辅助标准。

---

〔1〕《广东省实施〈中华人民共和国妇女权益保障法〉办法》第24条："农村集体经济组织成员中的妇女，结婚后户口仍在原农村集体经济组织所在地，或者离婚、丧偶后户口仍在男方家所在地，并履行集体经济组织章程义务的，在土地承包经营、集体经济组织收益分配、股权分配、土地征收或者征用补偿费使用以及宅基地使用等方面，享有与本农村集体经济组织其他成员平等的权益。符合生育规定且户口与妇女在同一农村集体经济组织所在地的子女，履行集体经济组织章程义务的，享有前款规定的各项权益。"

〔2〕（2009）阳中法民一终字第183号，案例来源于北大法宝，法宝引证码：CLI. C. 831683。

（四）意思自治

将意思自治作为农村集体经济组织成员资格的认定标准是因为村规民约作为村民自治的一种重要方式，在农村社会结构和社会秩序的调整中发挥着重要作用，村规民约的形成本身即反映着村民的意志。依照成员权理论，一个自然人是否属于集体成员，必须经过集体成员大会讨论决定。因此，在认定农村集体经济组织成员资格时应充分尊重农村集体经济组织的意思。

不过，意思自治也不应作为农村集体经济组织成员资格认定的唯一标准。集体土地所有权的性质使我国农村集体经济组织成为一个特殊的主体，农村集体经济组织成员资格认定不能完全按照成员权的理论去构建。考虑到现阶段广大农村地区普遍存在的民主制度和民主观念不发达的事实，也不应将农村集体经济组织成员资格界定完全交由村民自治。

综上所述，上述几种因素均具有其合理性，但是单独采取某一标准均存在明显缺陷，因此应综合上述几种标准进行判断。笔者认为，对于农村集体经济组织成员资格的认定，应当遵循平等原则、公平原则和生存保障原则，以是否形成较为固定的生产、生活方式，是否依赖于农村集体土地作为生存保障为基本条件，并结合是否具有依法登记的农村集体经济组织所在地常住户口作为判断的一般原则，同时还应考虑村民自治的因素，将各种因素结合进行综合分析判断。

三、特殊群体的农村集体经济组织成员资格认定问题

有关农村集体经济组织成员资格的纠纷主要是由特殊群体的农村集体经济组织成员资格认定引起的，特殊群体主要包括外嫁女、入赘婿、外出经商人员、外出务工人员、空挂户、在校大中专学生、现役军人等人员，下面笔者将结合上述农村集

体经济组织成员资格认定的标准和原则逐一进行分析。

（一）外嫁女、入赘婿

外嫁女出嫁后，如果其将户口迁入嫁入地的农村集体经济组织并长期在嫁入地的农村集体经济组织生活，那么其自然就不再具有原来农村集体经济组织的成员资格，而应具有户口迁入地的农村集体经济组织成员资格。但是如果其出嫁后未将户口迁出，却长期在本农村集体经济组织之外生活，形成了"人户分离"的状况，外嫁女户口所在地的农村集体经济组织通常会以外嫁女不在本农村集体经济组织生活为由否认外嫁女的农村集体经济组织成员资格，而外嫁女生活所在地的农村集体经济组织又会以外嫁女不具有本农村集体经济组织所在地的户籍为由将其排除在农村集体经济组织成员范围之外，从而造成外嫁女农村集体经济组织成员资格"两头空"的状态。这种以村民会议表决或者村规民约形式否认外嫁女的农村集体经济组织成员资格的行为违反了平等原则，同时可能导致外嫁女得不到任何农村集体经济组织的保障，也有悖于保障生存原则。

笔者认为，"外嫁女"的农村集体经济组织成员资格认定应适用"以户籍为主、实际生活居住为辅"的标准进行认定，外嫁女如果户籍保留在原农村集体经济组织所在地的，而生活居住在男方所在的农村集体经济组织，应当认为其仍为原农村集体经济组织成员。

虽然"入赘婿"与"外嫁女"在农村风俗习惯方面存在一定的差异，但从法律层面看，两者依法享有农村集体经济组织成员资格的法理相通，"入赘婿"的农村集体经济组织成员资格认定应适用上述关于"外嫁女"的认定原则。

（二）外出经商、务工人员

随着城乡人口流动的日益频繁，农村出现了大量的外出经商和务工人员。这些人员长期不在农村集体经济组织生产和生活，不依赖于农村集体经济组织的收益作为其主要生活来源，因此对于这些人的农村集体经济组织成员资格的认定往往存在一定争议。

笔者认为，对于外出经商、外出务工人员，从生存保障原则出发，在其纳入城市社会保障体系之前仍应认定其具有农村集体经济组织成员资格。通过保护这类外出经商、务工人员的农村集体经济组织成员资格，确保其不丧失基本生活保障，有助于鼓励农业人口向第二、三产业合理流动。

（三）空挂户

对于原来不具有农村集体经济组织所在地户籍，为了某种目的而将户口迁入某农村集体经济组织所在地，空有户口而不见其人的"空挂户"，这类人员与该农村集体经济组织没有较为固定的、延续性的联系，且并不依赖该农村集体经济组织为其提供生活保障，往往不认定其具有该农村集体经济组织成员资格，如《重庆市高级人民法院关于农村集体经济组织成员资格认定问题的会议纪要》中规定"非因生活需要，而是出于利益驱动或其他原因，仅将户口挂在集体经济组织的，不应认定具有该集体经济组织成员资格"。但是，例外情况是这类群体如果被否认了迁入地的农村集体经济组织成员资格，又没有其他的社会保障基础，则应当认定其具有迁出地的农村集体经济组织成员资格，否则将会违背保障生存原则。

（四）大中专学生、现役军人

在校大中专学生和现役军人由于户籍行政管理的原因，中止了原户籍身份，但这种中止与个人意愿和农村集体经济组织意志无关。上述人员日后可能需要回到原农村集体经济组织，如果在进行产权制度改革之时不承认其农村集体经济组织成员资格，对于实行"股权固化"的农村集体经济组织，这些人员在回到原农村集体经济组织之后，也无法获得相应股权，这对于此类人员显然是不公平的。因此，笔者建议，从保护大中专学生和现役军人这类特殊群体的利益出发，在其就学、服役期间应当保留其集体成员身份，享受集体成员待遇。当然，如果这类人员将来被纳入城市社会保障体系之中，也就不再具有农村集体经济组织成员资格。

第五章

农村社区股份合作社的股权

　　农村社区股份合作社股权的设置和管理是农村集体产权制度改革的核心内容之一。股权如何设置决定了农民能否取得农村社区股份合作社股权以及取得何种股权，这直接关系到每一个农村集体经济组织成员的切身利益。因而，合理的股权设置是平衡农村集体经济组织成员利益的关键所在。股权管理与股权的权能相关，股权能否流转以及如何流转决定了农民能在何种程度上实现其股权的价值。中共中央十八届三中全会《关于全面深化改革若干重大问题的决定》中提出"赋予农民对集体资产股份占有、收益、有偿退出及抵押、担保、继承权"，这也要求我们对农村社区股份合作社股权的流转途径进行探索。本章将主要围绕农村社区股份合作社的股权设置和管理问题展开。

第一节　农村社区股份合作社股权设置

　　在农村集体产权制度改革过程中，各地对于农村社区股份合作社的股权设置做法不尽相同，但也有共通之处，各地的农村社区股份合作社一般都设有集体股、人口股（包括户籍股、基本股、自然资源股）和劳龄股（也称劳动贡献股）。以北京市为例，北京各区在产权制度改革中一般都设有集体股和个人股，但是集体股和个人股的比例关系，以及个人股内部的比例关系存在较大差异。如在改制之初，丰台区的集体股比例普遍在30%以上，其中，全区有 11 个村集体股在 60% 以上[1]；昌平区规定集体股不得超过 30%[2]；通州区规定个人股中基本股不得低于可量化资产的 40%，劳龄股不高于可量化资产的 30%[3]；朝阳区基本股占总股本的比例一般不超过 15%，集体股占总股本的比例一般不低于 30%，基本股和集体股的具体份额可以根据实际情况，由农村集体经济组织成员大会或成员代表大会讨论决定[4]。

一、集体股

集体股是按集体资产净额的一定比例折股量化，由全体农村集体经济组织成员共有的股份。产权制度改革初期，囿于"姓资姓社"问题的困扰，为了避免被指责有瓜分社会主义公有财产的政治风险，农村社区股份合作社往往设置了高比例的集体股。然而，过高比例的集体股使得通过改革明晰产权的初衷没有完全实现。在深化改革的过程中，集体股的比例大幅下降，如在北京市丰台区，已完成产权制度改革的村，其农村社区股份合作社亦不断推进股权结构优化调整，其中有 12 个村降低了

---

〔1〕 "优化调整股权结构推进产权制度改革"，载 http://www.bjnyzx.gov.cn/ywgz/dzkw/jygl/201301/t20130108_309449.html，最后访问日期：2015 年 4 月 10 日。

〔2〕 "农村集体经济产权制度改革的理论与实践研究——以北京市昌平区为例"，载 http://www.bjnyzx.gov.cn/ywgz/zdgg/201208/t20120823_302769.html，最后访问日期：2015 年 4 月 10 日。

〔3〕 《北京市通州区人民政府办公室转发区农委区经管站关于村级集体经济产权制度改革办法（试行）的通知》（通政办发〔2004〕48 号）。

〔4〕 《北京市朝阳区人民政府办公室关于印发朝阳区农村集体经济产权制度改革实施细则的通知》第 38 条。

集体股比例，提高了个人股比例。[1]有些地方甚至取消了集体股，如浙江省新近改革的村一般不再设置集体股，原则上只设人口股和劳龄股[2]；北京市丰台区东铁营和万泉寺两个村在深化改革时对股份进行了100%量化，亦未保留集体股[3]。仍然设有集体股的农村社区股份合作社通常成立独立的集体资产管理委员会，代表全体股东行使集体股权益。[4]如深圳龙岗区股份合作公司专门制定了《龙岗区股份合作公司集体资产管理委员会管理暂行办法》[5]以加强对集体资产的监督管理，其中规定的集体资产管理委员会职能之一即为行使集体股出资人的权利并负责集体股收益的管理。

　　关于集体股的存废问题一直都颇具争议。主张保留集体股的依据主要有：第一，保留集体股是为了维持集体所有制的性质。《宪法》规定社会主义经济制度的基础是生产资料的社会主义公有制，即全民所有制和劳动群众集体所有制。国家在社会

　　　〔1〕 "优化调整股权结构推进产权制度改革"，载 http：//www. bjnyzx. gov. cn/ywgz/dzkw/jygl/201301/t20130108_ 309449. html，最后访问日期：2014 年 10 月 26 日。

　　　〔2〕 参见农业部农村经济体制与经营管理司调研组："浙江省农村集体产权制度改革调研报告"，载《农业经济问题》2013 年第 10 期。

　　　〔3〕 北京市丰台区股权 100%量化，不保留集体股需要具备一定条件：一是历史遗留问题已解决，原集体经济组织成员滞留的资产已进行处置；二是土地已基本变性，全部为国有或者剩余集体土地不多，土地价值已明确；三是农民已转居，已进入社会养老保险体系或者已预留出社保资金；四是企业管理较规范，具备转型现代企业的条件。"优化调整股权结构推进产权制度改革"，来源北京农经网，访问网址：http：//www. bjnyzx. gov. cn/ywgz/dzkw/jygl/201301/t20130108_ 309449. html，最后访问日期：2014 年 10 月 26 日。

　　　〔4〕 参见王玉梅："农村社区股份合作制改革面临的法律问题"，载《北京人大》2013 年第 5 期。

　　　〔5〕 "龙岗区股份合作公司集体资产管理委员会管理暂行办法"，载 http：//www. sz. gov. cn/lgq/zcfggfxwj/qgfxwj/201110/t20111019_ 1747798. htm，最后访问日期：2015 年 3 月 25 日。

主义初级阶段，坚持公有制为主体、多种所有制经济共同发展的基本经济制度。农村集体所有制是公有制的重要组成部分，如果将集体资产全部量化到个人身上，有破坏集体所有制之嫌。第二，从历史和资产形成过程看，集体资产中不仅有社员投入的原始股本和社员劳动创造的经营利润留成，还有相当大的比例是土地被征收征用所形成的资产，此外还包括国家减免税和补贴等形成的部分资产。因此，农村集体资产不宜全部界定给个人。[1]第三，出于公共物品供给和社会福利的考虑，集体所有制改革存在一个底线问题，即需要保留部分共有的财产来保障农村社区的公共需求，将集体股收益用于与成员利益密切相关的社会保障事业，从而使集体成员切实成为集体资产利益的享有者。[2]在城市管理体制以及配套改革跟上之前，要保证转居后的社区集体福利以及公共物品供给，如公益设施、成员退休金、医疗统筹等，不因为农村集体经济组织改制而降低，集体需要有一定的资产积累以及源源不断的收益做后盾。集体股的分红为社区组织的运作、社区福利的发放提供了物质保障。

主张废除集体股的理由主要是认为保留集体股实质上是产权制度改革不彻底的表现。产权制度改革的初衷就是为了明晰产权，保留集体股本身又会导致集体产权的不清晰，会面临再次改革的问题。此外，集体股的设置会弱化成员对集体的关切程度，同时也为政府干预农村社区股份合作社的经营决策留下了制度性通道。

笔者认为，集体股的设置是为了满足现阶段实际需求的过

〔1〕 参见陈天宝：《农村社区股份合作制改革及规范》，中国农业大学出版社2009年版，第107页。
〔2〕 参见王玉梅："农村社区股份合作制改革面临的法律问题"，载《北京人大》2013年第5期。

渡措施，但在一定程度上违背股份合作制改革的初衷，留下部分产权不明晰的问题。随着"姓资姓社"问题的破解，以及社会和法律环境的改变，各地应当结合实际情况，逐步降低集体股的比例，直至取消集体股。至于取消集体股引发的主要问题，在理论上和实践中均可得以解决。其一，《宪法》第 6 条规定："中华人民共和国的社会主义经济制度的基础是生产资料的社会主义公有制，即全民所有制和劳动群众集体所有制。"党的十六届三中全会提出"使股份制成为公有制的主要实现形式"。这说明集体经济的股份制改造并没有改变集体所有制的性质，将原本属于抽象集体的财产以"股权"形式量化到具体的社区居民个人，也不存在所谓的"瓜分"集体资产问题。其二，除社员原始投入之外的其他资产，包括国家拨付而形成的资产，一旦纳入集体资产的范围，在法律上即为成员集体所有，享有农村集体经济组织成员资格的个人理应有权分享。其三，农村社会福利问题完全可以通过在农村社区股份合作社的章程中规定提取公积金、公益金或者社区发展专项储备金，设立独立账户运作的方式得以解决，而无需专门设置集体股。实际上，社会保障问题本应由政府解决，但囿于我国城乡二元结构的现实，农村的社会保障机制还很不健全，为了保障社区居民的共同利益，村民可以通过自治的形式建立起共同保障基金。[1]

实践中，已成立的农村社区股份合作社逐步降低集体股的比例甚至取消集体股，新成立的农村社区股份合作社不设置集体股的做法也越来越普遍。随着农村集体产权制度改革的日渐深入，越来越多的人认识到集体股的存在造成了部分集体资产产权仍处于不清晰的状态，因此主张对集体股进行改革的呼声

---

〔1〕 参见王玉梅："农村社区股份合作制改革面临的法律问题"，载《北京人大》2013 年第 5 期。

日益强烈，集体股的比例也在逐步降低，甚至在一些撤村改制的地区也已取消了集体股，只是提留统筹基金用于解决社会遗留问题。如广东天河区在集体产权制度改革初期集体股占 60%以上，但到了 1994 年，天河区委、区政府发文要求取消集体股。又如江苏省苏州市的改革多数不设置集体股，改为在分配时提取 10%~20% 的公益性基金用于社会管理支出。

二、个人股

（一）个人股的设置情况

除了集体股之外，各地农村社区股份合作社均设有个人股，个人股一般包括人口股（包括户籍股、基本股、自然资源股等）和劳龄股（也称劳动贡献股），其所有权归股东个人。人口股体现了集体经济的保障功能，按照村集体经济组织成员户籍性质及家庭承包土地数量等要素配置；劳龄股体现对集体经济发展的贡献，主要根据成员在本集体经济组织的劳动时间及贡献配置。[1]人口股和劳龄股是必要的股权类型，人口股是对成员集体资产所有者身份的确认，劳龄股的设置实际上是承认了劳动力的价值，并将劳动力"资本化"了。"按农龄分配与按户籍分配配合使用，有助于解决矛盾集中的户籍变动人口的利益分享问题，既可以体现集体成员以往的贡献，又能够维护现有成员的权利，兼顾纵向和横向的平等，有助于减少征地补偿中的矛盾和纠纷。"[2]

个人股除了人口股和劳龄股外，各地根据现实需求还设有

---

〔1〕 农业部农村经济体制与经营管理司调研组："浙江省农村集体产权制度改革调研报告"，载《农业经济问题》2013 年第 10 期。

〔2〕 方志权："农村集体经济组织成员资格界定与农龄统计研究"，载《科学发展》2013 年第 4 期。

优先股、现金股、经营管理股、独生子女奖励股等。以北京市
丰台区为例，在股权设置上，主要分为集体股和个人股，其中
个人股又分为基本股、劳龄股、现金股和优先股。除大红门村
以外，所有的乡、村在产权制度改革之初都设置了劳龄股。大
部分村都设置了人口股，改革之初全区有 15 个村未设置人口
股，在深化改革时有三个村进行了增设。部分村设置了优先股和
现金股，其中有三个村设置了优先股，九个村设置了现金股。[1]
表 5-1 为北京市产权制度改革中农村社区股份合作社的个人股
设置情况。

表 5-1　北京市农村社区股份合作社个人股设置情况[2]

个人股种类		设立依据	在总股本中的占比
人口股	基本股	对享有土地承包经营权的集体成员设立	土地资源少的地区：约20% 土地资源多的地区：约40%
	户籍股	对无土地承包经营权、无劳动贡献的新出生或结婚迁入的拥有本村农业户籍的人口	约 15%
	自然资源股	按农村集体经济组织成员人口平均量化	设置基本股的地方：约15% 不设置基本股地方：约40%

<hr>

[1]　"优化调整股权结构推进产权制度改革"，载 http://www.bjnyzx.gov.cn/ywgz/dzkw/jygl/201301/t20130108_ 309449.html，最后访问日期：2014 年 10 月 26日。

[2]　赵家如："北京市农村社区股份合作制变迁绩效研究"，中国农业大学2014 年博士学位论文。

续表

个人股种类	设立依据	在总股本中的占比
劳龄股	成员在农村集体经济组织中的劳动年限	城乡接合部地区：约70% 山区：约20%
现金股	主要为了吸收增量资金、扩大集体经济实力	
优先股	为了解决农村集体经济组织原成员的利益问题	
经营管理股	为管理人员和技术人员建立激励机制	20%以内
独生子女父母奖励股	对符合条件的独生子女的父母给予配股奖励	给独生子女父母各奖励0.5个或0.25个户籍股

（二）个人股的主要类型

1. 人口股

人口股，包括户籍股、基本股、自然资源股等，指农村集体经济组织成员的资格股权，以享有土地资源收益权为依据，以改制之日为基准日，凡本村农业人口和因国家征地转居就地安置（未领劳动安置费，未参加集体资产分配）的人员都可获得人口股。人口股占集体净资产的比重和收益分配方案由农村集体经济组织成员民主决定。[1]

设置人口股的基本逻辑是集体统一经营的土地是农村集体经济组织的核心财产，土地收益是农村集体资产存量的主要来源，而集体土地是农民在合作化运动初期向合作社投入的最重要的生产资料，农村集体经济组织成员对其拥有原始产权，在统分结合的农村双层经营体制下，这种产权已演化为一种成员

---

〔1〕 参见方志权、章黎东、陈怡云：“农村集体资产管理的法律问题研究”，载《2011年政府法制研究》2011年第4期。

权，应当依据农村集体经济组织成员的身份设置并平均量化股权。[1]

2. 劳龄股

劳龄股，也称劳动贡献股，是按照劳动年限和劳动贡献量化到农村集体经济组织成员的股份。劳龄股是对农村集体经济组织成员以往集体劳动贡献的认可，其量化以农龄为依据。

劳龄股和人口股是农村社区股份合作社个人股的主要类型，但目前各地农村社区股份合作社对于股权的设置以劳龄股为主还是以人口股为主，存在着不同的做法，因而劳龄股设置的比例差异较大。有人主张在农村社区股份合作社股权（份额）设置上应"农龄"为主要依据，理由是农村集体资产是其成员长期劳动积累形成的[2]，如上海市在农村产权制度改革中主要以农龄作为收益分配的主要依据[3]。而浙江省则要求"人口股"占总股份的比例不得少于50%，具体比例由农村社区股份合作社章程规定。[4]笔者认为，劳龄股是以农村集体经济组织成员对集体的劳动贡献为依据设置的，劳龄股所占比例不宜过大。原因主要有以下几点原因：首先，自家庭联产承包经营制实施

---

〔1〕　参见冯庆国："农村集体经济产权制度改革过程中股权设置及其股份量化类型比较"，载《第三届北京郊区现代化发展论坛论文集》。

〔2〕　参见方志权："农村集体经济组织产权制度改革若干问题"，载《中国农村经济》2014年第7期。

〔3〕　《上海市人民政府印发〈关于推进本市农村集体经济组织产权制度改革若干意见〉的通知》（沪府发〔2014〕70号）中指出："……二、基本原则……（三）坚持农龄为主要依据。农村集体资金资产是其成员长期劳动积累形成的成果。新型集体经济组织要以农龄为主要依据，确定成员所占集体资产的份额，并以此作为收益分配的主要依据。"

〔4〕　杭州市委办公厅、杭州市政府办公厅《关于集体资产所有权置换股份合作社股权的若干意见》（市委办〔2010〕16号），载杭州政府网站，访问网址：http://www.hangzhou.gov.cn/main/wjgg/ZFGB/201101/lhfw/T343587.shtml，最后访问日期：2015年4月10日。

以来，农民集体成员的共同劳动较少，在集体经济相对发达的地区，现有的集体资产主要来自土地租金或者土地变价收入，而非农村集体经济组织成员的劳动积累。其次，简单把劳龄作为评估劳动贡献的依据也不科学。最后，逐一核实农村集体经济组织成员参加劳动的年限并不现实，尤其是对于那些人口迁入、迁出频繁而劳动档案资料不完整的农村集体经济组织来说，核实劳龄的工作必然更加复杂和繁琐。[1]

3. 现金股

现金股是农村集体经济组织成员用现金投入的方式取得的农村社区股份合作社的一种股权。北京市委农村工作委员会、北京市农村工作委员会《关于积极推进乡村集体经济产权制度改革的意见》（京农发〔2004〕28号）中规定了"新型集体经济组织根据需要可以设置本集体经济组织成员的个人现金股"。概括来说，农村社区股份合作社的现金股有三种取得方式：一是在量化劳龄股时，按照农村社区股份合作社章程的规定，依据量化劳龄股的一定比例投入现金而取得；二是在买断原集体经济组织成员滞留在农村社区股份合作社的资产份额时，由农村社区股份合作社的股东自愿出资购买而取得；三是农村社区股份合作社在资金短缺的情况下，由于发展经营的需要，由股东投入现金取得。

适当吸收股东的现金投入，可以提高股东对农村社区股份合作社的关切程度，增加农村社区股份合作社的凝聚力，增强农村社区股份合作社的实力。但是，也有人反对设置现金股，其主要理由有二：其一，农村社区股份合作社在量化股权时是依据农村集体资产的账面价值进行的，因此股权所对应的价值

---

[1] 参见冯庆国："农村集体经济产权制度改革过程中股权设置及其股份量化类型比较"，载《第三届北京郊区现代化发展论坛论文集》。

并非其实际市场价值。其二，由于信息的不对称性，设置现金股可能会损害农村集体经济组织成员的利益。经营管理者更容易获取与农村社区股份合作社有关的各类信息，这些信息对个人的投资决策有着重要影响。集体农用地一旦转化为经营性建设用地，就可能获取高额的租金，或者集体建设用地一旦被国家征收，就会获得大量的征地补偿款，如果少数经营者提前获知此类信息，就会在改制时投入尽可能多的现金以认购股份，从而获得更多的收益，而没有获取相关信息的农村集体经济组织成员可能不会认购现金股，从而得不到这些收益。如果掌握充分信息的经营者认为农村集体经济组织的投资收益水平较低，则不会购买现金股，而经营者之外的其他农村集体经济组织成员受信息渠道的影响可能会认购一些现金股，从而造成投资损失。笔者认为，基于农村社区股份合作社的发展需要，设置一定比例的现金股既有利于提高农村社区股份合作社的经济实力，也可以使股东更关注农村社区股份合作社的发展情况，但是，由于存在着信息不对称等因素，应适当限制现金股的设置比例。

4. 优先股

设置优先股是为了解决非现集体经济组织成员的利益问题，体现转居转工人员和现有集体经济组织成员之间的区别。已转居转工人员持有优先股，本集体经济组织成员和留职集体经济组织成员[1]持有普通股，包括按劳动年限量化的股份和以现金形式新入的股份，并参与农村社区股份合作社的经营管理。[2]

---

〔1〕 征地转居后未领取劳动力安置费、由农村集体经济组织安置的农村集体经济组织成员。

〔2〕 参见方志权、章黎东、陈怡云："农村集体资产管理的法律问题研究"，载《2011 年政府法制研究》2011 年第 4 期。

优先股股东主要是集体经济组织原成员，只有股份的所有权、分红权，没有决策权，不能参与集体经济组织经营管理决策，但优先股股东具有优先分配股利的权利以及优先资产处置权。[1]根据北京市委农村工作委员会、北京市农村工作委员会《关于积极推进乡村集体经济产权制度改革的意见》（京农发〔2004〕28号），在处置原集体经济组织成员应享有的集体资产，包括应享有的转居转工时集体公积金、公益金和征地补偿款等集体资产的份额时，按照劳动工龄具体确定每个人的份额，根据本人意愿并经农村集体经济组织成员大会或成员代表大会决定，这部分资产可以现金全额一次性兑现；可以作为新型集体经济组织的债务，签订还款协议，分期偿还；也可以作为新型集体经济组织的个人优先股。

5. 经营管理股

经营管理股来源于干部贡献股。产权制度改革初期一些村设置了无偿配给的干部贡献股，用来奖励做出突出贡献的乡村干部。但是，实际运行结果是干部贡献股发生了异化，成为干部特殊利益，遭到广大群众的质疑和反对，于是干部贡献股被取消了，改设经营管理股，并且规定在一定条件下以较为优厚的对价有偿取得经营管理股。这一改变获得农民的支持，同时解决了管理层激励和人才引进留住的问题。[2]经营管理股和现金股均是需要出资购买的股份，但两者目的不同，现金股多是为了壮大农村集体组织经济实力而设，而经营管理股则是对管理人员的一种激励机制。如北京市丰台区南苑乡鑫福海工贸集

---

〔1〕《中共北京市委农村工作委员会北京市农村工作委员会关于积极推进乡村集体经济产权制度改革的意见》："个人优先股享有优先收益权和优先资产处置权，不参与新型集体经济组织的经营管理。"

〔2〕参见赵家如："北京市农村社区股份合作制变迁绩效研究"，中国农业大学2014年博士学位论文。

团在进行产权制度改革的时候就设置了经营管理股，规定现任经营者可以根据各自的职务、经营贡献等出资购买经营管理股。[1]

6. 独生子女奖励股

在实地调研中我们发现有的农村社区股份合作社还设置了独生子女奖励股，即对符合条件的独生子女的父母且具有本村户籍股的一方或双方给予一定的配股奖励。独生子女奖励股的比例设置有所不同，如北京市海淀区上庄镇的独生子女父母奖励份额量化方法为"本人基本份额的50%"[2]；北京市怀柔区杨宋镇、渤海镇等乡镇规定"独生子女父母每人奖励股标准应不低于本村股份合作社每个户籍的25%"[3]；北京市昌平区的标准为父母双方每人0.5个户籍股，但昌平区有些农村社区股份合作社考虑到当地独生子女家庭比重较大，因此将配比标准减半，即父母每人0.25个户籍股[4]。

独生子女奖励股实质上是把股权作为了管理村民的一种手段，在产权制度改革中设置独生子女奖励股等类似的股份存在一定问

---

〔1〕《北京鑫海工贸集团深化产权制度改革方案》，资料来源于实地调研。

〔2〕《上庄镇农村集体资产处置及经济体制改革指导意见》（上党发〔2011〕4号）："……独生子女父母奖励份额，量化对象为改革基准日持有独生子女父母光荣证的具有合作社社员身份的人员，量化方法为本人基本份额的50%；独生子女父母奖励份额从基本份额中提取；享受独生子女父母奖励份额的人员，因各种原因致使独生子女父母光荣证失效的，其独生子女父母奖励份额收回并入集体量化份额……"，载海淀区政府信息公开大厅网站，访问网址：http://www.bjhd.gov.cn/govinfo/auto4561/201107/t20110713_305365.html，最后访问日期：2015年4月10日。

〔3〕"杨宋镇独生子女父母奖励股工作正式启动"，载http://www.bjhr.gov.cn/publish/main/bxsh/bxsbs/33373877/index.html，最后访问日期：2015年4月10日。"渤海镇1300户独生子女父母分得'奖励股'"，载http://www.bjhr.gov.cn/publish/main/bxsh/bxsbs/32735877/index.html，最后访问日期：2015年4月10日。

〔4〕方志权编著：《农村集体经济组织产权制度改革案例精选》，上海财经大学出版社2012年11月第1版，第50页。

题。遵守计划生育要求是一项公法上的义务，设置独生子女奖励股是对履行公法上义务的奖励。而农村集体经济组织成员对集体资产的所有权是一种私权，是否享有以及在多大程度上享有这种私权与其公法上的义务无直接关系。因此，笔者认为农村社区股份合作社不宜设置独生子女奖励股。

三、社员原始股金问题

社员原始股金即老股金，是1956年农业合作化时期，加入农业合作社的社员，以现金、大车、牲畜等生产资料向农村集体经济组织进行的原始投入。由于后来"左"的思想的影响，社员的这些原始投入未予以分红。这实际上是对农民财产权益的平调和剥夺。集体经济之所以会形成并成长壮大，除了国家扶持、社区成员的劳动创造之外，社员的原始投入是集体经济发展的重要基础，因此，应当承认这部分原始投入。但是由于时过境迁，如何计算股利操作起来难度很大。[1]

《上海市撤制村、队集体资产处置暂行办法》第21条规定："撤制村、队集体经济组织成员加入合作社的原始股金，应当按照股金原额退还。原始股金的红利分配，可以按照股金原额10倍至15倍的比例，以现金方式兑现。"《北京市撤制村队集体资产处置办法》第14条规定："撤制村、队集体经济组织成员最初的入社股金，可按15倍左右的比例返还。继续发展规范的股份合作经济的，以股权形式返还；不能继续发展规范的股份合作经济的，以现金形式返还。"北京市委农村工作委员会、北京市农村工作委员会《关于积极推进乡村集体经济产权制度改革的意见》（京农发〔2004〕28号）："农村合作化初期集体经济组织成员投入的股金

---

[1] 参见许惠渊等编著：《产权理论与农村集体产权制度改革》，中国经济出版社2005年版，第127页。

属于原入股人所有。原始入社股金按照本金的 15 倍折算成 1999
年的现值；1999 年后，按照历年一年期定期个人银行存款复利将
本金原值折算成改制之日的现值。根据本人意愿，并经集体经济
组织民主决定，原始入社股金折算的现值，可以转化为新型集体
经济组织的股份，也可以现金全额一次性兑现。原入股人死亡的，
原始入社股金由其法定继承人按法定顺序继承。没有继承人的，
列入新型集体经济组织的集体股。"

笔者认为，对于社员原始股金的处理，上述北京市和上海市
采取的折现或以股权形式返还的做法可资借鉴。就具体折现或返
还比例而言，需在考虑农村集体经济组织实力与兼顾公平的基础
上确定。

第二节　农村社区股份合作社股权与公司股权的比较

我国目前没有关于农村集体经济组织的立法，更没有专门规
制农村社区股份合作社的法律，农村社区股份合作社股东的权利
义务一般是通过其章程加以规定的。农村社区股份合作社股东的
股权与公司股东的股权具有相似之处，两者都是复合性权利，基
于成员身份而产生，由财产权利和非财产权利构成。但是两者仍
有明显区别，主要表现为以下几个方面：

一、股权的取得方式不同

农村社区股份合作社的股东资格延续了原农村集体经济组织
的成员资格，除了少数仅因投资贡献取得农村社区股份合作社股
权的人，农村社区股份合作社股东资格的初始取得主要是基于农
村集体经济组织成员对集体资产的所有权，即依其农村集体经济
组织成员身份取得；而公司股东的股权是通过股东对公司的投资、

股权转让等方式取得的。虽然农村社区股份合作社的股东资格也可能基于股东内部之间的股权交易取得，但是农村社区股份合作社还处于一种较为封闭的状态，现阶段以这种方式取得农村社区股份合作社股权的股东所占比例还很小。对于股权未采取固化管理的农村社区股份合作社，农村社区股份合作社股东资格的取得和丧失多是基于血缘、收养、出生、婚姻、死亡、因法律或政策规定的迁入迁出等原因，而不是基于当事人的意思自治取得或者丧失。此外，一个自然人可以同时持有多个公司的股份，但一个农村集体经济组织成员只能持有一个农村社区股份合作社的股权。

二、股权的功能不同

农村社区股份合作社的股权不仅仅是一项普通的民事权利，它同时也涉及农村集体经济组织成员的生存权。过去，农民主要依赖集体土地生存，对于农民而言，土地是其安身立命之保障。而如今，在城镇化过程中，如果农民失去了赖以生存的土地，换得农村社区股份合作社的股东身份，此时农村社区股份合作社的股权收益对于农民来说是与土地同等重要的生存保障。当然，农村社区股份合作社可能还保留部分的集体土地，根据笔者的实地调研，农村社区股份合作社的经营模式往往比较单一，在有集体土地的情况下农村社区股份合作社的收益主要来源于对集体土地的利用，例如租金收入等。所以，从这个角度看，农村社区股份合作社股权与土地仍有密切的关联。农村社区股份合作社股权所承载的不仅仅是一种财产权利，还承担着社会保障功能；而公司股东持有公司股权多是基于投资的目的，对公司股东而言股权的主要价值体现为一项财产权利。

农村社区股份合作社的股权在本质上属于一种私权，因此，从应然层面看，并不能因为股东违反公法上的义务而对其股权加以限制。但是，在现阶段，出于一定的社会管理需要，农村社区股份合作社的股权设置与分红往往也成为社会管理的一种方式，即将股权设置与股份分红和计划生育、社会治安管理、惩治违法犯罪以及其他社会管理工作结合起来，用经济手段开展社会管理和社区服务，这一点与公司的股权存在明显区别。如广东省佛山市顺德区南水村即规定了对特殊人员的股权分红限制，《佛山市顺德区南水村股份合作社章程》第 16 条规定："特殊人员的股权分配规定如下：（一）违反计划生育政策的夫妇及其违反政策生育的子女在处罚期内；正在服刑、劳动教养、拘留人员在拘留服刑和劳动教养期内，停止其股份分红至期满为止。（二）不按时缴交农业承包款的承包户（包括合同担保人），暂停其全家人的分红，直至其缴清承包款后即恢复分红。（三）逃避兵役登记和逃避兵役者，除按《兵役法》及有关规定进行处罚外，还停止其本人股权分红 2 年。"[1]除此之外，《佛山市顺德区大良街古鉴村股份合作社章程》还规定了对个人处置股份的限制："有下列情况之一的股东，限制其对个人股份处置的权利：（一）因犯罪被判处劳教、有期徒刑的股东，在刑期内禁止股权流转，刑满释放后方可流转。畏罪潜逃的股东，自潜逃之日起禁止股权流转。（二）被判无期徒刑、极刑或畏罪自杀的股东，将其全部股权收归股份合作经济组织集体所有。（三）违反计划生育政策及有关规定的股东，在处罚期间内所有股权不能流转。（四）股东拖欠股份社投包款、承包款、借贷款的，股份社有权在资产量化、股红分配及征地款分配中扣减拖

---

〔1〕 "佛山市顺德区南水村股份合作社章程"，载 http://ns. leliu. gov. cn/News/show/id/89，最后访问日期：2015 年 4 月 10 日。

欠款，其股权证暂由股份社统一保管。"〔1〕

三、股权的具体内容不同

通过考察一些现行的农村社区股份合作社的章程〔2〕，农村社区股份合作社的股东权利主要有：表决权、选举权和被选举权、知情权、质询权、批评和建议权、收益分配权、股份优先购买权等。此外，有些农村社区股份合作社章程还规定了农村社区股份合作社解散后剩余财产分配请求权以及退社的权利。〔3〕从这些权利的名称来看，农村社区股份合作社的股权与公司股权内容大致相似，可以划分为自益权与共益权，但从具体内容来看，农村社区股份合作社的股权与公司股权存在明显差异，二者的差异主要表现在表决权方面。农村社区股份合作社的表决

〔1〕 "佛山市顺德区大良街古鉴村股份合作社章程"，载 http://www.gujian.cc/news/Show.aspx？ID=633634988866562500，最后访问日期：2015年4月10日。

〔2〕 这里主要考察了广东、浙江、重庆、江苏等地的农村社区股份合作社的章程。如《广东省农村股份合作经济联合社和股份合作经济社示范章程（试行）》，载 http://www.caein.com/index.asp？xAction=xReadNews&NewsID=32231，最后访问日期：2015年4月10日；《浙江省村级股份经济合作示范章程（试行）》，载 http://www.nbjdjx.gov.cn/webHtml/newsText.aspx？id=294&cid=743&pid=1，最后访问日期：2015年4月10日；重庆市《股份合作社示范章程》，载 http://www.fl.gov.cn/Cn/Common/news_view.asp？lmdm=013008003&id=6095923，最后访问日期：2015年4月10日；江苏省盐城市《农村社区股份合作社章程（试行）》（盐委农〔2014〕21号），载 http://www.yancheng.gov.cn/ycapp/nrglIndex.action？messageID=ff808081465f55c7014660df9f0102a6，最后访问日期：2015年4月10日。

〔3〕 如《浙江省村级股份经济合作示范章程（试行）》第8条："本社股东享有以下权利：……（六）本社解体后，经核算依法分得本社的剩余财产。"重庆市《股份合作社示范章程》第11条规定："本社成员的权利：……（七）自由提出退社声明，依照本章程规定退出本社；……。"盐城市《农村社区股份合作社章程（试行）》（盐委农〔2014〕21号）第10条："本社社员享有以下权利：……（八）本社解散后，经核算依法分得本社的剩余财产（社员所得的剩余财产须加入合并、分立或新改制后的集体经济组织，不得提现撤资）；……。"

权和公司表决权的行使有所不同。首先，农村社区股份合作社股东的表决权可以通过股东代表大会来行使，即先按照一定比例在股东中选出代表，由选举出的股东代表代表全体股东行使表决权。而公司中股东的表决权是通过股东大会而非股东代表大会行使的。其次，农村社区股份合作社不是纯粹的股份制，它体现了合作的因素，因此一般按人头方式表决，即采取"一人一票"的表决机制；而公司的表决遵循资本民主原则，一般实行"一股一票"制。

此外，由于农村社区股份合作社是由农村集体经济组织改制而来，有些农村社区股份合作社章程中将承包土地及其他资产的权利、享受农村社区股份合作社生产、生活及各项福利的权利亦包含进股东的权利之中。[1]

四、股权的流转制度不同

农村社区股份合作社具有很强的封闭性，其股权只允许在股东之间转让，而不能对外转让。对于限制农村社区股份合作社股权流转的因素将在本章第四节进一步讨论，此处不赘言。而公司的股权流转较为自由，公司股东可以按照公司章程和《公司法》的规定对外转让股份，第三人可以通过受让公司股份成为公司股东。

---

[1] 如《广东省农村股份合作经济联合社和股份合作经济社示范章程（试行）》第38条规定："股东享有下列权利：……（五）承包土地及其它资产；……。"《浙江省村级股份经济合作社示范章程（试行）》第8条："本社股东享有以下权利：……（四）享受本社提供的生产、生活服务及各项福利的权利；……。"再如，重庆市《股份合作示范章程》第11条规定："本社成员的权利：……（二）利用本社提供的服务和生产经营设施；……。"盐城市《农村社区股份合作社章程（试行）》（盐委农〔2014〕21号）第10条："本社社员享有以下权利：……（四）享受本社提供的生产、生活服务及各项福利的权利；……。"

第三节　农村社区股份合作社股权管理

一、农村社区股份合作社股权固化问题

（一）股权固化的概念

对于是否可以对农村社区股份合作社的股权进行调整，各地采取的做法有所不同。如北京市黄村镇规定股权 3 年~5 年动态调整；上海市九星村规定村民股每三年进行一次调整，"生要增，死要减"；上海市闵行区梅陇镇规定农业户口的集体经济组织成员农龄每年调整一次，股份作相应变动；广东等地大多采取"增人不增股、减人不减股"的静态管理模式[1]；浙江省区分不同情况对股权实行静态管理、动态管理和半动态管理[2]。其中对股权实行静态管理的称之为股权固化。

股权固化是指切断股份与人口变化的关系，实行出生、娶入不配，迁出、死亡不减，将股东所享有的集体资产的份额和农村社区股份合作社的股份数量固定下来，不再调整，以解决因人口流动、增减而发生的股权纠纷。股权固化之后，股权可以按照规定继承或者转让。"股权固化将股东身份固定、股份数量固定，是完善股份合作制的创新，与土地承包权 30 年不变长期化政策有着类似的政策目的，旨在减少农村分配矛盾。"[3]

以广东省佛山市顺德区为例，2001 年顺德区农村集体产权

---

〔1〕　参见农村集体产权制度改革和政策问题研究课题组："农村集体产权制度改革中的股权设置与管理分析——基于北京、上海、广东的调研"，载《农业经济问题》2014 年第 8 期。

〔2〕　"浙江村经济合作社股份合作制改革的发展特点和趋势"，载 http://www.blcx.gov.cn/ciao/xinxi.asp? id=222，最后访问日期：2014 年 9 月 28 日。

〔3〕　姜美善、商春荣："农村股份合作制发展中的妇女土地权益"，载《农村经济》2009 年第 6 期。

制度改革的核心内容之一就是农村社区股份合作社实行"生不增、死不减"的股权固化政策，全区统一实行固化股权，到2001年9月30日24时止（计划生育年度统计截止日）在册的农业人口（包括外嫁女及其子女）均可获一次性配置股份。股权固化后，农村社区股份合作社股东的股份不再随年龄的增长而变化，新生婴儿和新迁入的农业人口不再配置股份。今后如要扩股的，须按市场行为用现金购买，并经农村社区股份合作社股东代表大会讨论决定。股东迁出或死亡后，其股份可以转让、继承和赠予。[1]

（二）股权固化的推行

"在股份合作制改革的早期，与新增人口要求土地权利而引起土地调整一样，社区内新增人口以天然的成员权为依据要求配股。社区通常定期调整股权，将去世及出嫁女股权收回，配给娶进媳妇及子女等新增人口。"[2]表面上看来，这种股权随着成员流动不断调整的方式更能够体现公平，但是，随着时间的推移，股权实行动态调整的弊端也不断显现。首先，对股权进行动态调整，收回去世成员及外嫁女的股权，赋予新增人口股权，将导致农村社区股份合作社的股权不能够实现流转和继承。对股权进行动态调整，意味着将收回死亡人员的股权，导致股权无法继承，而如果股权不能继承，却允许在农村社区股份合

---

〔1〕《佛山市顺德区大良街古鉴村股份合作社章程》："股权配置以2001年9月30日24时为截止时间。股份社的股权实行一刀切断的配置方法，一次性配置到集体及个人所有，凝固股份社股数。股权固化后，股东的股数不再随年龄增长而变化，出生入户和迁入的农业人口不再配置股份。""股份配置完毕后，股份不再增加和减少。如需扩股，由理事会提出扩股方案，经'两委'讨论同意后，交由股东代表大会讨论决定。"

〔2〕参见姜美善、商春荣："农村股份合作制发展中的妇女土地权益"，载《农村经济》2009年第6期。

作社进行内部流转的话，将会促使股东在死亡之前或脱离农村社区股份合作社之前，通过内部流转的方式转让股权，从而变相地实现了股权的继承。如此将导致农村社区股份合作社无法收回现有股权，却需不断赋予新增人口以股权，最终使得动态管理从"生增死减"变为"只增不减"，这显然有悖股权动态调整的初衷。因此，股权动态调整在逻辑上必然导致股权不能进行继承和流转。股东能享受股权的收益，实际上却无权对股权进行处分，股权的功能受到了极大的限制。其次，由于在股权动态调整的情况下，股权不能流动，这就使股东不能够"用脚投票"，从而导致股东对经营管理者的监督作用减弱。再次，股权动态管理意味着农民一旦脱离农村集体经济组织，将同时丧失农村社区股份合作社的股权，股东为了不丧失其既得利益，就不愿意离开农村社区股份合作社。这就限制了农村人口的流动，影响了城市化进程。最后，随着经济的发展和分红的不断增加，农民的股权需要跟着社区内人口的流动进行定期调整，高额的分红可能会引起外来人口迁入或者"农转非"人口的倒流，人口的流动性使得股东资格认定的问题越来越困难，进一步导致利益分配难题。同时，农村社区股份合作社的总股数会随着人口的增加而不断增加，相应的每股的分红会下降，这亦会引发原有股东的不满。

为了解决上述问题，各地区开始推行股权固化制度。1992年深圳市首先实行这一制度，1994 年广州市天河区开始试行，至 2000 年左右珠三角地区已广泛推广这一制度。[1]广东的普遍做法是把股权一次性分配给农民，实行"固化股权，出资购股，合理流动"以及"生不增，死不减"的处理方法。通过固化股

---

〔1〕 参见姜美善、商春荣："农村股份合作制发展中的妇女土地权益"，载《农村经济》2009 年第 6 期。

权，确定了能够享受利益的群体范围，农村社区股份合作社的股权不再随着人口的流动、增加和减少进行相应调整。

（三）对推行股权固化的思考

1. 股权固化与新增人口的矛盾

股权固化虽然解决了农村社区股份合作社因股权流动以及人口变动而产生的股权纠纷，但是股权固化也意味着固化时间截点之后的社区新增人口将不能取得股份，因而引起新增人口的不满，他们认为股权固化的做法侵犯了其成员权益，因此股权固化的推行也遇到了一定的阻力。这主要表现在三个方面：一是农村集体经济组织需要以配股之外的其他方式解决新增人口的生活保障问题；二是股权固化因无股村民人数增加、社区权力结构的变化而面临重新洗牌的可能，使人们产生"固多久"的担忧[1]；三是因各村股权固化的实践不一致，可能出现外嫁妇女两头持股或者两头无股的问题[2]。

股权固化制度最大的缺陷在于没有考虑新增人口的利益。农村集体资产是农村集体经济组织成员最基本的社会保障，固化股权相当于剥夺了新增人口的社会保障。农村集体经济组织的新生成员可以根据出生的事实当然取得农村集体经济组织成员资格，农村社区股份合作社是由原农村集体经济组织经过产权制度改革形成的，新增人口理应具有农村社区股份合作社的股东资格，享有集体资产的收益。但是，基于上述分析，如果农村社区股份合作社股权不实行固化，将会使股权的功能无法得到充分地发挥，同时也会限制人口的流动。笔者认为，通过

----

〔1〕参见姜美善、商春荣："农村股份合作制发展中的妇女土地权益"，载《农村经济》2009年第6期。

〔2〕参见商春荣：《中国农村妇女土地权利保障研究》，中国经济出版社2010年版，第107页。

权衡公平与效率的价值目标，农村社区股份合作社应该对股权实行固化管理，但是同时应通过合理的制度设计来保证新增人口的利益。

2. 解决股权固化矛盾的途径

为了解决股权固化引发的新增人口的权益保护问题，有人提出已经以个人股形式量化到股东成员的收益属于农村社区股份合作社股东所有，而集体股的收益应当由股东与股东以外的其他集体经济组织成员共享。由个人或者其他单位使用的集体建设用地的收益权则应当归全体集体经济组织成员共同享有，既包括农村社区股份合作社股东，也包括非农村社区股份合作社股东的集体经济组织成员。即除农户承包土地（含确权林地）、宅基地外，其他集体土地权益是人人有份的，这里体现的是成员权，而不仅仅是股东权。这部分土地收益单独建账，在所有现农村集体经济组织成员中进行平均分配。当遇到国家建设征地时，无论是农户承包地、村民宅基地、集体建设用地等土地补偿款，均应当按照征地方案确定时的集体经济组织成员平均分配或者平均量化。[1]这种方式可在一定程度上保障了新增人口的权益。

除此之外，笔者认为还有两种途径可解决股权固化与新增人口之间的矛盾：第一种是将股权固化到每一户，即以"户"作为股权管理的基本单位；第二种是如果股权固化到个人，那么股权固化应分地区分阶段进行。

（1）以"户"作为股权管理的基本单位

以"户"作为股权管理的基本单位是指以某一时点为分界

---

[1] "关于深化农村集体经济产权制度改革几个重点问题的研究"，载 http://www.bjnyzx. gov. cn/ywgz/dzkw/bqzg/201405/t20140506_ 334099. html，最后访问日期：2014 年 9 月 28 日。

线，对该时点在册的农村集体经济组织成员无偿配股或允许出资购买股份，固化农村社区股份合作社的总股数，将股权量化和固化到每一户，而非固化到每一人，以户为基本单位发放股权证，以户为单位进行股份分红。

将股权固化到户，股权由原来的个人享有转变为户内成员共同享有，这与我国现行立法的精神相吻合，如《农村土地承包法》第 15 条规定"家庭承包的承包方是本集体经济组织的农户"，《土地管理法》第 62 条规定"农村村民一户只能拥有一处宅基地"。通过这种方式可以解决股权固化后新增的农村集体经济组织成员没有股权的问题，更好地兼顾了各种群体的基本利益。将股权固化到户之后，弥补了因频繁调整股权而出现的政策漏洞。同时，股权固化到户使利益关系调整控制在家庭内部，使股权纠纷由个人与集体之间的纠纷转变为家庭财产的民事纠纷，可以更好地通过民事诉讼解决股权争议，甚至直接将纠纷化解在家庭内部。

（2）股权固化分地区分阶段进行

从国家的政策发展来看，户籍制度改革和城乡一体化政策在逐步推行，如 2014 年 7 月《国务院关于进一步推进户籍制度改革的意见》中就要求："进一步调整户口迁移政策，统一城乡户口登记制度，全面实施居住证制度，加快建设和共享国家人口基础信息库，稳步推进义务教育、就业服务、基本养老、基本医疗卫生、住房保障等城镇基本公共服务覆盖全部常住人口。"随着户籍制度改革的推进，农村人口和城镇人口可以逐步享受统一的社会保障体系，新生的以及新迁入的农村集体经济组织成员可能不再需要以农村集体资产的收益作为其生活和社会保障来源，依据保障生存原则，此时就无需赋予新增人口以农村社区股份合作社的股东资格。

但是，在目前城乡一体化尚未完全实现的情况下，一些地方的农民仍然以集体资产收益作为根本生活来源或社会保障，股权固化的确在一定程度上剥夺了新增人口的成员权益。因此，在这种情况下暂不适宜推行股权固化。因此，股权固化可以分地区分阶段进行。具体来说，对于土地已被完全征用、撤村建居的农村社区股份合作社，可以实行股权固化。但是，对于经济不是很发达、土地未被完全征收、没有撤村建居的地方，不适合实行股权固化，应当适时对股权进行调整，赋予新增人口以股东资格。

浙江省的做法在这方面比较有参考性。浙江省区分不同情况对股权实行静态管理、动态管理和半动态管理。对多数土地被征用或者已撤村建居的农村社区股份合作社，一般实行静态管理，即股份量化对象和股权的确定不随人口的变动而增减，一次配股，终身受益，"增人不增股、减人不减股"；对土地征用不多又未撤村建居的农村社区股份合作社，一般实行动态管理，即股份享受对象和股权每年或每届调整一次。少数地方也有实行半动态管理的，即人口福利股随人口增减而增减，劳动贡献股不增不减。实行动态管理和半动态管理的，一般随土地被基本征用或撤村建居而转为静态管理。[1]

二、农村社区股份合作社股权流转问题

（一）农村社区股份合作社股权流转的现状分析

1. 各地对农村社区股份合作社的股权转让所持态度

考虑到当前中国农村社会的开放程度和农村集体经济组织产权制度改革的状况，目前，有关农村社区股份合作社的规范

---

〔1〕 "浙江村经济合作社股份合作制改革的发展特点和趋势"，载 http://www.blcx.gov.cn/ciao/xinxi.asp? id=222，最后访问日期：2014 年 9 月 28 日。

性文件以及政策多对农村社区股份合作社股权的转让加以限制，一般将股权流转限于农村社区股份合作社股东之间的转让，股权不能向其他农村社区股份合作社转让，更不能向城市居民或其他自然人、法人转让。如上海市农委《关于本市推进农村村级集体经济组织产权制度改革工作的指导意见》（沪农委〔2012〕104 号）[1]明确指出："村集体经济组织成员的股权可以继承，但不得退股。改制后，为确保农民保留长期的集体资产收益权，股权在一般情况下不得转让，但如遇村民死亡等情况，可以通过规范、合法的程序在本集体经济组织内部进行转让。"中共浙江省委办公厅、浙江省人民政府办公厅《关于全省农村经济合作社股份合作制改革的意见》（浙委办〔2005〕39 号）[2]规定："个人股（社员量化股）可以依法继承，可以在股份合作社股东之间转让，但不得退股提现。"宁波市海曙区《海曙区加强社区股份经济合作社管理的实施办法》[3]中规定："股东所持有的股权原则上在社区股份经济合作社所有资产体现市场价值之后才允许转让。确需在所有资产体现市场价值之前转让的，应明确暂未量化资产的转让权属和今后的福利待遇，且仅允许其在本社成员之间进行转让，未彻底转让的必须留足原人口福利股的股份额度。"江苏省常州市《南夏墅街道纪墅股份合作社章程》[4]第 9 条规定："股份合作社成立后，个人股实行股权固

〔1〕　载 http://e – nw. shac. gov. cn/zfxxgk/mulu/yewu/jqjj/201204/t20120427 _ 1317029. htm，最后访问日期：2015 年 4 月 10 日。

〔2〕　载 http://xxgk. zjtt. gov. cn/govdiropen/jcms _ files/jcms1/web68/site/art/2014/10/13/art_ 533_ 63650. html，最后访问日期：2015 年 4 月 10 日。

〔3〕　载 http://www. haishu. gov. cn/info. asp? ID＝137960，最后访问日期：2015 年 4 月 10 日。

〔4〕　《南夏墅街道纪墅股份合作社章程》，载 http://www. wjcwh. gov. cn/04/0417/news/20111124/n061572. html，最后访问日期：2015 年 4 月 10 日。

化，即'生不增，死不减'，个人股权经董事会讨论同意，可依法在本社内继承，但不得退股提现、抵押和转让。今后新生和新迁入的人口，不再配置个人股，而是主要通过股权继承的方式成为新股东。"

2. 制约农村社区股份合作社股权流转的因素

(1) 股权的功能特殊

农村社区股份合作社的股权在一定程度上承担着农村社会保障的功能，具有浓重的福利色彩。为防止在产权制度改革初期股东权益流失引发矛盾，同时考虑到农民从农村社区股份合作社中获得的收益可能是其主要生活来源，转让股权可能导致农民丧失基本的生活保障，农村社区股份合作社一般规定股权只能在农村社区股份合作社范围内流转，并且不得退股提现。"农民的这些产权都是土地权利的体现、转化和发展，与土地有着直接或间接的紧密关系，它们的流转等于土地权利的流转，放开它们的自由流转，将会影响到农民是否还能拥有土地。目前我国农民的生存发展与土地是什么关系很难把握得准确，因此对农民个人产权是否允许流转、允许流转到什么程度不敢贸然下结论，只能采取特殊地区、特殊农民群体、或者试点的办法逐渐探索。"[1]同时，在股份合作制改革初期，如果允许外部人员自由入股或者受让股权，可能会削弱社区的公共目标。因此，各地相关政策对农村社区股份合作社的股权流转一般采取比较保守的态度。

(2) 股权价值未完全市场化

在股份合作制改革初期，大部分地区仅仅量化了经营性资产，而对非经营性资产和土地资源没有进行量化。这些资源性

---

[1] 赵家如："北京市农村社区股份合作制变迁绩效研究"，中国农业大学2014年博士学位论文。

资产极具增值潜力，如果在股份合作制深化改革阶段对此进行量化，则农村社区股份合作社的股权价值将进一步攀升。此外，由于目前农村社区股份合作社的资产以账面价值进行核算，农村社区股份合作社的股权价值相应地也以账面价值进行衡量，而非经评估后的市场价格，因此，农村社区股份合作社的股权价值未能得到准确的反映。如果允许外部人员入股或受让股权就有侵蚀农村集体资产之嫌，从而损害村集体成员的权益。因此，股权价值未完全市场化也制约着农村社区股份合作社股权的自由流转。

（二）对农村社区股份合作社股权外部流转与质押问题的反思

1. 从理论上看应逐步放开农村社区股份合作社股权流转的限制

限制农村社区股份合作社股权的对外流转，看似保持了集体资产的完整性，但此种限制导致股权丧失了应有的资产流动性，不利于资本的运作。[1]"在市场经济体制下，只有集体资产股权自由流转，才能实现生产要素的优化组合，才能体现农民所持集体资产股份的价值，也才能显现它们作为生产要素的潜在市场价值。如果仅对集体资产确权，而不允许其股权流转，那么，量化的集体资产就只能是'僵化的资产'。从长远看，为充分发挥集体资产股份自由流转的效应，应该赋予其流转的权能。"[2]笔者认为，对于农村社区股份合作社股权外部流转的严格限制使股权表现出极大的封闭性，股权的内在价值难以得到体现，这也导致难以通过产权交易和产权重组的方式实现资源

---

〔1〕"农村集体经济股份合作改革的'破'与'立'——赴苏州、宁波股份合作社转型提升考察报告"，载 http://www.hbagri.gov.cn/tabid/64/InfoID/26419/frtid/131/Default.aspx，最后访问日期：2015 年 4 月 10 日。

〔2〕方志权："农村集体经济组织产权制度改革中的问题与办法"，载《东方早报》2014 年 10 月 14 日，第 B10 版。

的优化配置，农村社区股份合作社的发展也因此受到制约。允许农村社区股份合作社股权在社区范围内流转并在有条件的地区逐步试行对外流转，既可以使股东的股权实现市场价值，保护股东的利益，又有利于促进生产要素的组合和优化配置。

至于放开农村社区股份合作社的股权流转是否会影响农民的社会保障或者损害农民的利益，笔者认为，即使我们认同由于历史传统的原因农民在市场中可能处于弱势地位，对他们的特殊保护也不宜通过限制其权利的方式来实现，如果以基本生存权为由禁止农民处置自己的财产，实际上更不利于保障农民的基本生存权。担心农民出让股权后丧失最基本的生存保障是一种法律家长主义意识的体现，是把农民当然地视为"非理性的人"、没有市场交易能力的人，不能完全理解自己的行为和后果。事实上，最关注自身利益的人一定是当事人自己，利益的最佳判断者也一定是当事人自己。政府或任何当事人以外的人都不应该、不适合代替农民选择获利方式或者利益的处置方式。如果说因为历史的、政策的原因使得农民持有的股权的价值难以确定、衡量，则政府有责任引导、扶持建立相关的股权评估机构及交易平台，制定规范交易行为的相关制度，培育相关市场。正像我国改革开放之初建立证券交易市场一样，人们曾非常担心国民由于对证券交易中的风险缺乏认识而将自己的生活必需的资金投入，一旦投资失败则会引发一系列社会问题。事实上也确实出现过投资失败的股民到政府讨要赔偿的事件。然而，证券交易市场并没有因此而关闭，反而随着国家的相关法律法规日臻完善，股民们也在交易市场中逐渐成熟。我国的证券市场越来越发达，不仅在国民经济中发挥了巨大的作用，也给民众提供了有益的投资渠道。因此，笔者以为，我们过分担心农民的交易能力和理财能力恰恰是非理性的。

从立法上看，《物权法》第 128 条确立了土地承包经营权的流转机制。农村土地是农村集体资产中最为重要的要素，既然土地承包经营权可以流转，那么当农村集体资产量化到成员个人身上时，允许农村社区股份合作社的股权流转从逻辑上来讲也是顺理成章的。从政策导向看，国家也一直强调要赋予农民更多的权利，如中共中央十八届三中全会通过的《关于全面深化改革若干重大问题的决定》中提出"保障农民集体经济组织成员权利，积极发展农民股份合作，赋予农民对集体资产股份占有、收益、有偿退出及抵押、担保、继承权"，2014 年 9 月 29 日，中央全面深化改革领导小组第五次会议审议了《关于引导农村土地承包经营权有序流转发展农业适度规模经营的意见》《积极发展农民股份合作赋予集体资产股份权能改革试点方案》，均要求逐步赋予农民以完整的产权。

逐步开禁对农村社区股份合作社股权的外部流转，不仅是交易法上的需要，更是责任法上的问题。上述中央文件已经提到了农民集体经济组织成员用集体资产股权担保的问题，但现实中禁止股权对外流转的做法，使得农民融资渠道狭窄。如果不把集体成员的股权看成是成员对外承担责任的特别财产或者一般责任财产，从而不能强制执行这部分股权，担保就无从设立，外部债权人的债权也得不到保障。这使得成员只能用农村社区股份合作社的股权进行内部融资，从长远来看不利于整个农村地区的经济发展。

因此，逐步放开农村社区股份合作社股权的对内、对外流转是一种必然的趋势。

2. 实现农村社区股份合作社股权流转的途径

如前所述，由于农村社区股份合作社股权的功能受限、股权价值不能实现完全市场化等因素的制约，农村社区股份合作社的股权在现阶段还不具备在市场进行自由流转的条件。农村社区股份合作制改革的一个重要目标，是通过产权制度改革创新来有效保护农村集体资产，制止非法侵占农业、农村资源的行为，避免农业、农村资源的外流。因此，在股份合作制改革初期，为了保证不让外部人侵占村集体资源性资产，损害村集体天然成员作为真正所有者的权益，以及避免外部人入股甚至控股削弱社区的公共目标，适当限制股权流转是适当和必要的。[1]

为了解决资源的合理配置与农村现实情况之间的矛盾，可以通过以下途径来逐步实现农村社区股份合作社的股权流转：

（1）明确能够对外转让股权的农村社区股份合作社的范围

目前很多农村社区股份合作社不具备股权对外流转的条件，但是对于已撤村建居，集体所有土地已全部被征收或转为非农建设用地，已妥善安排好成员的养老、医疗等社会保障，集体资产已全部量化到人的农村社区股份合作社，已基本不承担社会保障及提供其他公共服务的职能，无需再限制其股权流转，因此应当允许这类农村社区股份合作社股权的自由流转。

（2）确定股权的价值，创造股权流转的公平环境

股权应在平等、自愿、协商的基础上以公平合理的价格进行转让，为此，应建立相关的股权评估机构对农村社区股份合作社的资产和股权价值进行定期评估，并加大信息披露力度，将评估结果及时向股东公告，定期公布资产质量、每股资产净值、收益状况以及整体运行情况，尽量避免由于信息不对称导致股东利益受损的情况发生。

（3）设立股权流转的程序

为了实现股权流转，需要设置必要的形式要件和转让程序，

［1］ 参见陈志新、江胜蓝：《城市化进程中农村集体产权制度改革》，化学工业出版社2010年版，第26页。

比如，转让双方应签订股权转让协议，农村社区股份合作社应
及时办理股权变更登记手续等。农村社区股份合作社章程还可
规定股权转让须经股东（代表）大会讨论同意。股权向外流转
时，股东的权利义务原则上随股权移转，具体办法应由股东
（代表）大会讨论确定。此外，可以通过创建股权交易平台的方
式来规范股权流转，佛山市南海区即在2013年率先探索建立了
农村集体经济组织成员股权管理交易平台，此平台分为"成员
管理、股权管理、分红管理、特殊群体管理"四大模块，通过
股权管理平台确权的股东可以进行股权交易流转，如转让、继
承、赠与、抵押、担保等。不过南海区的股权流转仍仅限于农
村社区股份合作社内部。[1]

　　在允许农村社区股份合作社股权对外流转后，为了真正实
现股权的价值，股权的功能与作用也应该相应予以拓展，比如
允许以农村社区股份合作社的股权进行质押等。在农村产权制
度改革推行较早的浙江省，多个地区都已允许以农村社区股份
合作社的股权进行质押，如慈溪市就出台了《慈溪市股份经济
合作社股权质押贷款管理办法（试行）》，允许借款人以自己或
第三人持有的农村社区股份合作社的股权在慈溪农村合作银行
进行质押贷款，质押的股权的价值以股权面值和股权证发证日
至贷款授信日期间股份经济合作社的净资产增减变化情况合理
确定，贷款额度最高不超过其所提供质押股权评估价的70%。
借款人办理质押贷款前，需在农村社区股份合作社财务会计部
门办理股权质押登记手续。如果借款人到期不能偿还借款，银
行可以选择拍卖、变卖质押的股权或者由农村社区股份合作社

---

〔1〕　参见"南海区率先建立集体经济股权管理交易平台推动农村集体经济转
型升级"，载 http://www.gdagri.gov.cn/ywzx/ncjjzzglc/ncjtjjgzdt/201309/t20130917_
333140.html，最后访问日期：2015年3月25日。

回购，即先由股份经济合作社偿还贷款本息，再将债权及所质押的股权转让给农村社区股份合作社。[1]

（三）农村社区股份合作社股权的继承

农村社区股份合作社一般不禁止股权的继承，股权继承依《继承法》和相关法律法规进行。各地目前虽然不允许股权的对外转让，但允许股权的继承，这在逻辑上存在一定矛盾。如果允许股权的继承，那么不可避免地会出现继承人原本不是农村社区股份合作社股东的情况。此外，被继承人可以通过遗嘱的方式让非农村社区股份合作社的股东继承其股权。这样，农村社区股份合作社的股东范围同样突破了集体的界限，达到了与股权向外流转相同的效果。但是，考虑到被继承人与继承人之间的关系较为密切，而且通过股权继承引入外部股东的情况毕竟是少数，对此不应当加以限制。但在遗赠关系中，由于受遗赠人属于法定继承人之外的人，在这种情况中往往会使股东范围突破集体的界限。

基于农村社区股份合作社股权的特殊性质，在继承人为两人或两人以上时，不应将股权进行分割，而应当由继承人共同协商确定由一人代为行使股权。在股权继承问题上，广东省顺德区的"村居股东"和"社会股东"概念值得借鉴。广东省顺德区在《关于开展规范和完善顺德区农村股份合作社组织管理试点工作的意见》（顺农改〔2012〕2号）[2]中使用了"村居股东"和"社会股东"的概念。村居股东按所持股份享有相应

---

〔1〕 参见"慈溪市股份经济合作社股权质押贷款管理办法（试行）"，载 http://jrb. cixi. gov. cn/art/2011/2/23/art_45889_799043. html，最后访问日期：2015 年 3 月 25 日。

〔2〕 "关于开展规范和完善顺德区农村股份合作社组织管理试点工作的意见（顺农改〔2012〕2号）"，载 http://service. shunde. gov. cn/view. php？id＝40000015 564/2012-21854，最后访问日期：2015 年 4 月 2 日。

的资产产权和收益分配权，同时享有农村社区股份合作社的表决权、选举权与被选举权。社会股东所持股份类似于前述"优先股"，享有相应的资产产权和收益分配权，不享有农村社区股份合作社的表决权、选举权与被选举权。股权继承的具体做法是："（1）继承人是村居股东的，继承股份后，其村居股东身份保持不变。（2）继承人不是村居股东，继承社会股东股份的，继承股份后，登记为社会股东。（3）多个继承人继承村居股东股份的，继承股份后，由继承人协商在非村居股东继承人中确定一名登记为村居股东；其余非村居股东继承人登记为社会股东。"通过引入村居股东和社会股东的概念，既可以解决因继承人过多给农村社区股份合作社民主决策带来的影响，又可以对多个继承人的股东身份予以确认，从而保障了所有继承人的财产利益。

第六章

农村社区股份合作社的组织机构

2007 年农业部发布的《关于稳步推进农村集体经济组织产权制度改革试点的指导意见》（农经发〔2007〕22 号）[1]指出，村集体经济组织要建立符合现代企业管理要求的集体经济组织治理结构。在股份合作制改革过程中，新型农村集体经济组织——农村社区股份合作社内部组织机构的设置正是借鉴了股份制的做法，采纳公司的组织架构模型，设有股东（代表）大会、董事会和监事会。目前关于农村社区股份合作社的组织机构制度没有统一的法律规定，除了个别市县[2]出台了农村社区股份合作社的示范性章程之外，"三会"的构建和运作规则多遵循各农村社区股份合作社自身制定的章程，因此各地农村社区股份合作社组织机构的具体制度和实践情况各具特色。本章重点考察实践中的这些差异，通过分析北京、广东、浙江、江苏、湖北、四川、安徽等省或直辖市内 20 余个农村社区股份合作社的章程，挖掘农村社区股份合作社组织机构制度的特殊性，同时兼与合作社和公司组织机构的相应安排进行比较，吸收合作社和公司在组织机构制度上的优势，提炼出农村社区股份合作社可共通适用的制度；然后解析农村社区股份合作社的组织机构在

---

〔1〕 载 http://www.moa.gov.cn/nybgb/2007/dshiq/20180614_6152044.htm，最后访问日期：2015 年 4 月 2 日。

〔2〕 如浙江省杭州市、北京市通州区等。

实际运行中的困境，并进一步剖析造成这些现实困境的原因，最后提出完善农村社区股份合作社的组织机构制度的相关建议。

第一节　农村社区股份合作社组织机构概览

一、股东（代表）大会

（一）股东（代表）大会的概念

股东（代表）大会，也称社员（代表）大会或成员（代表）大会，是农村社区股份合作社的最高权力机构，由全体股东或股东代表组成，是股东在农村社区股份合作社内部行使股东权利的重要机构。

从各地农村社区股份合作社的章程规定可见，股东（代表）大会是农村社区股份合作社的必设机构，至于是设置股东大会抑或是股东代表大会，不同地区的农村社区股份合作社章程规定略有差别。主要可以归纳为三种情况：

1. 设股东大会

农村社区股份合作社的最高权力机构是股东大会，由全体股东组成，持有股份的股东都是股东大会的当然成员，股东大会在章程规定的范围内行使其职权，保证了股东最大程度地参与股东大会，并平等广泛地行使其股东权利。该模式以江苏省常熟市碧溪新区溪西社区股份合作社为例。[1]

2. 设股东代表大会

农村社区股份合作社实行股东代表大会制度，股东代表大会是农村社区股份合作社的最高权力机构，由全体股东代表组

---

〔1〕　参见"常熟市碧溪新区溪西社区股份合作社章程"，载 http://www. bixi. g-ov. cn/cwgk/detail. asp？quid＝1&cunid＝7&ID＝2620，最后访问日期：2015 年 4 月 2 日。

成。在这种模式下，普通股股东按照一定比例推选若干名股东代表，由股东代表代表全体股东参与股东代表大会，代为行使股东权利，农村社区股份合作社的章程也只相应规定了股东代表大会的职权。这种制度安排尤其多见于股东人数众多的农村社区股份合作社，有利于降低会议成本，提高决策的效率，但由于代表制度的局限性，股东代表一方面是农村社区股份合作社公众利益的代表，另一方面其自身也是"经济人"，必将追求自身利益的最大化，因此在决策过程中，有可能出现股东代表为了自身利益损害其他股东利益的现象。该模式以广东省佛山市顺德区大良街古鉴村股份合作社[1]、浙江省宁波市海曙区社区股份经济合作社[2]、山东省滕州市农村社区股份合作社[3]等为例。

3. 股东大会和股东代表大会并存

农村社区股份合作社的最高权力机构是股东大会，但农村社区股份合作社可以设股东代表大会，农村社区股份合作社的决议可以通过召开股东代表会议的方式形成。股东代表大会经股东大会授权行使相应职权，有些地区的农村社区股份合作社（如广东省佛山市顺德区南水村股份合作社）的章程甚至分别规定了股东大会和股东代表大会的职权。在这种模式下，股东大会和股东代表大会是授权与被授权的关系，在农村社区股份合

〔1〕 参见"佛山市顺德区大良街古鉴村股份合作社章程"，载 http://www.gujian.cc/news/Show.aspx? ID=633634988866562500，最后访问日期：2015年4月2日。

〔2〕 参见"海曙区社区股份经济合作社示范章程（试行）"，载 http://www.haishu.gov.cn/info.asp? ID=137960，最后访问日期：2015年4月2日。

〔3〕 参见"滕州市农村社区股份合作社示范章程"，载 http://info.tengzhou.g-ov.cn/tzszfgkml/gzjdbsc/0116/201304/t20130420_2450294.htm，最后访问日期：2015年4月2日。

作社的日常运营过程中，股东大会负责更为重大的决议事项，其余一般重大事项由股东代表大会决议，但股东大会拥有最终决定权，如广东省佛山市顺德区南水村股份合作社章程的第 7 条即明确规定："股份社的决议，可以通过召开股东代表会议的形式进行，对具体事项的表决，如 1/10 以上有选举权的股东提出异议，应当提交股东大会重新表决。"〔1〕除前述顺德区南水村股份合作社的章程外，股东大会和股东代表大会并存的模式还体现在《都江堰市农村集体经济组织管理办法》(都办发〔2008〕172 号)〔2〕、《浙江省村经济合作社组织条例》〔3〕等地方规范性文件中。

　　通过考察各地农村社区股份合作社章程和有关农村集体经济组织的地方立法，在上述三种模式中，设置股东代表大会的模式似乎更为普遍。以笔者所重点考察的 21 份农村社区股份合作社章程为例，其中规定股东代表大会模式的占三分之二。农村社区股份合作社采取股东代表大会模式大抵是考虑到农村社区股份合作社的股东人数较多，股东参与股东大会的意识还较为薄弱，组织股东大会的难度大且成本高。笔者认为股东代表大会模式在一定程度上忽视了一般股东对农村社区股份合作社的控制权和最终决策权，尤其是对于农村社区股份合作社的特别重大事项，理应由股东大会进行决议，这也有利于培养农民股东参与社区治理的意识。相较于单设股东大会或股东代表大会的模式，股东大会和股东代表大会并存的模式可以更好地兼顾效率和成本的价值。因此，农村社区股份合作社的意思机关

----

　　〔1〕　载 http://ns.leliu.gov.cn/News/show/id/89，最后访问日期：2015 年 4 月 2 日。

　　〔2〕　载 http://www.djy.gov.cn/publish/wjmb/preview.php? id = 5790，最后访问日期：2015 年 4 月 2 日。

　　〔3〕　来源律商网。

采取股东大会和股东代表大会并存的模式应是更佳的选择。

（二）股东（代表）的资格和股东代表的产生

1. 股东（代表）的资格

就股东资格而言，凡将农村集体资产量化份额转为股份，并按农村社区股份合作社章程的规定取得股权证书的集体和自然人均为农村社区股份合作社的股东，也当然成为股东大会的成员。鉴于农村社区股份合作社股东的资格已在本书第四章进行了详细界定，此处不赘言。

就股东代表而言，股东代表须具备一定的知识水平和能力，才有资格代表普通股东行使股东权利，因此，有必要对股东代表的资格进行界定。在笔者所考察的采取股东代表大会模式的农村社区股份合作社中，仅有北京市通州区对股东代表的资格进行了较为细致的规定，其中既有正向的要求，也有反向的禁止性规定。

关于股东代表资格的正向规定，通州区人民政府所印发的《通州区农村社区股份合作社规范化管理实施办法（试行）》（通政发〔2011〕2号）[1]第3条规定，股东代表应满足的条件是：①本社区股份合作社年满18周岁，具有选举权和被选举权的股东；②遵守法律、法规和有关政策；③关心集体，办事公道，联系群众，有较高的群众威信；④身体健康，有一定议事能力，能正确行使股东代表的权利，积极履行应尽的义务。笔者认为，这一规定是比较恰当的，反映了股东代表所应具有的行为能力、议事能力等素质和条件，应当特别指出的是，前述规定除第一项为客观要素之外，其余三项取决于普通股东的主观认知，实践中在选择股东代表时应充分尊重普通股东的意思

---

[1] 来源北大法宝数据库。

自治和自由选择的权利。

关于股东代表资格的禁止性规定，通州区人民政府所印发的《通州区农村社区股份合作社规范化管理实施办法（试行）》（通政发〔2011〕2号）[1] 第4条规定，有下列情况之一的，原则上不应被提名推举为股东代表：①政治素质差，思想觉悟低的；②受党纪处分，在《中国共产党纪律处分条例》规定年限内未撤销的；③违反计划生育、宅基地规划政策和村规民约，造成不良影响的；④违反信访条例、组织群众集体越级上访并造成恶劣影响的；⑤处在缓刑、假释、取保候审、保外就医期间的；⑥参与赌博或封建迷信活动、参与邪教活动的；⑦道德品质差，不遵守社会公德的；⑧患有严重疾病，不能正常履行职责的。笔者认为，通州区的这一规定过于强调了政治因素，第①②项规定值得商榷。农村社区股份合作社实质是一类经济组织，股东代表系为本人及其所代表的股东之利益，服务于该经济组织的组织机构，同时通过该经济组织的组织机构行使权利，只要股东代表能够正常履行出席会议、行使表决权等职责即可。因此，仅需排除两类人群担任股东代表即可：一是无民事行为能力或限制民事行为能力的股东；二是因疾病、犯罪等不能正常履行股东代表职责的股东。

股东代表的任期一般为三年，可连选连任。[2] 股东代表如果不具备上述要求或者违反了禁止性的规定，其股东代表的资格将丧失。此外，在股东代表调离、亡故、丧失行为能力或在本农村社区股份合作社范围内转出股份等情况发生时，或者股

---

〔1〕 来源北大法宝数据库。

〔2〕 也有农村社区股份合作社章程规定为五年，参见"江苏省常熟市支塘镇丰联村社区股份合作社章程"，载 http://www.chinazhitang.com/cun/fengliancun/dwyl-22.htm，最后访问日期：2015年4月28日。

东代表无故缺席股东代表大会或连续缺席股东代表大会两次以上的，农村社区股份合作社的董事会或监事会有权提请股东代表大会终止其代表资格并按原选举方式选举产生新的股东代表。

2. 股东代表的产生

股东代表由股东民主选举〔1〕产生，在农村社区股份合作社将股份划分为普通股和优先股的情况下，由于优先股股东拥有能稳定分红的股份，但是不具有选举和被选举为股东代表的权利，所以能选举和被选举为股东代表的股东范围限于优先股股东之外的普通股股东。股东代表一般有两种产生方式：

（1）实行有候选人差额选举的方式产生。首先通过分设若干个选举小组，采取集中投票的形式，由各选举小组直接提名候选人，根据候选人得票多少，按多于应选股东代表人数的一定比例（如10%）确定正式候选人，然后由一定比例（如三分之二）以上有选举权的股东参加投票，获到会半数以上票数同意且高票者当选。〔2〕

（2）实行无候选人直接选举的方式产生。通过分设若干个选举小组，由各选举小组根据应选股东代表的人数，经由一定比例（如三分之二）以上有选举权的股东参加投票，以得票多者当选。〔3〕或者以股东户为基本单位选举产生股东代表，一般5户至15户股东推选一名代表，如果农村社区股份合作社股东

---

〔1〕 多数农村社区股份合作社的章程使用了"选举"的表达，但此处的选举是广义的用法，不同于《选举法》上的选举。

〔2〕 参见"股份经济合作社章程（示范）"，载 http://www.hzsnb.gov.cn/DesktopModules/infoApply/message.jsp? id = 7&guid = 5586670943437342805，最后访问日期：2015年4月3日。

〔3〕 参见"股份经济合作社章程（示范）"，载 http://www.hzsnb.gov.cn/DesktopModules/infoApply/message.jsp? id = 7&guid = 5586670943437342805，最后访问日期：2015年4月3日。

户在 50 户以下，则可以采取户代表的形式，即每户选举一名户代表作为股东代表参加股东代表大会。选举产生的股东代表应与股东签订授权代表书。[1]

上述股东代表产生的两种方式中，第一种产生方式包含两轮选举过程，较为繁琐，但有助于股东加深对候选人的了解，从而更好地行使选择的权利；第二种产生方式相对简便，效率较高，但须基于股东之间的充分了解。笔者认为，这两种方式仅是程序上的差异，采取何种方式与当地的民主程度有关，农村社区是一个封闭的熟人社会，具有进行直接选举的基础，不管采取哪一种产生方式，关键是要保证每一个股东都能有机会充分行使选择股东代表的权利。

（三）股东（代表）大会的职权

理论上，作为农村社区股份合作社的最高权力机构，股东（代表）大会可以对农村社区股份合作社的一切事项作出决议，但实际上这样做既不符合股东（代表）大会作为非常设机构的现实，从决策的成本和效率的角度看，亦无必要。农村社区股份合作社的股东（代表）大会的决议事项应仅限于"重大事项"，即涉及股东切身利益的重大事项及与农村社区股份合作社发展有关的重大问题。[2]

关于股东（代表）大会行使的职权，各地农村社区股份合作社章程的规定基本相同，具体包括：①审议批准、修改农村社区股份合作社章程；②选举、罢免董事会、监事会成员，决定其报酬事项；③审议批准董事会、监事会工作报告；④审议

〔1〕　参见《通州区农村社区股份合作社规范化管理实施办法（试行）》第 5 条。

〔2〕　参见李建伟：《公司法学》，中国人民大学出版社 2014 年版，第 272～273 页。

批准年度财务预算方案，审查年度决算方案、利润分配方案和弥补亏损方案；⑤决定农村社区股份合作社发展规划和重大投资计划；⑥决定农村社区股份合作社资产的转让、处置重大事项；⑦审议批准股份转让方案；⑧对农村社区股份合作社增加或减少注册资本，以及合并、分立、变更、解散、清算等事项做出决议；⑨审议批准农村社区股份合作社各项规章制度；⑩审议、决定国家法律、法规、规章和政策未明确的或情况特殊的公民是否具备本农村社区股份合作社股东的资格；⑪审议、决定股份配置、认购及其他涉及股东切身利益重大事项的方案；⑫决定其他重大事项。

在股东大会与股东代表大会并存的模式下，农村社区股份合作社的章程中划分了股东大会和股东代表大会行使的职权，股东大会职权包括上述第①⑧⑩⑪项以及审议、决定 1/10 以上有选举权股东提出异议的股东代表会议表决通过的事项，其余重大事项归属于股东代表大会的职权范围。[1]

相较于《公司法》有关股东会和股东大会职权的规定，除了农村社区股份合作社特有的决定事项外，农村社区股份合作社的股东（代表）大会的职权与《公司法》的规定并无实质差异。农村社区股份合作社股东（代表）大会决定的特殊事项，如股东资格认定、股权转让等，是与农村社区股份合作社具有的社区性和封闭性密不可分的，虽然有限责任公司有人合性的要求，但其封闭程度远没有农村社区股份合作社高。以股权转让为例，有限公司的股权内部转让自由，股权外部转让须经其他股东过半数同意，公司股东可以就股权转让事项书面通知其他股东征求其同意即可，但在《公司法》上股东股权转让并不

---

〔1〕 参见"佛山市顺德区南水村股份合作社章程"，载 http://ns.leliu.gov.cn/News/show/id/89，最后访问日期：2015 年 4 月 2 日。

属于需要股东（大）会决定的事项，与之相反，农村社区股份合作社的股东（代表）大会有权审议批准股权转让方案。

（四）股东（代表）大会的会议制度

1. 股东（代表）大会会议类型

股东（代表）大会由股东（代表）组成，股东（代表）享有重大决策和选择管理者的权力，但是股东（代表）大会作为组织机构又必须形成自己的统一意志，因此股东（代表）大会须采取会议的形式形成决议。[1]股东（代表）大会的会议方式一般分为定期会议和临时会议。

（1）定期会议

定期会议是指农村社区股份合作社章程规定在一定时间内必须召开的股东（代表）大会。定期会议召开的频率，各地农村社区股份合作社章程的规定有所不同，如北京市《通州区农村社区股份合作社规范化管理实施办法（试行）》规定"股东（代表）大会每年至少召开两次，有重大事项随时召开"[2]，广东省《佛山市顺德区大良街古鉴村股份合作社章程》则规定"股东代表大会每年召开一次，有特殊情况可随时召开"[3]，其中每年召开两次股东（代表）大会的较为普遍。

（2）临时会议

临时会议是指定期会议之外，由于发生特定事由或根据特定人员、机构的提议而召开的股东（代表）大会。各地农村社区股份合作社一般规定以下情况可以召开临时股东（代表）大

---

〔1〕　参见赵旭东主编：《商法学》，高等教育出版社2007年版，第304页。

〔2〕　参见《通州区农村社区股份合作社规范化管理实施办法（试行）》（通政发〔2011〕2号）第7条。

〔3〕　参见"佛山市顺德区大良街古鉴村股份合作社章程"，载http://www.gujian.cc/news/Show.aspx？ID=633634988866562500，最后访问日期：2015年4月2日。

会：①一定人数的股东代表提议，如《杭州市村级股份经济合作社章程（示范）》规定经 1/3 以上的股东代表提议应当召开临时股东代表大会[1]；②一定人数的股东提议，如《杭州市村级股份经济合作社章程（示范）》规定 1/5 以上年满 16 周岁有表决权的股东可以提议召开临时股东代表大会[2]，又如江苏省《常熟市碧溪新区溪西社区股份合作社章程》规定由百分之三十以上成员（代表）提出[3]；③监事会提议[4]；④董事会认为必要时[5]。

与《公司法》强调以股份作为股东权利基础不同，农村社区股份合作社更着重其"合作"因素，因此少数股东临时股东（代表）大会的提议权计算基础是股东的人数，而非《公司法》所规定的一定比例股份的股东[6]。

---

〔1〕 参见"杭州市村级股份经济合作社章程（示范）"，载 http://www. hzsnb. gov. cn/DesktopModules/infoApply/message. jsp？ id＝7&guid＝5586670943437342805，最后访问日期：2015 年 4 月 3 日。

〔2〕 参见"杭州市村级股份经济合作社章程（示范）"，载 http://www. hzsnb. gov. cn/DesktopModules/infoApply/message. jsp？ id＝7&guid＝5586670943437342805，最后访问日期：2015 年 4 月 3 日。

〔3〕 参见"常熟市碧溪新区溪西社区股份合作社章程"，载 http://www. bixi. gov. cn/cwgk/detail. asp？ quid＝1&cunid＝7&ID＝2620，最后访问日期：2015 年 4 月 2 日。

〔4〕 参见"杭州市村级股份经济合作社章程（示范）"，载 http://www. hzsnb. gov. cn/DesktopModules/infoApply/message. jsp？ id ＝ 7&guid ＝ 5586670943437342805，最后访问时间 2015 年 4 月 3 日；参见"常熟市碧溪新区溪西社区股份合作社章程"，载 http://www. bixi. gov. cn/cwgk/detail. asp？ quid＝1&cunid＝7&ID＝2620，最后访问日期：2015 年 4 月 2 日。

〔5〕 参见"常熟市碧溪新区溪西社区股份合作社章程"，载 http://www. bixi. gov. cn/cwgk/detail. asp？ quid＝1&cunid＝7&ID＝2620，最后访问日期：2015 年 4 月 2 日。

〔6〕 参见《公司法》第 39 条："股东会会议分为定期会议和临时会议。定期会议应当依照公司章程的规定按时召开。代表十分之一以上表决权的股东，三分之一以上的董事，监事会或者不设监事会的公司的监事提议召开临时会议的，应当召开临时会议。"

2. 股东（代表）大会的召集

（1）股东（代表）大会的召集人和通知

股东（代表）大会会议由董事会召集，董事长主持。董事长因故不能履行职务时，由董事长指定的副董事长或其他董事主持。召开股东（代表）大会，应当于会议召开的若干日〔1〕前将会议审议的事项告知全体股东。值得一提的是，即便农村社区股份合作社实行股东代表大会制度，也需要将股东代表大会的有关会议通知告知所有的股东，这是保障股东知情权的体现。

（2）股东（代表）大会的出席有效人数

出席股东（代表）大会的股东或股东代表达到一定人数，股东（代表）大会才能召开，通过的决议方能有效。要求出席股东（代表）大会的股东或股东代表满足一定要求，目的在于保障股东（代表）大会所形成的决议能反映大多数股东的意志，防止个别股东操纵农村社区股份合作社的意思，甚至损害其他股东的利益。〔2〕

关于股东（代表）大会出席的有效人数，各地农村社区股份合作社章程的规定不尽相同，如《都江堰市农村集体经济组织管理办法》规定："社员大会应当由本组织具有选举权的社员的半数以上参加，或者由本组织三分之二以上的户代表参加；社员代表会议，应当由本组织三分之二以上的社员代表参加"〔3〕，又如北京市《通州区农村社区股份合作社规范化管理实施办法（试行）》（通政发〔2011〕2号）规定："召开股东

---

〔1〕　视各地情况而定，一般规定有五日、十日或十五日不等。

〔2〕　参见李建伟：《公司法学》，中国人民大学出版社 2014 年版，第 277 页。

〔3〕　"都江堰市农村集体经济组织管理办法"，载 http：//www. djy. gov. cn/publish/wjmb/preview. php? id=5790，最后访问日期：2015 年 4 月 2 日。

（代表）大会须超过应到会人数的三分之二以上"[1]。

总体而言，股东代表大会的应出席人数较股东大会的要求更为严格，一般要求股东代表大会的出席有效人数为三分之二以上股东代表，股东大会的出席有效人数为全体股东的半数以上。在保障股东（代表）大会能反映大多数股东的意思的前提下，各农村社区股份合作社可以根据其自身情况对出席股东或股东代表人数作出具体规定。

3. 股东（代表）大会决议

（1）"一人一票"表决制

农村社区股份合作社的股东（代表）大会实行"一人一票"投票制，这也是农村社区股份合作社这种新型农村集体经济组织形式所拥有的"合作制"因素的重要体现。"一人一票"制彰显了合作制民主控制的原则，任何股东无论其持有多少份额的股份，在股东（代表）大会就农村社区股份合作社的有关事项进行表决时，每个股东均只享有一票表决权，股东代表虽是按股东人数的一定比例选举产生的，但股东代表的产生过程也体现着股东"一人一票"的投票原则。

农村社区股份合作社之所以实行"一人一票"的表决机制，原因在于：第一，农村社区股份合作社由经济合作社发展而来，农村社区股份合作社的建立以合作制为基础，而合作制要求民主管理，其精神是互助合作，只有实行"一人一票"表决机制才能保证民主管理、民主控制；第二，农村社区股份合作社具有很强的封闭性，人合性是其主要特征，股东之间的关系通过相互信任而得到维护，"一人一票"表决机制保证了股东之间的平等信任关系；第三，农村社区股份合作社建立之初，在进行

---

〔1〕 北京市《通州区农村社区股份合作社规范化管理实施办法（试行）》（通政发〔2011〕2号）第7条。

股权量化时，各个股东分配到的股权数量差异不大，实行"一人一票"表决机制对股东权利影响不大。

　　农村社区股份合作社和公司最明显的区别即在于：农村社区股份合作社的股东（代表）大会采用"一人一票"的表决机制；而公司强调资本民主原则，股东（大）会进行表决时，实行"一股一票"的表决机制，股东按其所拥有的股权比例行使表决权。农村社区股份合作社的股东表决权平等，避免了多数股东利用表决权欺压少数股东的情况，而在公司"资本多数决"原则下，对多数股东表决权进行限制，保护少数股东，是公司治理的重要内容之一。例如，公司为了防止多数股东利用表决权优势完全控制董事、监事人选，《公司法》在董事和监事的选举中引入了累积投票制，而农村社区股份合作社股东的表决权行使不涉及累积投票制的问题。

　　当然，也许会有人质疑农村社区股份合作社"一人一票"的表决机制存在一定的局限性，"一人一票"的表决机制在农村社区股份合作社发展壮大后，尤其是允许农村社区股份合作社的股权自由流转后，可能会导致各个股东的持股权数出现明显差异，"一人一票"的表决机制在一定程度上忽视了市场经济中资本的重要性，限制了大股东的权利，亦会影响股东的投资热情。而且，近年来合作制的典型代表——合作社的"一人一票"制的绝对性已经发生改变。面对强大的国内和国际竞争对手，合作社亦强调商业原则；同时，由于一些合作社的规模迅速扩大，合作社社员之间在股金总额上的差别日益显著，为了更好地体现民主原则，一些合作社联社便在表决权上实行加权制，即对社员人数特别多、股金总额特别大、贡献特别突出的成员社，在一人一票的基础上酌情给予其代表增加一定的票数。[1]
一些国家的合作社立法引入了有限的多票权制，如《德国经营
及经济合作社法》第 43 条第 3 款规定："社员一人一票。章程
可预先规定提供多票权。多票权仅为对合作社的经营做出特殊
贡献的社员设置。在章程中必须明确授予多票权的条件。社员
最多可被授予三票。"[2]又如《意大利民法典》第 2538 条第 3
款规定："按照所持份额的金额或其成员的人数，设立文件可以
给合作社的法人社员以更多投票权，但是不得超过 5 票。"[3]我
国合作社立法也倾向于允许一人多票，但有上限。《农民专业合
作社法》第 17 条规定："农民专业合作社成员大会选举和表决，
实行一人一票制，成员各享有一票的基本表决权。出资额或者
与本社交易量（额）较大的成员按照章程规定，可以享有附加
表决权。本社的附加表决权总票数，不得超过本社成员基本表
决权总票数的百分之二十。"

　　笔者认为，有关农村社区股份合作社"一人一票"表决制
的异议有一定的道理，加之合作社有限多票权制的发展，农村
社区股份合作社"一人一票"的表决机制并非是绝对的。但是，
对于多票权的适用应当有严格的限制，允许有限多票权制也应
以坚持"一人一票"制为原则，不可突破民主控制的根本原则，
因为这是农村社区股份合作社的本质特征之一，否则如果不采
"一人一票"制而反采"一股一票"制，则与股份制无异。

---

　　[1]　参见胡鹏翔："合作社与相关民商事主体比较分析"，载《中国商法年刊》
2006 年第 00 期。

　　[2]　载 http://www.gungho.org.cn/cn-info-show.php? infoid=232，最后访问
日期：2015 年 5 月 1 日。

　　[3]　费安玲、丁玫、张宓译：《意大利民法典》，中国政法大学出版社 2004 年
版，第 667 页。

（2）表决权的行使方式

股东或股东代表行使表决权可采取举手表决的方式表决，也可采取无记名投票的方式表决，具体方式由农村社区股份合作社章程或董事会决定。股东（代表）因故不能参加股东（代表）大会，可以书面委托其他股东（代表）代为表达意见，行使表决权。[1]

（3）决议的通过比例

股东（代表）大会决议通过的比例要求与股东（代表）出席有效人数一样，不同农村社区股份合作社的章程规定有所差异。江苏省《常熟市碧溪新区溪西社区股份合作社章程》规定股东（代表）大会形成的决议，"须经本合作社成员表决权总数过半数通过；对修改本合作社章程或者合并、分立、解散、清算等重大事项做出决议的，须经成员表决权总数三分之二以上的票数通过。"[2]北京市《通州区农村社区股份合作社规范化管理实施办法（试行）》（通政发〔2011〕2号）规定所做决定须经全体股东半数以上通过。[3]

在目前立法空白的情况下，各农村社区股份合作社可以根据自身情况对股东（代表）大会的决议程序作出要求。但在笔者所考察的这些农村社区股份合作社中，江苏省《常熟市碧溪新区溪西社区股份合作社章程》的规定是比较妥当的，其借鉴《公司法》的规定，根据决议事项的不同将股东（代表）大会

〔1〕　参见"农村社区股份合作社章程（试行）"（盐委农〔2014〕21号），载 http：//www.yancheng.gov.cn/ycapp/nrglIndex.action? messageID=ff808081465f55c7014660df9f0102a6，最后访问日期：2015年4月4日。

〔2〕　"常熟市碧溪新区溪西社区股份合作社章程"，载 http：//www.bixi.gov.cn/cwgk/detail.asp? quid=1&cunid=7&ID=2620，最后访问日期：2015年4月2日。

〔3〕　参见《通州区农村社区股份合作社规范化管理实施办法（试行）》（通政发〔2011〕2号）第7条。

决议事项分为普通决议事项和特别决议事项，对不同类型的决议事项的通过比例作出不同的规定，特别决议事项包括决定农村社区股份合作社增加或者减少注册资本、对农村社区股份合作社的合并、分立、解散和清算作出决议、修改农村社区股份合作社章程等对农村社区股份合作社及其股东产生巨大影响的重大事项，应对这些事项作出较高的决议通过比例要求，如此既提高了决策的效率，又保证了对特别重大决议事项的审慎。除江苏省《常熟市碧溪新区溪西社区股份合作社章程》之外，广东省《深圳经济特区股份合作公司条例》、浙江省《宁波市海曙区社区股份经济合作社示范章程（试行）》也作出了类似规定。[1]

此外，股东（代表）大会应当书面记录所议事项，并形成会议纪要，出席会议的股东（代表）应在会议纪要上签字。

二、董事会

（一）董事会的组成和成员的产生

董事会，也称理事会，是农村社区股份合作社的执行机构，向股东（代表）大会负责，在股东（代表）大会闭会期间负责处理农村社区股份合作社的日常事务，代表农村社区股份合作社并行使经营决策权、执行权与监督权，是农村社区股份合作社的常设机构。

---

〔1〕参见《深圳经济特区股份合作公司条例》第45条规定："股东代表大会通过普通决议，应当有过半数的股东代表出席，并以出席会议的股东代表过半数通过。股东代表大会通过特别决议，应有过半数的股东代表出席，并以出席会议的股东代表三分之二以上通过。"《宁波市海曙区社区股份经济合作社示范章程（试行）》第18条规定："股东代表大会形成的决议，须经到会股东代表半数以上通过方能生效，特别重大决议须到会代表2/3以上通过方能生效。"载 http://www.haishu.gov.cn/info.asp? ID=137960，最后访问日期：2015年4月2日。

1. 董事会的组成

农村社区股份合作社的董事会规模应与农村社区股份合作社的规模相匹配，董事人数不可过多，也不可过少，董事人数过多会导致决策效率低下，董事人数过少则可能存在少数董事独断的风险，董事会组成人数应遵循有利于董事会有效发挥其功能的原则。农村社区股份合作社的董事会组成人员一般为奇数，人数不少于 3 人，没有上限要求。浙江省《宁波市海曙区社区股份经济合作社示范章程》规定董事会成员一般 3~5 名[1]；广东省《佛山市顺德区南水村股份合作社章程》规定"理事会成员设 9 名，其中理事长 1 名、理事 8 名"[2]；而广东省《佛山市顺德区大良街古鉴村股份合作社》章程规定"理事会成员为 15 名，包括 1 名理事长、1 名副理事长和 13 名理事"[3]。

《公司法》允许股东人数较少或者规模较小的有限责任公司可以设一名执行董事，而不设董事会。但通过考察农村社区股份合作社的章程和有关地方规范性文件，笔者发现农村社区股份合作社的组织机构均以董事会的形式出现，而不存在执行董事的模式，原因在于农村社区股份合作社的股东人数众多，需要一个结构相对稳定和健全的董事会才能完成农村社区股份合作社的治理任务。

2. 董事会成员的产生

董事会成员由股东（代表）大会选举产生，但是董事会成

[1]　参见"宁波市海曙区社区股份经济合作社示范章程（试行）"，载 http://www.haishu.gov.cn/info.asp？ID＝137960，最后访问日期：2015 年 4 月 2 日。

[2]　参见"佛山市顺德区南水村股份合作社章程"，载 http://ns.leliu.gov.cn/News/show/id/89，最后访问日期：2015 年 4 月 2 日。

[3]　参见"佛山市顺德区大良街古鉴村股份合作社章程"，载 http://www.gujian.cc/news/Show.aspx？ID＝633634988866562500，最后访问日期：2015 年 4 月 2 日。

员人选的产生过程并不简单，有些地方的农村社区股份合作社要求董事会成员人选须经党组织或农村集体资产管理部门的提名和考察，如北京市海淀区人民政府《关于海淀区农村集体资产管理的意见》（海政发〔2012〕22 号）[1]中规定："董事会的成员人员可由成员代表、同级党组织或上级集体资产管理部门提名，经上级党组织（或委托本级党组织）考察后，提交成员代表大会选举产生。"

而有些地方的农村社区股份合作社的董事会成员须经党委的审批，如北京市《通州区农村社区股份合作社规范化管理实施办法（试行）》（通政发〔2011〕2 号）规定其董事会成员的产生程序为：①民主推荐。农村社区股份合作社理事会成员应从股东的优秀人才中推荐，组成人员为奇数，人数不少于 3 人。确定候选人预备人选的程序是：由村党支部负责召开股东（代表）大会，民主推荐理事会成员及理事长候选人。对初步人选进行全面考察，尊重多数股东的意愿，确定预备人选，预备人选应多于应选人数，并将预备人选名单上报乡镇党委审批。②乡镇党委审批。乡镇党委对上报的理事会预备人选进行审核，对照任职条件、预备人选的产生方式进行把关，审批候选人建议名单。③正式选举。村党支部将乡镇党委审批的候选人建议名单，提交股东（代表）大会讨论通过后，按规定程序进行选举，超过应到会人数半数以上的支持始得当选，并将选举结果报乡镇党委备案。[2]

董事会实行股东（代表）大会领导下的董事长负责制，董事会均设有董事长，可以设副董事长。董事长的产生有如下几

---

〔1〕 资料由海淀区农村工作委员会提供。
〔2〕 参见《通州区农村社区股份合作社规范化管理实施办法（试行）》（通政发〔2011〕2 号）第 10 条。

种方式：①董事长由全体董事过半数同意当选[1]；②董事长人选由上级党组织提名，由股东（代表）大会或董事会选举产生[2]；③由董事协商推荐或选举产生，也可由股东代表大会选举产生，并由街道办事处发文确认[3]。

从上述可见，党组织和政府部门在农村社区股份合作社董事会成员的产生过程中发挥了重要的作用，尤其是在未赋予农村社区股份合作社法人地位的地区，董事会成员的产生多与党政部门有关；而公司董事由股东（大）会选举产生或由股东任命，公司的董事会成员完全是公司内部自主选举产生的，相较之下，党政部门对农村社区股份合作社的管控更为严格。

（二）董事会的职权

董事会对股东（代表）大会负责，其作为农村社区股份合作社的执行机构，享有广泛的职权，包括：①负责召集股东（代表）大会，并向股东（代表）大会报告工作；②制订农村社区股份合作社发展规划、资产经营计划和重大投资方案；③制订农村社区股份合作社年度财务决算方案、利润分配方案和弥补亏损方案；④制订农村社区股份合作社各项规章制度；⑤制订农村社区股份合作社资产的转让、处置等重大事项的实施方案；⑥制订股权转让方案；⑦聘任或解聘农村社区股份合作社总经理、副总经理和财务负责人，决定其报酬方案和激励约束机制；⑧制订农村社区股份合作社增加或减少注册资本，以及合并、分立、变更、解散、清算的方案；⑨其它应由董事会决

---

[1]　参见《深圳经济特区股份合作公司条例》第53条。

[2]　参见北京市海淀区人民政府"关于海淀区农村集体资产管理的意见（海政发〔2012〕22号）"，载 http://www.bjhd.gov.cn/govinfo/auto4567/201503/t20150319_688990.html，最后访问日期：2015年4月27日。

[3]　参见"宁波市海曙区社区股份经济合作社示范章程"，载 http://www.hai-shu.gov.cn/info.asp? ID=137960，最后访问日期：2015年4月2日。

定的事项。

董事会行使权力的方式必须以会议的形式进行，而非以董事个人身份进行，董事会的权力是集体意志的体现，不能视为董事个人权力的简单相加。但是基于董事长地位的特殊性，有些农村社区股份合作社的章程中专门规定了董事长行使的职权，如：①召集和主持股东（代表）大会和董事会；②检查股东（代表）大会和董事会决议的实施情况；③组织实施农村社区股份合作社年度经营计划和投资方案；④代表农村社区股份合作社签署有关文件；⑤拟订并执行好农村社区股份合作社的各项规章制度；⑥股东代表大会确定的其它职权。[1]

（三）董事会的会议制度

1. 董事会的会议类型

董事会的会议分为定期会议和临时会议。董事会定期会议每年至少召开两次，经董事长或三分之一以上的董事提议可以召开临时董事会会议。

2. 董事会的召集和主持

董事会会议由董事长召集和主持，董事长因特殊原因不能履行职务时，由董事长指定的副董事长或其他董事代为召集和主持。召开董事会会议，应于会议召开前若干日（一般为五日或十日）通知全体董事。

3. 董事会的出席和列席

出席董事会会议是董事的一项职责，原则上，董事应该亲自出席，董事因故不能参加，可以委托其他董事代为出席，并出具书面委托书，委托书中应载明授权范围。因为董事会成员人数一般较少，各地农村社区股份合作社章程普遍要求董事会

---

〔1〕 参见浙江省《宁波市海曙区社区股份经济合作社示范章程》第21条。

会议应有三分之二以上董事参加方可举行，以达到农村社区股份合作社民主管理的目的，避免少数董事的独断专行。

经理、监事可以列席董事会会议，但无表决资格。[1]经理从事农村社区股份合作社的日常经营管理活动，执行董事会通过的有关决议，因此经理列席董事会有利于其职责的履行。而监事的主要职能是监督董事、经理的行为是否符合农村社区股份合作社章程的规定，参加董事会会议是其履行监督职责的重要途径之一。

4. 董事会的表决

董事会会议实行一人一票制，以举手或投票表决的方式进行表决。例外情况是《深圳经济特区股份合作公司条例》第55条规定："（董事会的决议）在争议双方表决票数相等时，董事长具有决定权。"[2]通过这一规定深圳股份合作公司赋予了董事长一项投票特权，笔者认为实无必要亦不合理。《公司法》第111条规定了董事会决议的一人一票制，法理基础在于董事自其产生之时便是公司的代表，而非个别股东的代表，公司如此，农村社区股份合作社亦如是。一项事项出现表决票相同的情况说明董事对于该事项出现了明显的分歧，如果由董事长单方作出最终决定，则有独断和擅断之嫌，且不赋予董事长两票投票权仍有其他替代解决方案，如董事会重新表决或提交股东（代表）大会进行表决等。

董事会作出的决议须经全体董事过半数或三分之二以上通过。当然，董事会决议也可分为普通决议和特别决议，特别事

---

〔1〕　参见"山东省滕州市农村社区股份社示范章程"，载 http://info.tengzhou.gov.cn/tzszfgkml/gzjdbsc/0116/201304/t20130420_2450294.htm，最后访问日期：2015年4月2日。

〔2〕　来源律商网。

项（如上述董事会职权中的第②③⑤等项）须经到会董事三分之二以上同意方能通过，其它事项由半数以上董事通过。

董事会应当书面记录会议所议事项，并形成会议纪要，出席会议的董事应在会议纪要上签字。

三、监事会

（一）监事会的组成

1. 监事会的概念

监事会是农村社区股份合作社的专门监督机构，负责对董事、经理的经营行为进行业务监督，对农村社区股份合作社的财务进行监督。监事会作为监督者应保持独立性，其职权的行使不应受到其他机构或任何个人的干涉。

《公司法》的监督机构组织形式以集体制为原则，表现为监事会的形式，例外采取独任制，允许有限责任公司可以不设监事会，而由执行监事行使监督职权。在笔者所考察的农村社区股份合作社的章程和有关地方规范性文件中，农村社区股份合作社的监督机构均以集体制的监事会形式出现。

2. 监事会成员的产生

监事会组成人员一般为奇数，人数 3~5 人。监事会成员由股东（代表）大会选举产生，有些农村社区股份合作社章程还规定，监事会成员经股东（代表）大会提名，由村党支部确定候选人名单，才提交股东（代表）大会选举产生。[1]监事会候选人获得全体股东（代表）半数以上的选票方能当选。

监事任期一般为 3 年，可以连选连任。监事会设主席或主任 1 名，由监事会选举产生，监事会主席列席董事会会议。农

---

〔1〕 参见《通州区农村社区股份合作社规范化管理实施办法（试行）》（通政发〔2011〕2 号）第 16 条。

村社区股份合作社章程可以规定监事会成员中应有本社职工代表。

为保证监事会的独立性，发挥独立的监督作用，董事、经理、财务负责人不得兼任监事，《杭州市股份经济合作社章程（示范）》还规定董事会、监事会成员的直系亲属不能被聘用为本社的财务管理人员。[1]将不得担任监事的人员范围扩大到农村社区股份合作社的高级管理人员的直系亲属，这样的做法不无道理，出发点乃是考虑到了高级管理人员与其直系亲属是利害关系人，通常具有共同的利益目标，若是允许高级管理人员的直系亲属担任农村社区股份合作社的监事，未必能很好地发挥监督的作用。

3. 财务监督小组

大多数农村社区股份合作社均设置了监事会，但个别地区的农村社区股份合作社不设监事会，而只设财务监督小组。财务监督小组顾名思义是负责对农村社区股份合作社的财务事项行使监督权。相比于监事会，财务监督小组是仅仅将监事会中财务监督的职能剥离出来而设立的机构，职权范围比监事会狭窄。

以广东省佛山市顺德区大良街古鉴村股份合作社为例，其财务监督小组负责：①每月对农村社区股份合作社财务收支情况进行审核，并填写《理财报告书》张榜公布；②经董事会同意，可受股东委托查阅账目；③向董事会反映有关财务问题，

---

〔1〕 参见"杭州市股份经济合作社章程（示范）"，载 http://www.hzsnb.gov.cn/DesktopModules/infoApply/message.jsp? id = 7&guid = 5586670943437342805，最后访问日期：2015 年 4 月 3 日。

并提出处理建议；④协助董事会做好民主理财工作。[1]

财务监督小组的成员通常要求具备一定的财会知识，因此专门的财务监督小组监督农村社区股份合作社的财务问题会更有针对性，但农村社区股份合作社财务之外的事项便缺乏监督了。

（二）监事会的职权

监事会承担农村社区股份合作社的监督职能，其享有下列基本职权：①监督农村社区股份合作社章程和股东（代表）大会决议的执行情况；②监督检查农村社区股份合作社的财务状况；③监督董事会成员、总经理及其他管理人员履行职责的情况，可对其违反国家法律、法规、农村社区股份合作社章程和股东（代表）大会决议的行为提出批评并要求其纠正；④可以向股东（代表）大会提出罢免不称职董事的建议；⑤提议召开临时股东（代表）大会；⑥股东（代表）大会确定的其他职权。

为促进监事会更好地履行其监督职权，监事会行使职权时可以聘请律师、注册会计师、职业审计师等专业人员辅助其工作。

（三）监事会的会议制度

监事会会议一般每年至少召开两次，江苏省《盐城市农村社区股份合作社章程（试行）》（盐委农〔2014〕21号）规定监事会会议至少每季度召开一次[2]。经监事会主任或三分之一以上的监事提议可以召开临时监事会会议。

---

〔1〕 参见"佛山市顺德区大良街古鉴村股份合作社章程"，载 http://www.gujian.cc/news/Show.aspx？ID=633634988866562500，最后访问日期：2015年4月2日。

〔2〕 参见"农村社区股份合作社章程（试行）（盐委农〔2014〕21号）"，载 http://www.yancheng.gov.cn/ycapp/nrglIndex.action？messageID=ff808081465f55c7014660df9f0102a6，最后访问日期：2015年4月4日。

召开监事会会议，应当于会议召开前 5 日或 10 日内通知全体监事，监事会会议应有三分之二以上监事参加方可举行，监事因故不能参加，可以委托其他监事代为出席，并出具书面委托书，委托书中应载明授权范围。

监事会会议由监事会主任召集和主持，监事会主任因特殊原因不能履行职务时，可指定其他监事代为召集和主持。监事会会议实行一人一票制，以举手表决的方式进行表决，监事会会议形成的决议须经到会监事半数（或三分之二）以上同意方能生效。

监事会应当书面记录会议所议事项，并形成会议纪要，出席会议的监事应在会议纪要上签字。

四、董事、监事和高级管理人员

（一）董事、监事和高级管理人员的资格

农村社区股份合作社对董事、监事、高级管理人员的任职资格也有一般性的规定，尤其以禁止性规定居多。

与合作社不同，农村社区股份合作社并不要求其董事会、监事会成员从股东中选出，而可由股东（代表）大会选举农村社区股份合作社之外的人员担任其董事、监事。[1]但是农村社区股份合作社严格限定董事、监事、高管的消极资格，且农村社区股份合作社董事、监事、高管的消极资格的规定与《公司法》关于董事任职资格的规定基本一致。有下列情形之一的，不得担任农村社区股份合作社的董事、监事、高级管理人员：①无民事行为能力或者限制民事行为能力；②因犯有贪污、贿赂、侵占财产、挪用财产罪或者破坏社会经济秩序罪，被判处

---

[1] 合作社的董事会、监事会成员必须是合作社社员，非社员不能进入董事会、监事会。

刑罚，执行期满未逾 5 年，或者因犯罪被剥夺政治权利，执行期满未逾 5 年；③担任因经营不善破产清算的公司、企业的董事或者厂长、经理，并对该公司、企业的破产负有个人责任的，自该公司、企业破产清算完结之日起未逾 3 年；④担任因违法被吊销营业执照的公司、企业的法定代表人，并负有个人责任的，自该公司、企业被吊销营业执照之日起未逾 3 年；⑤个人所负数额较大的债务到期尚未清偿。违反前款规定选举、委派董事、监事或聘任经理的，该选举、委派或聘任无效。

（二）董事高管的信义义务和股东的救济制度

目前有关农村社区股份合作社的立法存在空白，没有关于农村社区股份合作社董事、高管信义义务的具体规定，农村社区股份合作社的章程也仅仅是简单地规定农村社区股份合作社的董事、监事、总经理等高级管理人员，不得从事与农村社区股份合作社竞争或者损害农村社区股份合作社利益的活动，而且缺少在董事怠于履行其职责的情况下的股东救济制度，因而导致对农村社区股份合作社的董事高管缺乏规制和监督，董事高管"以权谋私"的事件频繁发生。笔者认为，《公司法》在这方面的规定可以准用于农村社区股份合作社，以使农村社区股份合作社的内部组织机构运行更为规范。

公司的股东（大）会、董事会和监事会是一个相互约束、相互制衡的治理模式，除了"三会"基本职能和会议制度的安排，《公司法》还对董事和高管施加了严格的信义义务，董事、高管违反对公司的忠实义务和勤勉义务，应当承担违信责任。[1]此外，为保障股东的权利，《公司法》赋予股东直接诉讼权利，在股东自身权利受到公司、其他股东或管理层的侵害

---

[1] 参见《公司法》第 147 条。

时，可以以自己名义对侵害者提起诉讼。[1]在公司利益受到侵害而公司董事会、监事会怠于起诉时，股东为了公司的利益还可以以自己的名义代表公司提起诉讼。[2]

（三）总经理

农村社区股份合作社的日常经营管理工作通常由经理层负责，农村社区股份合作社的总经理由董事会聘任，可设副经理若干人，副经理由总经理提名，经董事会批准后任命。总经理、副总经理可聘请非本农村社区股份合作社人员担任。

总经理对董事会负责并报告工作，可以列席董事会会议。总经理行使如下职权：①主持农村社区股份合作社日常经营管理工作，组织实施董事会决议；②主持制订农村社区股份合作社发展规划、生产经营计划和投资方案；③拟订农村社区股份合作社内部机构设置方案和基本管理制度；④聘任或解聘除董事会聘任或解聘的其他管理人员；⑤董事会授予的其它职权。

农村社区股份合作社实行经理办公会议制度。经理办公会议由总经理主持，副总经理及相关部门负责人参加。

（四）管理人员的考评

为了监督农村社区股份合作社董事、监事和高级管理人员的履职情况，提高农村社区股份合作社的管理人员的管理水平，北京市通州区采用了管理人员的考核评议制度，考评对象为农村社区股份合作社董事会成员及全体管理人员，每年至少评议一次。

管理人员的考核评议制度分为以下三个步骤：[3]

---

〔1〕　参见《公司法》第152条。

〔2〕　参见《公司法》第151条。

〔3〕　参见《通州区农村社区股份合作社规范化管理实施办法（试行）》（通政发〔2011〕2号）第22~24条。

1. 考核评议前的准备工作

在考核评议之前首先由乡镇主管部门对评议工作进行动员，做出安排部署并统一印制民主评议表。农村社区股份合作社管理人员应撰写年度述职报告，全面总结个人在年度内的思想、工作等方面的情况。同时，农村社区股份合作社董事会按照工作职责撰写工作报告，与董事长述职报告一同报乡镇主管部门审查。董事会成员的述职报告由董事会审查。

2. 考核评议流程

农村社区股份合作社董事会工作报告应在股东（代表）会议上宣传、讨论，后由董事会成员宣读个人述职报告。管理人员述职完毕之后，由乡镇考评小组组织股东（代表）对农村社区股份合作社董事会和董事会成员个人进行评议。评议结束后当场填写评议表、当场收回。

3. 考核结果的评定

对农村社区股份合作社董事会每个项目的评定分为"好、较好、一般、差"四个等次，对董事会成员个人每个项目评定分为"优秀、称职、基本称职、不称职"四个等次。乡镇考评小组对民意测验和民主评议的情况进行汇总，评出董事会和董事会成员个人的等次，报乡镇党委审核。乡镇党委组织部门将审核结果反馈到农村社区股份合作社。

第二节　农村社区股份合作社组织机构运行现状

一、农村社区股份合作社组织机构运行困境

（一）治理结构虚置

目前，农村社区股份合作社普遍引入了公司的治理结构，成立了股东（代表）大会、董事会、监事会等组织机构，"三会

两长制"理应相互为一个严密、高效的内部监督和控制体系，尤其是在市场经济不断发展的阶段，农村社区股份合作社应能成为一个像公司一样有效运转的经营实体。

但现实情况是农村社区股份合作社的组织机构基本上还没有发挥作用，不少形同虚设。大多数农村社区股份合作社很少召开股东（代表）大会，农民股东缺少行使自己权利的机会。根据调查，大多数农村社区股份合作社每年仅召开一次股东（代表）大会，召开两次以上的很少，且通常普通股东参加股东（代表）大会只是听取管理人员的报告或宣布事宜，而人事安排、项目建设、分配方案等重大事项均由少数管理人员决定，普通股东只是被动接受，虽然有时也采取投票表决，但仅仅是一种形式。可以想象，如果普通股东即使参加股东（代表）大会也没有机会发表自己的意见，将会严重影响他们出席股东大会的积极性。农民股东无法行使参与社区管理和监督的权利，这使他们依然深刻地感到自己手中的股权是"虚权"。[1] 董事会作为农村社区股份合作社的执行机关，也少有能严格按照农村社区股份合作社章程规定的董事会的运行规则和程序进行规范运转的。监事会的虚置问题在农村社区股份合作社的运行中更为凸显，监事会本应承担农村社区股份合作社内部监督者的职责，监督董事和其他管理人员的履职情况，但实际上监事会流于形式，其监督作用十分有限，监督和控制的软弱乏力导致农村集体资产被侵占、转移的事件时有发生。

（二）独立性相对缺失

根据笔者对有关政府文件的分析并结合实地调研，有些地方农村社区股份合作社"政社不分"的情况还非常严重，例如

---

[1] 参见傅晨："农村社区型股份合作制产权制度的演进与困扰"，载《学海》2006年第3期。

农村社区股份合作社的董事长和高级管理人员非由股东（代表）大会或董事会产生，而由党政机关直接决定；农村社区股份合作社的日常经营管理也并非完全由董事会和经营管理机构决定，基层政府部门或多或少对此进行了干预，农村社区股份合作社的经营项目、分配方案等重大决策通常是由政府参与确定的少数"村干部"决定的；政府还会对农村社区股份合作社的经济合同进行管理，要求农村社区股份合作社应将对外签订的所有经济合同录入农经管理部门的系统，由农经管理部门负责对经济合同进行审查。更有甚者，为避免农村社区股份合作社的管理人员"以权谋私"致使农村集体资产的不当流失，个别地方的政府部门收缴了农村社区股份合作社的公章，农村社区股份合作社对外签订合同需用公章时，须事先经过政府批准。

政府的干预使农村社区股份合作社的组织机构独立性遭受了一定程度的破坏，股东（代表）大会不能自主决定任命本农村社区股份合作社的管理人员，董事会和经营管理层也难以完全独立地行使章程赋予的职权。

（三）缺乏经营管理人才

目前农村社区股份合作社在经营上表现出产业结构单一、发展后劲不足的特点，出租厂房、商铺、酒店等固定资产是农村集体资产经营的主要形式，农村集体资产增值保值压力大，这从侧面说明当前农村缺乏善于经营管理的人才来运作农村集体资产。农村社区股份合作社的董事会成员和高级管理人员负责对农村集体资产进行经营管理，然而农村社区股份合作社的董事会成员和高级管理人员主要由村委会主任、村党支部书记及其他成员兼任。从固有的职能分工来看，村委会主任及村委会其他成员负责农村社区的公共事务管理，村党支部书记及其他党组成员负责党务工作，因而他们在农村集体资产的经营管理活动中通常缺乏专业知识，对于资产运营和市场经济的认识不足，管理的思路相对狭窄，固守成规的传统管理方式无法满足现代农村集体资产管理的基本需求。因此，缺乏经营管理人才成为制约农村集体经济和农村社区股份合作社发展的重要因素。

（四）公示制度不完善

股东是农村社区股份合作社的最直接利益相关者，股东最关心农村社区股份合作社的运营状况，是农村社区股份合作社最有效的监督者。而股东行使其股东权利，包括对农村社区股份合作社的管理人员进行监督，都有赖于其对农村社区股份合作社有关信息的知晓。因此，公示制度是农村社区股份合作社治理的一个重要环节。但是，目前农村社区股份合作社还没有建立起完善的公示制度以保障股东的知情权。公示制度应包括主动公开和被动公开。主动公开是通过定期在公开地点将农村社区股份合作社财务信息、人员任免信息、资产状况，管理人员报酬、公共开支等情况及时、准确、完整地向全体股东公布。被动公开指建立完备的农村社区股份合作社信息档案查询制度，允许股东通过一定的程序查阅农村社区股份合作社的有关信息。由于公示制度的不完善，加剧了股东和掌握信息的管理者之间的信息不对称，进一步导致"道德风险"的产生，管理层的一些隐性的甚至违法的行为难以被察觉，最终侵害的是普通农民股东的权益，也不利于农村社区股份合作社的健康发展。

二、农村社区股份合作社组织机构运行困境的原因剖析

（一）农村社区股份合作社的法律地位不明确

农村社区股份合作社的治理机构虚置很大程度上源于现阶段农村社区股份合作社的法律地位不明确，因为农村社区股份合作社的法律地位直接关系到农村社区股份合作社组织机构的

设置。尽管《民法总则》首次肯认了农村集体经济组织的法律地位，但对于此类特别法人的特别表现形式——农村社区股份合作社尚无相应的法律制度。而近年来农村社区股份合作社承担着改革农村集体经济组织的重任，立法对如此重要的组织未作规定，不可不谓是立法遗憾。农村社区股份合作社的法律地位的确还存在一定争议，不管是立法者的有意沉默还是无心缺漏，部分地区已经先行于国家的立法，以地方立法的形式赋予了农村社区股份合作社法人资格〔1〕。由于各地集体经济发展程度不同，出台的具体规定也不同，因而对农村社区股份合作社的定位出现了两种不同的做法。

1. 作为利益分配机制的农村社区股份合作社

根据对北京市一些区进行的实地调研，笔者发现有些地区的农村集体资产主要由农工商总公司及其下属企业负责运营，而农村社区股份合作社更多的是作为一种股东的利益分配机制而存在。农村社区股份合作社和农工商总公司之间是投资与被投资的关系，即农村社区股份合作社将农村集体资产出资到农工商总公司，农村社区股份合作社是出资人，农工商总公司是被投资公司。

就农工商总公司的税后利润分配而言，实践中又存在两种做法：其一是农村社区股份合作社完全被虚置，由农工商总公司直接对农村社区股份合作社的股东进行分配；其二是农工商总公司将税后利润分配给农村社区股份合作社，农村社区股份合作社再通过内部流程进一步对农村社区股份合作社的股东进行分红。笔者认为，第一种做法并不符合法律规定，毕竟农村社区股份合作社是农工商总公司在法律上的股东，农村社区股

---

〔1〕 关于各地农村社区股份合作社法人化的实践情况参见本书第三章第一节。

份合作社而非农村社区股份合作社的股东享有对农工商总公司的股利分配请求权。因此本书着重讨论第二种做法。

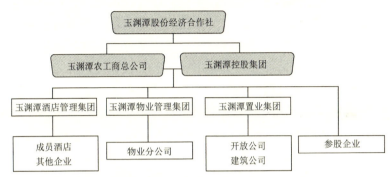

图 6-1　北京市海淀区玉渊潭股份合作社与农工商总公司
及其下设企业的总体架构[1]

之所以会形成农村社区股份合作社作为股东利益分配机制的现状，既有历史的原因，也有现实的原因。历史上，农工商总公司成立较早，1983 年 10 月 12 日中共中央、国务院发布的《关于实行政社分开建立乡政府的通知》要求在乡一级建立党委、政府和经济组织三个机构，乡镇经济组织的名称有的地方叫经济合作联社，有的地方叫农工商总公司[2]。农工商总公司的成立集中于 20 世纪 80、90 年代，如玉渊潭农工商总公司成立于 1986 年 9 月 22 日[3]，又如苏州市农工商总公司成立于 1991

---

〔1〕　载 http://www.yuyuantan.com.cn/cenep/yyt/zhongbu/jieshao/company.jsp，最后访问日期：2015 年 2 月 11 日。

〔2〕　参见沈延生："中国乡治的回顾与展望"，载《战略与管理》2003 年第 1 期。

〔3〕　载 http://qyxy.baic.gov.cn/xycx/queryCreditAction! qyxq_view.dhtml? reg_bus_ent_id=2E24A613DB12450199DE67C86D62E5AC&credit_ ticket=0003FC4A622A5 130929C80138C7A16A7，最后访问日期：2015 年 4 月 10 日。

年6月底[1]。最初成立的农工商总公司大多由乡镇政府或村委会作为出资人设立，但根据《宪法》第17条的规定，集体经济组织有独立进行经济活动的自主权，农村社区股份合作社是农村集体资产的所有者，加上城镇化后撤村建制，原来的村委会不复存在，农工商总公司的股东应相应变更为农村社区股份合作社，因此，农村社区股份合作社和农工商总公司之间的关系是一种投资与被投资的关系。然而，无论农工商总公司的出资人记载为何人，其性质均属于集体所有制企业法人。在集体经济较为发达的地区，长久以来主要由农工商总公司负责农村集体资产的运营，农村集体经济组织本身的经济职能较为弱化。

鉴于农工商总公司的历史成因，虽然现阶段国家在全国范围内积极推进股份合作制改革，但现实情况是，在未赋予农村社区股份合作社法人地位的地区，农村社区股份合作社的市场主体地位并不被认可，在成立了农工商总公司的农村集体经济发达地区，实际经营中仍以农工商总公司为实体；而在农村集体经济不发达的地方，由于过去没有组建农工商总公司，通常由村委会对外进行经营，市场主体倾向于与村委会而非农村社区股份合作社签订经济合同。

然而，在以农工商总公司为核心的农村集体资产运营框架下，农村社区股份合作社虽然不直接作为农村集体资产的经营实体，但是农村社区股份合作社承担着按照股权比例进行股利分配的现实功能。同时，农村社区股份合作社作为农工商总公司的股东，农工商总公司股东意志的形成需要农村社区股份合作社的股东（代表）大会或董事会事先做出决议。无论是股利的分配，还是农工商总公司的经营治理，均仰赖于农村社区股

---

〔1〕 参见艾云航："进一步理顺乡镇集体经济管理体制——苏州市乡镇农工商总公司组建运转情况调查"，载《中国农村经济》1992年第12期。

份合作社的组织机构。因此，在此情形下，相对健全的"三会"架构仍有存在的必要性。

2. 作为法人主体的农村社区股份合作社

农业部《关于稳步推进农村集体经济组织产权制度改革试点的指导意见》（农经发〔2007〕22 号）[1]之所以强调农村社区股份合作社要符合现代企业管理要求，盖有意将农村社区股份合作社视为农村集体资产的直接经营实体，在此情形下，农村社区股份合作社内部组织机构的良好运行不可或缺。但由于目前法律层面还未确立农村社区股份合作社的法人地位，仅在本书第三章所提及的一些地区通过地方立法的形式规定农村社区股份合作社可登记注册为法人，而绝大多数地区的农村社区股份合作社的法律地位还不明确，考虑到既有的法律风险和交易风险，即便是在赋予农村社区股份合作社法人地位的地区，农村社区股份合作社的运作依然遇到了现实的挑战，因而其组织机构不免被虚置。

农村社区股份合作社的法人化是一种趋势，作为一个独立的法人，农村社区股份合作社内部健全的组织机构必不可少。只有让农村社区股份合作社的组织机构发挥应有的作用，才能实现农村社区股份合作社的自治。

（二）政府监管界限不明晰

农村社区股份合作社的独立性欠缺，一方面要归因于其法律地位的模糊，加之农村的社区公共职能与经济职能没有完全分离，因而农村社区股份合作社尚不能成为一个纯粹的、独立的经济组织；另一方面，更为重要的原因是政府对农村集体资产或农村社区股份合作社进行监管的界限不清晰，而权力天然

---

〔1〕 载 http://www.moa.gov.cn/govpublic/NCJJTZ/201006/t20100606_1532814.htm，最后访问日期：2015 年 4 月 2 日。

的具有扩张的趋势，政府有时候可能过度干预了农村社区股份合作社的运行，致使这类经济组织的自主性不能充分发挥。基于农村集体资产的自身属性，以及农村社区股份合作社兼有的社会职能，政府出于监管农村集体资产的必要性和正当性，不可避免地要介入农村社区股份合作社的运行。但是，如果政府对农村社区股份合作社的干涉过度，则会造成农村社区股份社自身的组织机构失灵而形同虚设。因此，政府对农村社区股份社合作社的监管应保持在合理限度内。

（三）农村社区股份合作社的社区封闭性过强

农村社区股份合作社是一种新型的农村集体经济组织形式，有一些制度上的创新，但并没有完全脱离传统的农村集体经济组织，农村社区股份合作社的治理结构表现出强烈的社区封闭性。农村社区股份合作社缺乏经营和监督管理人才，主要原因即在于农村社区股份合作社保持着过强的社区封闭性，对外部人员的进入表现出强烈的排斥，一般而言，农村社区股份合作社的股东仅限于本社区天然成员，外来人员甚至难以通过现金入股的方式加入社区股份合作社，农村社区股份合作社的中高级管理人员基本上也都是本社区的天然成员。[1]

但是，农村社区股份合作社在激烈的市场竞争环境中，客观上需要高素质的专业管理人员和员工队伍，以改善其人力资本结构。虽然农村社区股份合作社的中高层管理人员不少是当地难得的能人，在农民中具有较高的威望，但是相比于残酷的市场竞争，仍显出经营管理技能的欠缺。[2]管理、营销、会计

---

[1] 参见傅晨："农村社区型股份合作制的治理结构——一个交易费用经济学的透视"，载《农业经济问题》1999年第6期。

[2] 参见傅晨：《中国农村合作经济：组织形式与制度变迁》，中国经济出版社2006年版，第167页。

等各类人才的匮乏，经营能力的不足，必将制约农村社区股份合作社的发展。

对于监事会而言，其独立性显得尤为重要，但监事会成员大都是本农村社区股份合作社的成员，由于村社熟人社会的环境，监事会的成员是被监督对象的亲戚或者朋友，监事会的独立性受到削弱，造成监事在履职过程中因熟人关系而存在监督的障碍，或者监事会成员根本就缺乏监督意识，不习惯监督，难以真正按照现代企业治理的要求行使监督权，因此未能发挥监督作用。

随着经济活动的日益复杂化，农村社区股份合作社有必要提高其在市场中的竞争力，这使得农村社区股份合作社对专业管理人才的需求日益强烈，故管理人员、监督人员的选择范围局限于本农村社区股份合作社成员显然是不妥的。

（四）人员交叉任职

农村社区股份合作社无法实现科学管理、民主监督，不仅由于管理、监督人员的选任上具有极强的社区封闭性，还源于人员的交叉任职。根据《中国共产党农村基层组织工作条例》和《村民委员会组织法》，在发展农村集体经济、组织生产服务、管理集体资产和集体资源开发等方面，村党支部、村民委员会、村集体经济组织的职责均有较大的重合性。农村社区股份合作社由原来的农村集体经济组织转型而来，原有的农村集体经济组织和村委会在组织和人员方面相互交叉的情况并没有因为改制而有太大改变。在实际运作中，这三套班子也常常形成以村党支部为核心的三位一体，主要干部交叉任职，甚至多为"三块牌子、一套人马"。

以笔者参加的北京市人大农村委员会对北京市昌平区调研

的情况为例〔1〕：北京市昌平区已实行股份合作制改革的 305 个村中，只有 11 个村的农村社区股份合作社的董事长非由党支部书记、村委会主任担任，145 个由党支部书记兼任董事长，10 个由村委会主任兼任董事长，另外 139 个村的农村社区股份合作社董事长集党支部书记、村委会主任与农村社区股份合作社董事长于一身。根据对海淀区农村工作委员会的调研，海淀区绝大部分村党支部书记担任农村社区股份合作社董事长，村委会主任担任副董事长。

不可否认，这种人员交叉任职的情况，对于产权制度改革起到了一定的积极作用。由于村党支部书记和村委会主任一般是村里较有威望的人，在农村社区股份合作社这样一个熟人社会里，由他们担任农村社区股份合作社的负责人能在一定程度上增强农民股东的信任感。但是，董事长、村党支部书记和村委会主任三者的工作职责、价值取向毕竟有所不同，董事长是农村集体经济组织的运营管理者，偏向对经济利益的追求；村党支部书记和村委会主任是农村社区的治理者，更偏向对农村社区秩序的维护和民生价值的追求。当不同的价值选择同时出现，集多种职权于一身的管理人员将面临多方面的冲突，难免顾此失彼。

---

〔1〕 资料来源于 2013 年 4 月 9 日于北京会议中心举行的昌平区集体经济产权股份合作制改革报告会。

第三节　农村社区股份合作社组织机构制度的完善建议

一、农村社区股份合作社的治理原则

（一）政社分离原则

如本书第三章所述，农村社区股份合作社具有法人化的必要性与可行性，而国家有关政策之所以提出农村社区股份合作社的组织机构应符合现代企业的管理要求，是希望使农村社区股份合作社成为独立的法律主体。农村社区股份合作社若要成为独立的市场主体，必须分离现有体制下农村社区股份合作社的经济发展的职能与社区管理的双重职能。最好的方式是，社区管理和公益事业建设等职能由社区村委会负责（撤村建居的地方由相应的社区居委会负责），社区的经济职能由农村社区股份合作社负责，农村社区股份合作社完全按市场化运作，仅行使对农村集体资产的管理权、收益权、处分权，保障集体资产的保值增值。村委会随着"村改居"，职能被居委会取代，居委会与农村社区股份合作社的管理成员将分别配置，且不得交叉任职。农村社区股份合作社与村两委之间并非管理与被管理的关系，而是指导与被指导关系。尤其是在财务管理体制方面，现在的农村社区股份合作社承担了大量的社区公共支出，并计入农村社区股份合作社的运行成本中，但该成本是与农村社区股份合作社收入无关的成本，若在税前扣除，这样的做法有违国家税收管理的相关规定。因此，政社分开的原则也要求村委会和农村社区股份合作社在财务管理上独立核算，分开管理，各司其责。

（二）两权分离与三权相互制衡的原则

农村社区股份合作社的法人化趋势要求农村社区股份合作

社有必要遵循所有权与经营权相分离的原则，股东是农村社区股份合作社的终极所有者，按其股权比例对农村社区股份合作社的资产享有剩余控制权与剩余索取权，但农村社区股份合作社的股东人数一般较多，股东通过股东（代表）大会行使经营决策权的成本很高，必须不同程度地将经营管理权委托董事会行使，董事会再转委托给高级管理人员，从而形成了所有权和经营权分离的格局。

所有权和经营权的分离并不是简单地把所有权和经营权割裂开来，所有权与经营权的分离，客观上要求有一套能够适应于农村社区股份合作社的治理结构，以达到既发挥董事会和管理层的积极性，创造出最好的经济效益，又便于股东对董事会和管理层实现有效的控制和监督的目的。任何权力如果没有有效的监督都极可能会产生腐败，农村社区股份合作社内部要形成股东或股东代表选举产生和罢免董事和监事，监事监督董事会运作及董事行为；董事会和监事会对股东（代表）大会负责的治理机制。农村社区股份合作社具有社区性、封闭性等特点，在内部运作上更要做到民主决策，协调运作，管理层独立管理，分配制度上公平公正，一旦管理层出现徇私或个人利益行为，将打击农村社区股份合作社股东的改革积极性，影响股份合作制改革的进程和农村集体经济秩序的稳定。

二、完善农村社区股份合作社组织机构制度

（一）解决治理结构虚置的问题

目前农村社区股份合作社的组织机构在很大程度上徒具形式，现实运行情况不尽如人意，尤其是股东（代表）大会和监事会，其职能被严重虚化，如何解决农村社区股份合作社治理结构虚置的问题是现阶段最为紧迫和棘手的问题。

为了解决股东（代表）大会权力的虚置问题，第一，应进一步强调股东（代表）大会为农村社区股份合作社的最高权力机关，在制度设计方面必须保障其作为股东表达真实意愿的机构，重大决策事项必须通过股东（代表）大会的民主决策，不能以董事长或社区干部的个人意志来代替股东（代表）大会的意志；第二，应提高股东参与农村社区股份合作社股东（代表）大会的积极性，可通过有效的激励机制，给予参与农村社区股份合作社活动的股东额外的利益（如适当的分红），调动股东参与决策的意愿。

为了解决监事会权力的虚置问题，第一，应科学设置监事会的职能，农村社区股份合作社应改变重视董事会而轻视监事会的现状，要求监事会成员积极履行其监督职责，监事最好能列席董事会会议，参与董事会对有关决议事项的讨论，以了解农村社区股份合作社的经营现状和管理层的履职情况；第二，应保持监事会的独立性，避免董事高管兼任监事，允许引进与本农村社区股份合作社无关联的外部人员担任监事；第三，应提高监事会成员的履职能力，增强监督效果，具体而言，可以要求监事会成员的任职条件之一是有一定财务、会计知识，或对监事会成员重点进行财务、审计方面的知识业务培训，如北京市海淀区东升乡为提升农村社区股份合作社监事的履职能力，与高校合作组织开展监事会业务素质提升培训班[1]，这一做法值得提倡。

（二）解决"内部人控制"问题

"内部人控制"是在现代公司所有权与经营权相分离的前提

---

〔1〕　参见"提升监事履职能力实现资产保值增值股份经济合作社监事会业务素质提升培训班开班"，载 http://dongsheng. bjhd. gov. cn/dsxw/tpxw/201106/t201106 24_ 264017. htm，最后访问日期：2015 年 4 月 5 日。

下形成的，由于所有者与经营者利益不一致，经营者掌握着大量的公司权力，而所有者对经营者又缺乏监督，最终导致经营者控制公司，即"内部人控制"的现象。正常状态下，经营者（高层管理人员）所具有的控制权，只限于作为公司法人财产的受托者和高级管理人员的权力，所有者通过对董事会的监督，仍然保持着对高级管理人员的最终控制。但是，如果内部人并不拥有公司的全部资产，他们就会与其他出资人出现利益冲突。如果出资人不能有效地对内部人的行为实施最终控制，就会出现"内部人控制失控"。[1]

"内部人控制"问题不仅在国有企业改制的过程中非常突出，在股份合作制改革中也广泛存在。实践中，农村社区股份合作社的经营控制权主要落在了少数几个"内部人"手里，未经过股东（代表）大会，或仅仅是形式意义上的股东（代表）大会，农村社区股份合作社的董事和高级管理人员就决定了农村社区股份合作社的一切大小事宜，从而架空了股东（代表）大会作为农村社区股份合作社最高权力机构应享有的权力。

农村社区股份合作社的改革过程中应正视"内部人控制"的问题，吸取国有企业改制过程中的经验和教训，采取措施对"内部人控制"进行控制。首先，保证股东的权利。吴敬琏先生认为，"内部人控制"实际上是公司治理中的"所有者缺位"和剩余控制权与剩余索取权不相匹配的问题。[2]由于农村社区股份合作社的合作性质和社区性质，必须保障重要决策权保留在股东手中，避免产生由农村社区股份合作社内高级管理人员

---

〔1〕 参见吴敬琏："建立有效的公司治理结构"，载《天津社会科学》1996年第1期。

〔2〕 参见吴敬琏："建立有效的公司治理结构"，载《天津社会科学》1996年第1期。

说了算的现象发生。其次，严格对内部交易的监督，在法律方面明确农村社区股份合作社董事、监事的责任，同时发挥监事的监督职能。最后，提高公开性，通过信息公示制度强化对经营者的监督。

（三）建立信息公示制度

股东对农村社区股份合作社民主决策的参与、监督必须建立在了解农村社区股份合作社有关信息的基础上，但是，由于股东知识的有限性以及信息搜集渠道的狭窄，导致股东难以获取信息，而董事会和经理层作为农村社区股份合作社经济活动的管理者，对农村社区股份合作社经营情况充分知晓，这种信息不对称使得股东难以了解农村社区股份合作社的运行情况，更难以了解董事、经理的工作情况，对经理、董事的监督也就无从谈起。[1]借用经济学上的委托-代理理论，信息不对称所导致的问题之一是"道德风险"，即有信息优势的一方会从事不利于弱势一方的不道德活动。[2]股东减少道德风险问题的一个重要途径就是对农村社区股份合作社的活动予以监督，如果信息越不对称，股东要付出的约束成本就越大，而如果农村社区股份合作社的信息越公开，信息不对称的程度越低，则约束成本越低。因此，信息公示制度的建立正是针对该问题所必需的，也有利于保障股东的知情权。

信息公示制度是实现农村社区股份合作社有效治理的普遍要求，但是目前农村社区股份合作社的章程对信息公示制度鲜有提及。相对而言，公司的信息披露制度较为完备，而合作社

---

〔1〕　参见欧阳仁根等：《合作社主体法律制度研究》，人民出版社 2008 年版，第 268~269 页。

〔2〕　参见 [美] 弗雷德里克·S. 米什金：《货币金融学》，郑艳文、荆国勇译，中国人民大学出版社 2011 年版，第 40 页。

有关法律也规定了信息公示的要求，如《农民专业合作社法》第33条规定："农民专业合作社的理事长或者理事会应当按照章程规定，组织编制年度业务报告、盈余分配方案、亏损处理方案以及财务会计报告，于成员大会召开的十五日前，置备于办公地点，供成员查阅。"因此，农村社区股份合作社的章程中应明确农村社区股份合作社的内部机构必须尽到相应的信息公示义务，赋予股东信息查阅权，且应明确公示的内容、时间、地点等，以增加农村社区股份合作社内外部的透明度，保证股东能够真正行使其民主监督权利。

农村社区股份合作社应实行定期公布和重大事项公布制度，将农村社区股份合作社的信息真实、及时地公示公开。公示的内容包括农村社区股份合作社的基本信息，即股东情况、农村社区股份合作社的组织机构、章程等；农村社区股份合作社的主要或重大经营信息，即农村社区股份合作社的年度经营计划、战略规划等；农村社区股份合作社的财务信息，即与股东利益相关的财务计划、定期经营情况、财务收支情况。公示地点以方便股东获知为原则，可以是农村社区股份合作社的主要办公地点、股东所在社区的公共场所等，有条件的地方可以通过网络平台进行电子信息的公示。

（四）采用竞聘机制

农村社区股份合作社可由股东（代表）大会选举农村社区股份合作社之外的人员担任其董事、监事，然而，在实践中，农村社区股份合作社的董事、监事多由本社的股东担任，且村委会主任、村党支部书记以及村里的主要干部一般都会兼任农村社区股份合作社的董事、监事。

这一现状与传统合作社的做法类似。合作社基于社员民主管理、自己经营的原则，要求合作社的董事会、监事会成员必须是合作社社员，非社员不能进入董事会、监事会。各国合作社法一般也都作出此种要求，如《德国经营及经济合作社法》第9条第2款规定："理事和监事必须是社员"[1]；又如《意大利民法典》第2542条规定："董事的多数应当产生于合作社社员或法人指定的人员"[2]；而《农民专业合作社法》第26条亦规定："理事长、理事、执行监事或者监事会成员，由成员大会从本社成员中选举产生，依照本法和章程的规定行使职权，对成员大会负责"。

合作社之所以要求董事、监事必须是社员，原因在于同为合作社社员的董事能够真正了解其他社员的需求，保证董事会决策体现社员的意志，实现为社员服务的宗旨，而且董事在管理合作社事务时就会从自己利益角度考虑合作社的发展，从而激发董事管理合作社的积极性[3]；监事若为合作社的社员，基于自身利益的考虑，也会刺激监事对董事和合作社的其他管理人员进行监督。合作社的董事、监事都是由社员选出并由社员担任，从而不仅在形式上而且在实质上保证了社员对合作社的绝对控制权。

但是，有关合作社董事、监事身份条件的这一规定，也会产生一些弊端：①合作社董事会、监事会成员的选择范围狭小，使得许多有专业管理才能的人才被排除在合作社之外，不利于合作社的发展；②合作社董事必须是本合作社的成员，但董事对合作社的剩余索取权与一般社员相同，导致缺乏激励，董事

---

[1]　载 http://www.gungho.org.cn/cn-info-show.php? infoid=232，最后访问日期：2015年2月11日。

[2]　费安玲、丁玫、张宓译：《意大利民法典》，中国政法大学出版社2004年版，第669页。

[3]　参见欧阳仁根等：《合作社主体法律制度研究》，人民出版社2008年版，第245页。

作为合作社的管理者难以产生创新冲动。[1]为此，一些国家放松了合作社董事、监事必须从社员中产生的要求，如《日本农业协同组合法》规定农协理事成员数的四分之三必须来自农民，来自非农户的理事人数最多不能超过理事的四分之一。《瑞士债法典》规定，董事会中至少有一人具有社员资格或者是法人社员的受托人且依法享有合作社的权利。[2]

笔者认为，农村社区股份合作社的经营管理者局限于本农村社区股份合作社股东（包括本村干部）的做法将不可避免地产生前述合作社董事、监事身份限定所具有的弊端，既然合作社已经逐渐放开了该等限制，更可进一步证明实践中农村社区股份合作社董监事的任职情况并不可取。不可否认农村社区股份合作社中的有些管理者是当地的能人，但是他们中的绝大多数并不具备经营管理的专门知识，在竞争愈发激烈的市场环境中，在专业分工越来越细化的劳动力分配市场中，如果农村社区股份合作社的管理者还局限在本农村社区股份合作社，将非常不利于农村社区股份合作社的发展。

农村社区股份合作社的管理岗位应向本农村社区股份合作社的所有股东以及本农村社区股份合作社之外的专业管理人才开放，农村社区股份合作社根据其运营需要，确定需要的人才种类和标准，凡是符合条件的人均可参与竞聘，农村社区股份合作社在广泛的竞聘者中选拔最合适的人选，从而打破农村社区股份合作社的选人用人界限，激活用人制度，为农村社区股份合作社注入新鲜血液。笔者在北京市海淀区东升乡调研时了

---

〔1〕 参见雷兴虎、刘水林："农业合作社的法律问题探讨"，载《中国法学》2004年第5期。

〔2〕 参见欧阳仁根等：《合作社主体法律制度研究》，人民出版社2008年版，第245页。

解到东升乡已经尝试引进职业经理人，此举大大提高了农村社区股份合作社市场化运作的专业性，促进了农村集体经济的增长。

（五）设立专门委员会

农村社区股份合作社的经营决策有赖于其董事会，但是在一些地区，尤其是经济较发达地区，农村社区股份合作社面临的不确定因素更多，如市场波动率、经营业务多元化等，董事会的组成人员受到自身知识、技能的限制，对于一些经营领域可能存在信息不对称的情况。为了使董事会更好地做出经营决策，可以设置专门委员会。专门委员会是专门负责协助董事会处理重大事项决策的参谋机构，一般由专业性较强、经验丰富的专家构成。专门委员会的职责一般包括：重大事项的决策以及决策支持、经营过程的监督与控制、重要经营人员的选拔与考核、业务的参与与退出决策等。专门委员会可以根据农村社区股份合作社的实际情况自主决定设置与否，并自行做主是否将其设置为常设机构。

目前已经有一些地方开始尝试专门委员会的制度，如浙江省宁波市粮丰股份经济合作社，其由股东代表大会授权设立了"重大经济项目决策委员会"[1]，对董事会提交的重大经济项目做出先行决策，一方面，由专业人员进行事先专业的分析和评估，可以降低董事会决策的风险；另一方面，有效地解决了因决策滞后而丧失商业机会的问题，从而提高农村社区股份合作社的决策效率。

（六）把握政府监管的合理界限

为了实现农村社区股份合作社的组织机构规范且高效的运转，除了需要完善农村社区股份合作社的内部相关制度之外，

---

[1] 参见"海曙区强化社区股份合作社干部'村民雇员'意识"，载 http://www.hszg.gov.cn/2006/News/view.asp? id=1807，最后访问日期：2015 年 4 月 4 日。

包括前述的人员选任制度、信息公示制度等，还需要进一步处理好农村社区股份合作社与政府的关系。如前所述，政府的过度监管在一定程度上影响了农村社区股份合作社组织机构的独立运作，现阶段的农村社区股份合作社固然需要政府的监管，但此种监管主要应体现为服务型的监管，且应控制在适度的范围内。至于如何把握政府监管的合理界限，笔者将在下一章进行详细的论述。

第七章

农村社区股份合作社的税收法律制度
与农村公共产品供给

税收法律制度，是调整国家与纳税人之间在征纳税方面权利义务关系的法律规范的总和，是国家财政制度的主要内容。税收法律制度主要包括各类税种的设计及其具体内容，如征税对象、纳税义务人、税目、税率等。农村社区股份合作社的税收法律制度则是指以农村社区股份合作社为纳税义务人的税收法律规范。

农村公共产品，是指区别于农民私人产品、用于满足农村社会的公共需要，具有非排他性和非竞争性的社会产品。[1] 有学者把农村公共产品与基本人权联系起来，将其归纳为保障农村居民生存权和发展权的公共产品。具体而言，前者包括公共安全、政府活动、水利和交通设施建设、自然灾害治理、供水供电、垃圾处理、计划生育、基础教育、环境保护、卫生防疫和保健、基础医疗、市场建设与维护、基础科研、社会救济和农村社会保障等；后者包括农业科研与推广、农业保险补贴、农产品价格和出口补贴、对农村金融的支持政策、对农村合作经济组织的支持政策、市场供求信息、专业技术教育、文体娱

---

〔1〕 参见黄志冲："农村公共产品供给机制创新的经济学研究"，载《中国农村观察》2000年第6期。

乐设施建设等。[1]

税收法律制度与公共产品供给之间存在密切联系。通常认为，税收的必要性在于它能在一定程度上缓解公共产品领域存在的市场失灵问题，它是最重要的提供公共产品的手段，它对社会收入进行分配和再分配，进而成为宏观调控和保障经济与社会稳定的政策工具。而国家享有课税权的正当性也恰恰在于国家承担的公共职能，各国征税的直接目的便是用于提供公共产品。[2]因此，本节将农村社区股份合作社的税收法律制度与农村公共产品供给相结合进行分析，以论证现行制度存在的不合理之处，以完善农村社区股份合作社的税收法律制度。

农村社区股份合作社是农村集体经济组织的表现形式之一，农村集体经济组织的前身是人民公社体制，目前农村集体经济组织的部分职能定位和制度设计在一定程度上延续了人民公社时期的做法，而人民公社又是经由合作化、集体化运动形成的，因而下文将从农业合作化、集体化时期开始对农村社区股份合作社税收法律制度与农村公共产品供给制度的历史沿革进行梳理。

第一节 农村社区股份合作社税收法律制度与农村公共产品供给的历史沿革

一、农业合作化、集体化时期的税收法律制度与农村公共产品供给

1952 年，全国范围内的土地改革基本完成，广大农民翻身

---

[1] 参见熊巍："我国农村公共产品供给与税费改革"，厦门大学 2003 年博士学位论文。

[2] 参见张守文：《税法原理》，北京大学出版社 2012 年版，第 5 页。

做了主人，不再依附于地主而是拥有了属于自己的土地，随之而来的是农业税赋的纳税主体从地主变为上亿农户。然而，分散的小农经济无法担负起为国家工业化迅速积累原始资本的重任。将散户集中起来进行农业的集体生产和分配，并利用集体的强大组织功能以协助政府通过农产品统购统销制度和工农产品剪刀差政策，则是为工业化提供原始积累的有效实现途径。[1]因此，在党的领导下，我国农业走上了合作化道路。

1953年年底到1955年上半年的初级生产合作社阶段，土地等生产资料归社员个人所有，但使用权有所限制，由合作社统一安排。社员取得收入有两方面的基准：一是土地与大型农具作为"入股分红"的依据，二是社员投入的劳动作为"按劳分配"的基础。与收入基准双重性相矛盾的是，社员负担的农业税仅取决于其拥有的土地数量和质量。此外，以农户个体为纳税主体的农业税收法律制度逐渐不适应于初级生产合作社这种集体生产经营的模式。因此，各地结合实际情况，主要采用三种方式对初级生产合作社征税：沿用按户计征办法、实行社户分担方案、采取按社计征方式。[2]

1955年下半年到1956年年底的高级生产合作社阶段，土地等生产资料的私有性质发生了实质性的转变，成为集体公有财产，由合作社统一经营，社员投入的劳动成为集体收益分配的唯一标准，高级生产合作社取代社员个人成为纳税主体。1956年7月18日，国务院在批转财政部《关于1956年农业税收工作中的几个问题的请示》中指出："过去对于高级社，全国各地

---

[1] 参见周批改：《中国农村税费制度的演变和改革——社会分层角度的研究》，中国经济出版社2006年版，第125页。

[2] 参见周批改：《中国农村税费制度的演变和改革——社会分层角度的研究》，中国经济出版社2006年版，第115页。

都是以社为单位征收农业税的……今后，为了适应农业生产合作社统一经营、统一分配的情况，对初级社一般也应改为以社为单位征收，即将农业税额从全社收入中统一提交"。

无论是初级生产合作社还是高级生产合作社，其收益在缴纳农业税后，还需要提取公积金和公益金，用于农村公共建设和农村社会福利，然后才向社员分配。不同的是，初级生产合作社实行土地分红和按劳分配，高级生产合作社则取消土地分红，仅实行按劳分配。

随着农业合作化的发展，不断提高公有化水平的指导思想逐渐膨胀，合作化演变为一场集体化的人民公社运动。"一大二公"是人民公社的典型特征。"一大"是指人民公社的规模大，初级生产合作社和高级生产合作社一般以村为单位，人民公社则将几个村、社合并，甚至以县为单位成立公社、联社。"二公"是指人民公社的公有化程度高，人民公社不仅在高级生产合作社的基础上扩大了公有财产的范围，将原属于各个农业生产合作社的生产资料划归人民公社所有，甚至将供销社、信用社，乃至一些全民所有制的银行、商店、工业企业也纳入人民公社。[1]人民公社时期实行集体劳动，统一分配，税费通过集体上缴和提留的方式实现。人民公社的收益分配可划分为如下三部分：

一是上缴国家的税金，主要是农业税，按照粮食作物常年产量的一定比例征收，但为了减轻农民负担，实现生产队多产多留的目的，党和政府推行增产不增税的政策。即使粮食作物随着农业生产力的提高而增产，作为农业税征税基数的粮食作物常年产量自 1961 年调整后便一直延续到改革开放以后，并未

---

〔1〕 参见傅晨：《中国农村合作经济：组织形式与制度变迁》，中国经济出版社 2006 年版，第 104~105 页。

随实际产量的提高而增加。[1]对于上缴的农业税、屠宰税等财政收入，公社除了能留下一部分农业税附加以外，其余都要上缴县财政，再由县财政审核拨付公社所需的政务支出，但财政并不负担大队和生产队一级的支出。[2]基于当时优先发展工业、农业支持工业的政策环境，农村难以通过制度内（即国家公共收支体系）供给的形式筹集公共产品供给所需的资金。

二是集体提留，包括公积金、公益金、生产费基金、储备粮基金以及社员生活基金等，主要用于集体扩大生产、集体公共产品供给、集体福利和社会保险等。关于公积金和公益金的提取比例，1962年9月27日中国共产党第八届中央委员会第十次全体会议通过的《农村人民公社工作条例（修正草案）》规定，公积金的提取比例由社员大会讨论决定，一般应控制在可分配总收入的3%至5%以内，少数收入水平较高的生产队可以多提，受到严重自然灾害的生产队可以少提或者不提公积金。公益金的提取比例也由社员大会讨论决定，但不能超过可分配总收入的2%至3%。提取公积金和公益金用以提供农村公共产品属于未进入国家公共收支体系的制度外供给，是人民公社时期农村公共产品供给的主要途径。此外，由于公社可以任意调配劳动力，"以劳代资"以提供农村公共产品的情况非常普遍，公社安排大队出劳动力进行修路、建渠、盖房等工作，并计入工分而非发放工钱。[3]

三是社员分配，人民公社实行按劳分配，即以"工分"为

---

〔1〕 参见周批改：《中国农村税费制度的演变和改革——社会分层角度的研究》，中国经济出版社2006年版，第122～123页。

〔2〕 参见韩小威：《中国农村基本公共服务供给的制度模式探析》，中国社会科学出版社2012年版，第81页。

〔3〕 参见韩小威：《中国农村基本公共服务供给的制度模式探析》，中国社会科学出版社2012年版，第83页。

分配基准，按照性别、年龄、劳动强度区分工分等级，并根据出勤情况评工记分。然而这种按劳分配仅仅是名义上的，实际上基本为按人头平均分配。由于生产力低下，生产队生产的粮食十分有限，送完公粮后剩下的只够社员的口粮。为了保证社员们最低限度的生活水平，口粮必须按照人头平均分配，导致实际上能够按照工分分配的粮食所剩无几。一年到头，劳少人多的户只能分到一些粮食、柴草和其他实物，勉强地吃完、烧完、用完之后便两手空空，甚至名义上还欠生产队一笔钱。而劳多人少的农户，在分到一些粮食、柴草和其他实物之后，也是两手空空，名义上在生产队有一点现金存着，但不能兑现，因为生产队无法从劳少人多的农户收到现金，也就无法向劳多人少的农户支付现金。[1]因而，按劳分配实际上成了平均分配。社员们基本上处于勉强能够糊口的状态，仅能以提供劳动力的方式参与农村道路、桥梁、水渠等公共产品的建设。

此外，1958年全国人大常委会通过的《中华人民共和国农业税条例》（以下简称"《农业税条例》"）规定以合作社为单位缴纳农业税。人民公社化运动将合作社并入公社，造成了农业税纳税主体的混乱。实践中，出现了不同地方分别将人民公社、生产大队、生产队规定为农业税纳税主体的情况。由于人民公社规模过大，分配平均主义严重，挫伤了农民的生产积极性，最终导致生产的极大破坏以及农村的普遍贫困。为了改变这种状态，党中央开始纠偏，决定缩小生产经营规模，人民公社实行"三级所有，队为基础"的制度。《农村人民公社工作条例（修正草案）》规定："生产队是人民公社中的基本核算单位。"至此，人民公社以生产队为基本核算单位和税费单位的体

---

〔1〕 参见陆学艺主编：《当代中国社会阶层研究报告》，社会科学文献出版社2002年版，第165~166页。

制最终确定，并一直延续，直至1983年人民公社撤销。[1]

可见，农业合作化、集体化时期主要以合作社、人民公社、生产队为纳税主体缴纳农业税，并提取公共积累以提供农村公共产品。在该阶段，人民公社党政不分、政经统管，除了国防、外交等全国性的公共产品由中央政府统一提供，以及部分跨区域的公共产品如公路、大型水利设施等由省、县提供外，人民公社（包括下属的生产队）几乎承担了全部农村公共产品的供给责任，农村集体经济组织成为农村公共产品供给的主要主体。[2]人民公社采取制度外供给的方式提供农村公共产品，实行自上而下的计划式的决策形式，农民没有表达自己意愿的需求和途径。这种供给形式具有间接性和隐蔽性，虽然公共产品供给的负担最终由农民承担，但无论是公积金、公益金的提取，还是"以劳代资"的形式，都不涉及向农民直接征收款项，而是以事先扣除或者变相降低单位工分价值的方式间接地由农民负担。

二、家庭承包经营制时期至税费改革前的税收法律制度与农村公共产品供给

由于人民公社体制存在生产关系超前、政社不分、社员丧失退出权、监督成本高昂、管理者激励不足、产权主体缺失等弊端，[3]其最终于1983年解体，由家庭承包经营制取而代之。然而，农村合作化运动与人民公社化运动的主要成果之一——

---

〔1〕　周批改：《中国农村税费制度的演变和改革——社会分层角度的研究》，中国经济出版社2006年版，第122页。

〔2〕　参见吕云涛、纪光欣："中国农村公共产品供给体制的变迁与走向"，载《中共贵州省委党校学报》2007年第1期。

〔3〕　曹阳：《当代中国农村微观经济组织形式研究》，中国社会科学出版社2007年版，第216~221页。

农村土地集体所有制则继续保留，农村土地所有权由农民集体享有，农民个人虽然是土地权益的受益主体，但对农村土地只有承包经营权而无所有权。同时，人民公社时期积累的其他农村集体资产在其解体后并未完全分光吃尽，农村集体组织也依然存在，这意味着集体经营仍有存在的可能性。然而，各地集体经营状况存在显著区别，并由此导致不同地区农民个人承担的税费负担相差甚远的局面：绝大多数地区几乎不存在集体经营，因而农村公共产品供给的筹资渠道基本上是直接面向农户；少数地区集体经营依然发达，因而沿袭人民公社时期集体经营收入承担农村公共产品供给的职能。总体趋势上，家庭承包经营制的实行彻底改变了人民公社时期的集体收益分配方式，使得农户成为经营主体，也成为实质上的农村税费缴纳主体。

农村税费改革前，向农户征收用于提供农村公共产品的资金主要有三条途径，即当时广为流传的"头税轻，二税重，三税是个无底洞"[1]。

"头税"指的是农民承担的国家税收，主要是农业税、农业特产税、屠宰税、耕地占用税等。

农业税是对从事农业生产、有农业收入的单位和个人征收的一种税。农业税的计税依据是粮食作物的常年产量，实行比例税制，自上而下制定平均税率，根据平均税率确定纳税人适用的税率。《农业税条例》规定，全国的平均税率为常年产量的15.5%。国家为了稳定农民负担，对农业税采取增产不增税的政策。随着农业生产能力的提高，粮食作物产量大大提升，但作为农业税计税依据的粮食作物的常年产量一直未作调整，使得

---

〔1〕 贺雪峰、罗兴佐："农村公共品供给：税费改革前后的比较与评述"，载《天津行政学院学报》2008年第5期。

农民实际负担的农业税税率低于法定税率。[1]

农业特产税是国家为调节农业内部各产业的税收负担，而对从事农业特产生产经营并取得收入的单位和个人征收的一种税。1983年发布的《国务院关于对农林特产收入征收农业税的若干规定》决定对园艺收入、林木收入、水产收入以及各省、自治区、直辖市人民政府认为应当征收农业税的其他农林特产收入开征农林特产税，计税依据是产品收入，税率一般是5%～10%，各省、自治区、直辖市人民政府在此范围内根据实际情况，分别规定不同产品的税率。1994年1月30日发布的《国务院关于对农业特产收入征收农业税的规定》，将农林特产税与产品税、工商统一税中部分农、林、牧、水产品税目合并成统一的农业特产农业税，简称农业特产税。文件确定的应税收入为烟叶收入、园艺收入、水产收入、林木收入、牲畜收入、食用菌收入以及省、自治区、直辖市人民政府确定的其他农业特产品收入。农业特产税的应纳税额为农业特产品实际收入与规定税率的乘积。除部分列举的税目适用全国统一的税率外，其他农业特产税的税率由省、自治区、直辖市人民政府在5%～20%的幅度内确定。

屠宰税是对屠宰应税牲畜的单位和个人征收的一种税，应税牲畜包括猪、牛、羊、马、驴、骡、骆驼。屠宰税经历了从价计征到从量计征的转变。1950年《屠宰税暂行条例》规定，屠宰税按牲畜屠宰后的实际重量从价计证，税率为10%。1973年实行工商税以后，经营牲畜屠宰业务的企业（主要为国营企业和集体企业）缴纳的屠宰税被并入工商税，屠宰税的纳税义务人范围缩小为不缴纳工商税的集体伙食单位、宰杀牲畜供个

---

〔1〕　马晓河主编：《我国农村税费改革研究》，中国计划出版社2002年版，第75页。

人食用的集体和个人，税率为 4%。1973 年 12 月，全国税务工作会议决定屠宰税可以按照每头应税牲畜定额征收。1985 年 8 月，根据工商税制改革和生猪购销价格放开以后出现的新情况，财政部规定：凡经营生猪、菜牛、菜羊的单位和个人，由收购者计算缴纳产品税，不再缴纳屠宰税。农民和集体伙食单位屠宰上述牲畜，仍然按头定额征收屠宰税。[1]

耕地占用税是对占用耕地建房或者从事非农业建设的单位或者个人征收的一种税。根据国务院 1987 年 4 月 1 日发布并于同日生效的《耕地占用税暂行条例》，耕地占用税采用定额税率、一次性征收的方式，计税依据为纳税人实际占用的耕地面积。农民占用耕地新建住宅的，需要缴纳耕地占用税，但可以减半征收。

此外，若农民个体开展工商经营活动，还需要缴纳工商方面的税收。如根据 1984 年 10 月 1 日起试行的《产品税条例（草案）》《增值税条例（草案）》和《营业税条例（草案）》分别缴纳产品税、增值税和营业税，根据 1986 年 1 月 7 日生效的《城乡个体工商业户所得税暂行条例》缴纳城乡个体工商业户所得税等。

"二税"指的是"三提五统"，即村提留和乡统筹。村提留即"三提"，是指村级组织向本组织成员收取的公积金、公益金和管理费。公积金用于发展集体经济，主要包括农田水利基本建设、购置生产性固定资产、兴办集体企业等。公益金用于集体公益和福利，主要包括"五保户"供养、特别困难户补助以及其他集体福利事业。管理费则用于干部报酬和管理开支。乡统筹即"五统"，是指乡镇政府在全乡范围内收取的用于乡村公

---

[1] 刘佐："中国屠宰税制度的变迁"，载《地方财政研究》2006 年第 5 期。

共事业的五项统筹，包括乡村两级办学、计划生育、优抚、民兵训练和修建乡村道路。人民公社时期，农村公共产品通过公社提留公积金、公益金以及无偿调拨等形式自行供给，而非通过国家财政供给。1983 年人民公社解体，建立乡镇政府，赋予乡级政权领导本乡经济、文化和各项社会建设，做好公安、民政、司法、文教卫生、计划生育等工作的职能。[1]然而乡镇政府的典型特征是"事权多，财权少"，国家划归乡镇政府的财力远远无法支持其履行各项职能，因此乡镇政府只好通过向其管辖范围内的社区农民筹措资金的方式来填补依靠自身财力和上级转移支付仍无法支撑的履行各项职能的资金空缺。该时期用于提供农村公共产品的资金主要是以村提留和乡统筹的形式向农民筹得的，因此可以说"三提五统"是人民公社时期农村公共产品供给制度的遗迹，仍然延续"农村事情农民办"的传统。

虽然 1991 年国务院《农民承担费用和劳务管理条例》规定，农民缴纳的村提留和乡统筹不得超过上一年农民人均纯收入的 5%，但许多地方为了多征"三提五统"，通过虚报农民收入的方式增加计费基数，从而使农民实际承担的费用远远超过人均纯收入的 5%。此外，由于"三提五统"是乡村两级自征自用的费用，各地在执行过程中的差异较大，依集体经营情况的不同而不同，农民个体所承担的用于提供农村公共产品的"三提五统"负担与当地集体经营情况成反比，那些比较贫穷、村级集体收入比较少的地区收取的"三提五统"往往较高，而村级集体收入较高的地区则往往少收、甚至不收。[2]

---

〔1〕　参见中共中央、国务院《关于实行政社分开建立乡政府的通知》（中发〔1983〕35 号）第 4 条。

〔2〕　参见周飞舟："从汲取型政权到'悬浮型'政权——税费改革对国家与农民关系之影响"，载《社会学研究》2006 年第 3 期。

"三税"是指前两项税费以外的各项集资、摊派、罚款以及其他不合理收费。《农民承担费用和劳务管理条例》规定了"两工"，即农村义务工和劳动积累工：农村义务工，主要用于植树造林、防汛、公路建勤、修缮校舍等；劳动积累工，主要用于农田水利基本建设和植树造林。每个农村劳动力每年承担 5 个至 10 个农村义务工和 10 个至 20 个劳动积累工。按规定，农村义务工和劳动积累工应以出劳为主，本人要求以资代劳的，须经村集体经济组织批准。然而，由于通过"以资代劳"的方式可以为乡村各项支出筹集大量资金，许多地区倾向于强制农民"以资代劳"，使得农村劳动力本应承担"两工"转变成"两工"费用，成为农民额外的负担。除了中央政府明文规定的税费外，一些地方巧立名目向农民乱收费、乱集资、乱罚款，收费项目少则几十个，多则百余项，有些地方甚至强迫农民借款交税费、集资或集体举债。计划生育、中小学、结婚登记、建房、水电价等乱收费现象普遍存在，道路、水利、办电集资年年增加，报刊摊派问题突出。[1]

根据财政部 1985 年发布的《乡（镇）财政管理试行办法》，乡（镇）财政收入由国家预算内资金、预算外资金和自筹资金组成。预算内资金，主要指上级政府划归乡（镇）财政的各项税收，包括乡镇企业所得税、屠宰税、城市维护建设税、集市交易税、牲畜交易税、车船使用牌照税、契税和其他收入。预算外资金，包括上级政府划归乡（镇）财政的农业税附加、农村教育经费附加、行政事业单位管理的预算外收入，以及按照国家规定征收的公用事业附加。自筹资金，包括乡（镇）政府按照国家政策规定征收的自筹收入，但不得随意摊派。通常，

---

〔1〕 马晓河主编：《我国农村税费改革研究》，中国计划出版社 2002 年版，第79页。

乡镇财政收入的获取方式主要有如下三种[1]：一是上级政府划拨。划拨的数额通常与征税部门从该乡镇所征税额相关联；二是乡镇政府直接征收，所得直接进入乡镇财政。该方式既能取得部分预算外收入，也是自筹收入的一种获取方式；三是乡镇政府依据所有权获得经济剩余，如利润、租金等。此为自筹收入的一种重要方式。乡镇政府的财政支出主要包括以下三方面[2]：一是本级各类政权机构运作所需资金，即行政支出；二是本地区公共事业和公益事业支出，即公共支出；三是用以促进本地区经济发展的支出，即发展支出。

　　"我国财政划分模式向上级政府集中的制度逻辑的现实反映是各省财政向中央集中，各地财政向省政府集中，而事权划分脱离于财权划分，基层政府承担了与其财力极不相称的事权。财权划分模式与事权划分模式的不对称成为基层政府财政困难的体制性诱因。"[3]由于财权与事权严重失衡，乡镇财政往往入不敷出，国家侧重城市发展的政策又使得上级政府对农村的支持远远不足，因此乡镇政府为了弥补财政缺口，只能以"三提五统""两工"等形式向农民摊派。尤其是 1994 年分税制改革后，财权不断上移而事权不断下放，使得最基层的乡镇政府的财政状况更加恶化，乡镇政府无力负担之时只好将公共产品供给的开支转嫁给农民。这种转嫁和摊派使得人民公社时期对农民而言隐性的间接负担转变为显性的直接负担，加之制度上的缺陷为乡镇政府提供了恣意乱收费的空间，上缴资金运作的不

　　〔1〕　李彬：《乡镇公共物品制度外供给分析》，中国社会科学出版社 2004 年版，第 35～36 页。

　　〔2〕　韩小威：《中国农村基本公共服务供给的制度模式探析》，中国社会科学出版社 2012 年版，第 104 页。

　　〔3〕　刘鸿渊："农村税费改革与农村公共产品供给机制"，载《求实》2004 年第 2 期。

透明加剧了农民与基层政权的矛盾，这必然造成严重的社会问题。当农民与基层政府的冲突达到一定程度而不得不采取措施缓和该冲突时，便引发了新一轮的农村税费改革。

总之，家庭承包经营制实行以来，人民公社时期的集体经营、集体分配、集体提供公共产品的模式已不再是主流形式。除少数集体经济发达的地区仍沿袭人民公社时期的税收法律制度和农村公共产品提供形式以外，绝大部分农村地区的纳税主体已由集体变为个人。乡镇政府事权远大于财权的现实以及乡镇财政的严重短缺，使其将本职范围内的农村公共产品供给的职责以各种税外收费的形式直接转嫁给农民个人，农村公共产品供给的负担主体由农业合作化、集体化时期的合作社、人民公社、生产队转变为农民个人，这也使得政府对农民个体经济利益由隐性、间接的索取转为显性、直接的索取。加之农村税费改革前，专门针对农民的各种税外收费名目繁多，缺乏规范性，且未考虑不同农民个体之间的差异性和负担能力，在实际执行过程中演变成了一种按人头"平摊"的模式。

三、农村税费改革后的税收法律制度与农村公共产品供给

家庭承包经营制的实施虽然解放了生产力，使农民们从人民公社时期低效率的生产中解脱出来，农村经济从农业合作化、集体化运动时期的以集体经营为主转变为以农户经营为主，但与之相伴的是纳税主体亦由集体转变为个人，农村税赋成为农民个体沉重的直接负担，农民与基层政权之间的矛盾升级，引发了一场全国范围内声势浩大的农村税费改革。

农村税费改革的总体思路是从费改税到减免农业税，再到取消农业税。改革大致可以划分为两个阶段：第一阶段是 1993 年至 2000 年的地方自发性改革，第二阶段是 2000 年至 2005 年

的中央指导性改革。

自 1993 年起，全国大概有 7 个省的 50 多个县自发进行了农村税费改革试点。比较有代表性的是安徽省太和县的"税费合一"、湖南省武冈市的"费改税"、贵州省湄潭县的"税费统筹"、湖北省枣阳市扬挡镇的"土地负担大包干"、河北省正定县的"公粮制"和魏县的"税费合一、人地分摊"。[1]

2000 年，中央决定在安徽省开展全省范围内的农村税费改革试点。2001 年，中央决定暂缓扩大农村税费改革的试点，集中力量进一步做好安徽省的试点。江苏省在这一年主动自费开展了改革。2002 年，中央将税费改革的试点工作推广到河北、内蒙古、黑龙江、吉林、江西、山东、河南、湖北、湖南、重庆、四川、贵州、陕西、甘肃、青海、宁夏 16 个省、自治区、直辖市，并允许上海、浙江、广东等沿海经济发达的省、直辖市自费扩大改革试点。至此，全国已有 20 个省、自治区、直辖市开展了农村税费改革。[2]2003 年，中央决定将农村税费改革在全国范围内推进。

农村税费改革试点分两步，第一步的主要内容可概括为"三个取消，两个调整，一个改革"，即：取消乡统筹费、农村教育集资等专门面向农民征收的行政事业性收费和政府性基金、集资；取消屠宰税；取消统一规定的劳动积累工和农村义务工；调整农业税和农业特产税政策；改革村提留征收使用办法。第二步则是取消除烟叶特产税以外的农业特产税，逐步降低农业税税率直至最终取消农业税。

---

〔1〕 马晓河主编：《我国农村税费改革研究》，中国计划出版社 2002 年版，第 46 页。

〔2〕 2002 年，浙江与上海自费进行农村税费改革。加上首先进行改革的安徽和江苏，以及 2002 年中央确定的 16 个省、自治区、直辖市，共计 20 个。

农村税费改革实质上是对地方财政体制的改革。"我国农村税费改革政策是在 1994 年建立的以分税制为基础的分级财政管理体制框架内进行的。农村税费改革的深层次目标是希望通过控制资金来源，推动基层政府改革，达到精简机构、减少财政供养人员、规范政府行为的目的。由此可见，农村税费改革包含着双重目标，既要减轻农民的负担，又要改革基层政府机构，而这两者之间互为因果关系。"[1]

农村税费改革后，乡镇政府和农村基层组织不仅不再有名目向农民索取各项统筹、提留、集资、摊派等制度外收费，就连原来体制内的农业税、农业特产税和屠宰税也无权收取，使得乡镇政府的收入来源大大减少，尤其是严重依赖于农业税收的农业型乡镇，由于工商业基础薄弱而无法像工商业发达的地区一样利用工商税收开源，加之中央财政转移支付力度远远无法满足农村对公共产品的需求，针对农村公益事业实行的"一事一议"制度又缺乏可操作性，难以整合公众意志，[2]从而形成农村公共产品供给更加难以为继的局面。

"一事一议"是农村税费改革的一项配套措施，是指改革村提留后，对于村内农田水利基本建设、道路修建、植树造林、农业综合开发有关的土地治理项目和村民认为需要兴办的集体生产生活等其他公益事业项目，不再固定向农民收取，而是采取"一事一议"的方式，经民主程序确定村民的出资出劳。"一事一议"最早出现于中共中央、国务院 2000 年 3 月发布的《关于进行农村税费改革试点工作的通知》，主要是作为取消"两

---

[1] 刘鸿渊："农村税费改革与农村公共产品供给机制"，载《求实》2004 年第 2 期。

[2] 参见刘建平、龚冬生："税费改革后农村公共产品供给的多中心体制探讨"，载《中国行政管理》2005 年第 7 期。

工"和改革村提留征收使用办法的替代措施，"一事一议"需要召开村民大会，通过民主讨论，对于筹集的经费实行村务公开、村民监督和上级审计。2007 年国务院办公厅关于转发农业部《村民一事一议筹资筹劳管理办法》（以下简称"《管理办法》"）对"一事一议"制度做出了较为系统的规定，包括通过"一事一议"筹资筹劳的原则、适用范围和对象、议事程序以及监督管理等。《管理办法》在全国范围内具有指导意义，要求各地根据实际情况，在该《管理办法》所确立的筹资筹劳适用范围和议事程序的框架内，结合当地经济发展水平和村民承受能力，分地区提出筹资筹劳的限额标准，并细化管理措施和建立奖补制度。

　　虽然"一事一议"制度的设计初衷是为了在填补农村税费改革后乡镇财政无力支撑农村公共产品（尤其是村级公共产品）供给的缺口与不加重农民负担的同时保证筹资程序公开、公正、民主这二者之间寻找平衡点，但这双重目的之间的矛盾却难以调和。首先，为填补基层财政提供农村公共产品不足的资金缺口，就需要多向农民筹集资金。但农村税费改革后，基层政府和村级自治组织丧失了以农业税和各种行政性收费的名义向农民筹资的正当性基础，而农村集体经济组织被家庭经济组织所取代的事实意味着同一地域范围内的不同农民家庭因人口、土地承包数量等因素不同而对同一公共产品享有不同的收益，因此在"一事一议"实行过程中，利益的分歧使得公众意愿难以整合。[1]其次，为了确保农民负担不反弹，"一事一议"筹资根据各地实际情况都设有限额，有的地方每年人均不超过 15元，也有的将限额设为 20 元、25 元、40 元等，但为了遵循不

---

[1] 参见刘建平、龚冬生："税费改革后农村公共产品供给的多中心体制探讨"，载《中国行政管理》2005 年第 7 期。

加重农民负担的总体原则，该限额普遍都设定得较低，这就决定了通过"一事一议"是无法筹集大量资金的。

由于制度设计上的固有缺陷，"一事一议"筹资筹劳工作开展得并不顺利，整体覆盖面较小，无法满足村级公益事业建设投入的需求，村级公益事业建设投入总体上呈下滑趋势。为了支持社会主义新农村建设和发展现代农业，2008年国务院农村综合改革工作小组、财政部、农业部发布了《关于开展村级公益事业建设一事一议财政奖补试点工作的通知》，明确规定对以村民"一事一议"筹资筹劳为基础、支农资金没有覆盖的村内水渠（灌溉区支渠以下的斗渠、毛渠）、堰塘、桥涵、机电井、小型提灌或排灌站等小型水利设施，村内道路（行政村到自然村或居民点）和环卫设施、植树造林等村级公益事业建设，实行"一事一议"财政奖补。2009年和2010年，国务院农村综合改革工作小组、财政部、农业部发布《关于扩大村级公益事业建设一事一议财政奖补试点的通知》和《关于认真做好2010年扩大村级公益事业建设一事一议财政奖补试点工作的通知》，继续推行"一事一议"筹资筹劳的财政奖补制度。财政部也于2009年和2011年相继发布《关于村级公益事业一事一议中央财政奖补事项的通知》和关于印发《村级公益事业建设一事一议财政奖补资金管理办法》的通知，以规范"一事一议"财政奖补的资金管理。

然而，国家对于农村公共产品供给的财政奖补范围十分有限。根据《关于开展村级公益事业建设一事一议财政奖补试点工作的通知》，国家奖补的范围仅限于"村内小型水利、村内道路、环卫设施、植树造林等村民直接受益的公益事业"，且应以"一事一议"筹资筹劳和村集体经济组织投入为主，国家仅给予适当奖补；而对于跨村以及村以上范围的公益事业建设项目投入，则应主要由各级政府分级负责；农民房前屋后的修路、建厕、打井、植树等投资投劳，由农民自己负责。

因此，农村税费改革后，乡镇财权进一步缩减，承担农村公共产品供给职能的筹资来源减少，"一事一议"的民主筹资机制运行又不如人意，除了少数集体经济发达的地区，农村集体经济组织承担了绝大部分公共产品供给的职能外，大多数地方的农村公共产品供给都出现了难以为继的局面。

由上述对新中国农村税收法律制度的发展过程的梳理可知，我国曾经历城乡税制不统一的时期，农业税是农村的主要税种，农村的主要纳税主体经历了从集体到个体的转变。农村税费改革取消了农业税，专门的涉农税赋基本不再存在。随着城市化和工业化进程的推进，农村地区的工商业渐渐发展，农村的税收也逐渐从农业税向工商税转变。

我国解决农村公共产品供给的思路一直都是"农村事情农民办"。自农村合作化、集体化运动以来，农村集体经济组织就开始承担农村公共产品供给职能。随后，家庭承包经营制的实行使绝大多数集体经营解体，农户个体成为基层政权和基层自治组织为农村公共产品供给筹资的直接对象，但集体土地和其他集体资产的存在使得农村集体经济组织和集体经营仍存在可能性，少数集体经济发达地区的农村集体经济组织仍然是提供农村公共产品的中坚力量。农村税费改革后乡镇政府财权进一步削减，"一事一议"制度设计和运行不顺，上级政府补贴有限，使得绝大部分地区的农村公共产品供给极度短缺。但少数集体经营发达，尤其是工商业发达的地区，农村公共产品供给状况良好：一方面，农村集体经济组织上交乡镇政府大量工商税，成为乡镇政府提供公共产品的重要资金来源；另一方面，农村集体经济组织本身更是公共产品供给的主力军，将其经营所得直接用于社区范围内的公益事业。因此，农村公共产品供给出现了两极的情形。

第二节　农村社区股份合作社税收法律制度与农村公共产品供给的现状

一、农村社区股份合作社税收法律制度的现状

（一）规范层面

农村税费改革后，有关农村社区股份合作社的税收安排并无特别规定，因此可以适用一般规则。由于农村社区股份合作社存在经营的需求，部分农村社区股份合作社也的确在从事经营活动，浙江、上海、江苏、山东等地甚至以地方性规范文件的形式确认了农村社区股份合作社的商主体地位，因而在现行规范下应当与其他商主体承担同样的纳税义务。从规范上看，农村社区股份合作社可能涉及如下税种及税收优惠：

1. 企业所得税

根据《企业所得税法》第1条，企业所得税的纳税义务人是除了个人独资企业与合伙企业之外的企业和其他取得收入的组织。可见，企业所得税的纳税主体并不限于企业法人，即便不赋予农村社区股份合作社以法人资格，只要其从事经营活动，产生应税所得，就应当缴纳企业所得税。

农村社区股份合作社可能享受到的税收优惠主要是从事农、林、牧、渔业项目的所得，即从事蔬菜、谷物、薯类、油料、豆类、棉花、麻类、糖料、水果、坚果的种植；农作物新品种的选育；中药材的种植；林木的培育和种植；牲畜、家禽的饲养；林产品的采集；灌溉、农产品初加工、兽医、农技推广、农机作业和维修等农、林、牧、渔服务业项目；远洋捕捞的所

得，免征企业所得税。从事花卉、茶以及其他饮料作物和香料作物的种植；海水养殖、内陆养殖的所得，减半征收企业所得税。[1]此外，财政部、国家税务总局《关于发布享受企业所得税优惠政策的农产品初加工范围（试行）的通知》（财税〔2008〕149号）、财政部、国家税务总局《关于享受企业所得税优惠的农产品初加工有关范围的补充通知》（财税〔2011〕26号）、国家税务总局《关于实施农、林、牧、渔业项目企业所得税优惠问题的公告》（国家税务总局公告2011年第48号）进一步拓宽了农、林、牧、渔业项目企业所得税优惠范围。

　　然而，根据笔者对北京市一些区县的调研，集体经济发达、有着强烈经营需求的农村社区股份合作社大多从事第二、三产业，尤其是物业租赁业务，因而难以享受涉农方面的企业所得税减免优惠。故农村社区股份合作社大多应按照应纳税所得额的25%缴纳企业所得税。

　　2. 增值税

　　根据2017年修订的《中华人民共和国增值税暂行条例》第1条，增值税的纳税义务人是在我国境内销售货物或者加工、修理修配劳务，销售服务、无形资产、不动产以及进口货物的单位和个人。而原先的《中华人民共和国营业税暂行条例》已被废止，之前一些农村社区股份合作社（或其下设经营实体）的主要业务领域集中于物业出租与酒店运营，均属于营业税应税劳务中的服务业，按照营业额的5%缴纳营业税，由于营业税不能抵扣，这将使其面临重复征税的问题。现在依据《增值税暂行条例》第2条，租赁不动产服务的增值税税率统一为11%，不再另行征收营业税。

---

　　〔1〕　参见《企业所得税法》第27条、《企业所得税法实施条例》第86条。

若农村社区股份合作社从事农业生产，销售自产的种植业、养殖业、林业、牧业、水产业等各类植物、动物的初级产品，免征增值税。[1]若销售非自产的上述农产品，则适用13%的低税率。[2]若农村社区股份合作社从事蔬菜的批发、零售，其销售的蔬菜免征增值税，且经挑选、清洗、切分、晾晒、包装、脱水、冷藏和冷冻等工序简单加工的蔬菜也享受该税收优惠。[3]对于除豆粕以外的粕类饲料产品[4]、部分鲜活肉蛋产品[5]；生产销售或进口饲料、化肥、农药、农机、农膜适用11%的低税率[6]。

上海、江苏、山东等地部分出于财政支持和税收优惠的考虑而将农村社区股份合作社作为农民专业合作社进行法人登记，则其能够享受农民专业合作社的增值税优惠。如销售本社成员生产的农业产品，视同农业生产者销售自产农业产品免征增值税。[7]

3. 城市维护建设税、教育费附加和地方教育附加

根据《城市维护建设税暂行条例》第2条，凡缴纳增值税、消费税、营业税的单位和个人，都是城市维护建设税的纳税义务人。城市维护建设税以实际缴纳的增值税、消费税、营业税税额为计税依据，按照纳税人所在地为市区、县城、镇或其他

---

[1] 参见《增值税暂行条例》第15条、《增值税暂行条例实施细则》第35条。

[2] 参见财政部、国家税务总局《关于部分货物适用增值税低税率和简易办法征收增值税政策的通知》（财税〔2009〕9号）第1条。

[3] 参见财政部、国家税务总局《关于免征蔬菜流通环节增值税有关问题的通知》（财税〔2011〕137号）第1条。

[4] 参见国家税务总局《关于粕类产品征免增值税问题的通知》（国税函〔2010〕75号）第1条。

[5] 参见财政部、国家税务总局《关于免征部分鲜活肉蛋产品流通环节增值税政策的通知》（财税〔2012〕75号）第1条。

[6] 《增值税暂行条例》第2条。

[7] 参见财政部、国家税务总局《关于农民专业合作社有关税收政策的通知》第1条。（财税〔2008〕81号）第1条。

而分别适用 7%、5% 和 1% 的税率。根据《征收教育费附加的暂行规定》第 2、3 条，教育费附加是对缴纳增值税、消费税、营业税的单位和个人，以其实际缴纳的税额为计征依据、并按 3% 的费率征收的一种附加费。此外，根据《教育法》的规定，省、自治区、直辖市人民政府根据国务院的有关规定，可以决定开征用于教育的地方附加费，专款专用。2010 年 11 月 7 日财政部《关于统一地方教育附加政策有关问题的通知》将各省、自治区、直辖市的地方教育附加的费率统一为 2%。农村社区股份合作社缴纳增值税、消费税、营业税的同时，也应缴纳相应的城市维护建设税、教育费附加和地方教育附加。

4. 房产税

房产税是以房屋为征税对象，按照房屋的计税余值或租金收入，向产权所有人征收的一种财产税。根据《房产税暂行条例》第 1 条，房产税在城市、县城、建制镇和工矿区征收。随着城市化进程的推进，许多农村社区股份合作社已属于县城、镇的辖区范围，因而农村社区股份合作社自用的房产应按照计税余值的 1.2% 缴纳房产税，而占据其业务很大比例的房产出租则应按照租金收入的 12% 缴纳房产税。

农村社区股份合作社可能涉及的房产税优惠政策包括：自 2013 年 1 月 1 日至 2015 年 12 月 31 日，对专门经营农产品的农产品批发市场、农贸市场使用的房产，暂免征收房产税。对同时经营其他产品的农产品批发市场和农贸市场使用的房产，按其他产品与农产品交易场地面积的比例确定征免房产税。[1] 若农村社区股份合作社举办老年服务机构、非营利医疗机构、疾病控制机构、妇幼保健机构等卫生机构，则这类机构自用房产

---

〔1〕　财政部、国家税务总局《关于农产品批发市场、农贸市场房产税、城镇土地使用税政策的通知》（财税〔2012〕68 号）。（已失效）

免征房产税。[1]

5. 城镇土地使用税

根据《城镇土地使用税暂行条例》第 3 条，土地使用税的纳税义务人是在城市、县城、建制镇、工矿区范围内使用土地的单位和个人。城市化的推进使得许多农村社区股份合作社已纳入县城、镇的管辖范围，因而需要以 0.6 元每平方米每年至 12 元每平方米每年的定额税率缴纳城镇土地使用税。

农村社区股份合作社可能涉及的城镇土地使用税优惠政策包括：直接用于农、林、牧、渔业的生产用地免征城镇土地使用税[2]，且自 2007 年 1 月 1 日起，经营采摘、观光农业的单位和个人直接用于采摘、观光的种植、养殖、饲养的土地，也属于直接用于农、林、牧、渔业的生产用地，免征城镇土地使用税[3]；自 2013 年 1 月 1 日至 2015 年 12 月 31 日，对专门经营农产品的农产品批发市场、农贸市场使用的土地，暂免征收城镇土地使用税。对同时经营其他产品的农产品批发市场和农贸市场使用的土地，按其他产品与农产品交易场地面积的比例确定征免城镇土地使用税。[4]若农村社区股份合作社举办非营利医疗机构、疾病控制机构、妇幼保健机构等卫生机构，则这类机构自用的土地免征城镇土地使用税。[5]农村社区股份合作社举办的学校、医院、托儿所、幼儿园用地能与其他用地明确

---

〔1〕 参见财政部、国家税务总局《关于医疗卫生机构有关税收政策的通知》（财税〔2000〕42 号）。

〔2〕 参见《城镇土地使用税暂行条例》第 6 条。

〔3〕 参见财政部、国家税务总局《关于房产税、城镇土地使用税有关政策的通知》（财税〔2006〕186 号）。

〔4〕 财政部、国家税务总局《关于农产品批发市场、农贸市场房产税、城镇土地使用税政策的通知》（财税〔2012〕68 号）。（已失效）

〔5〕 参见财政部、国家税务总局《关于医疗卫生机构有关税收政策的通知》（财税〔2006〕42 号）。

区分的，免征城镇土地使用税。[1]

6. 印花税

根据《印花税暂行条例》第 1 条，印花税的纳税义务人是在我国境内书立、领受应纳税凭证的单位和个人。应纳税凭证包括购销、加工承揽、建设工程承包、财产租赁、货物运输、仓储保管、借款、财产保险、技术合同或者具有合同性质的凭证；产权转移书据；营业账簿；权利、许可证照等。农村社区股份合作社从事经营，就会涉及印花税的缴纳。如注册登记领取工商营业执照，需要按件贴花 5 元；生产经营用账册，记载资金的账簿按实收资本和资本公积合计金额的 0.05% 贴花，其他账簿按件贴花 5 元；财产租赁合同，按租赁金额的 0.1% 贴花，不足 1 元的按 1 元贴花；购销合同，按购销金额的 0.03% 贴花；财产保险合同，按保险金额的 0.03% 贴花等。

农村社区股份合作社可能享受的印花税优惠包括：国家指定的收购部门与村民委员会、农民个人书立的农副产品收购合同免征印花税[2]；农牧业保险合同免征印花税[3]；取得农民专业合作社法人资格的农村社区股份合作社与本社成员签订的农业产品和农业生产资料购销合同，免征印花税[4]。

7. 车辆购置税

根据《车辆购置税暂行条例》第 1 条和第 3 条，车辆购置税的纳税义务人为在我国境内购置应税车辆的单位和个人，应

---

〔1〕 财政部、国家税务总局《关于城镇土地使用税若干具体问题的解释和暂行规定》（〔1988〕国税地字 015 号）。（第 17 条已失效）

〔2〕 参见《印花税暂行条例施行细则》第 13 条。

〔3〕 参见国家税务局《关于对保险公司征收印花税有关问题的通知》（〔88〕国税地字第 037 号）第 2 条。

〔4〕 参见财政部、国家税务总局《关于农民专业合作社有关税收政策的通知》（财税〔2008〕81 号）第 4 条。

税车辆的范围包括汽车、摩托车、电车、挂车、农用运输车。只要农村社区股份合作社发生车辆购置行为，就应按照规定缴纳车辆购置税。但从 2004 年 10 月 1 日起，对农用三轮运输车免征车辆购置税。

8. 车船税

根据《车船税法》第 1 条，车船税的纳税义务人为在我国境内，应税车辆、船舶的所有人或者管理人。应税车辆、船舶包括：依法应当在车船登记管理部门登记的机动车辆和船舶；依法不需要在车船登记管理部门登记的在单位内部场所行驶或者作业的机动车辆和船舶。农村社区股份合作社若成为应税车辆的所有人或管理人，则应缴纳车船税。但对拖拉机和捕捞、养殖渔船免征车船税。[1]

（二）实证层面

与规范分析的结果不同，农村社区股份合作社的税务实践千差万别。根据我们对北京市海淀区的调研，山前地区[2]集体经济较发达，各镇、各村基本上都成立了农工商总公司来具体运营集体资产，农村社区股份合作社通常不单独设账，而是由农工商总公司建账核算，农工商总公司与普通企业一样，需要缴纳城市建设维护税、教育附加费、房产税、印花税、企业所得税、增值税等，在营业税被取消之前还需要缴纳营业税。山后地区集体经济较为薄弱，较少或几乎不存在集体经营，通常不设农工商总公司，偶尔有些租赁收入，主要由村民委员会管理，一般采用"村账代管"形式，涉及到的税种较少。此外，

---

[1] 参见《车船税法》第 3 条及附录"车船税税目税额表"。
[2] 海淀区以百望山为天然界限分成了南部地区和北部地区。南部地区也称山前地区，城市化发展比较早，集体经济较发达；北部地区也称山后地区，经济发展较缓慢，集体经济较薄弱。

由于部分农村社区股份合作社已实现分红，对于这部分发放给村民的"股利"，按照"利息、股息、红利所得"以 20% 的税率代扣代缴个人所得税。[1]

另外，根据一些学者对广东省的调研，在城镇化进程中，广东省农村集体经济组织的税赋负担分为以下三种情况[2]：①经济欠发达、以农业为主的地区，农村集体经济组织基本上无需缴税，如揭阳等地；②经济较发达、城镇化水平较高的地区，如东莞市、佛山市、惠州市等地，产业结构发生了明显变化，非农经营尤其是物业出租成为农村集体经济组织收入的主要来源，物业出租需要缴纳营业税、城建税、教育费附加、房产税、印花税、土地使用税等税费，税额分别为租赁收入的 5%、营业税的 7%（城市）或 5%（郊区乡镇）、营业税的 3%、租赁收入的 12%、租赁收入的 0.1%、0.6 元每平方米每年到 30 元每平方米每年（城镇地区）。此外，为建房或从事其他非农业建设而占用耕地的还需缴纳耕地占用税。从总体上计算，这类农村集体经济组织物业出租总税率约占租金收入的 19%～20%；③经济发达、已实现城镇化的地区，且农村集体经济组织已改为公司制的，如广州市天河区和深圳市等地，基本上与普通公司承担相同的纳税义务，税赋负担相对较重。

由于实际经营农村集体资产的主体不同，纳税义务人也不尽一致。对于以农工商总公司为纳税义务人的，农工商总公司

---

[1]　据调研得知，北京的一些村是以农村社区股份合作社的名义向村民分红的，在此过程中代扣代缴了 20% 的个人所得税；有些村则以村委会的名义分红，仍与以前发放福利一样不交个人所得税。

[2]　参见陈标金："农村集体经济组织的财税金融环境研究——基于广东的调查"，载《农业经济与管理》2010 年第 2 期；柳松、李大胜："农村集体经济组织的公共开支与税赋负担——来自广东的案例分析"，载《经济问题探索》2007 年第 2 期。

基本上承担与其他企业相同的纳税义务。对于以农村社区股份合作社本身为纳税义务人的，其税收实践与规范意义上的税收制度有一定差距，实际开征的税种少于规范上应征税的税种，但这只是实际操作的问题，倘若税务机关拟开征目前尚未征收但有法律依据的税种，也不会存在不可逾越的障碍。就像有学者指出的，"南海、顺德等地的地税部门曾计划对农村集体经济组织征收企业所得税，虽经地税部门调研后将此举给否决了，然而全省若没有针对农村集体经济组织纳税的统一规定，难保以后不对农村集体经济组织征收企业所得税。"[1]事实上，有些地区确实明确规定要对农村集体经济组织征收企业所得税，如浙江省地方税务局《关于乡村、集体经济组织征收企业所得税问题的通知》（浙国税二〔1995〕217号）[2]规定，乡、村集体经济组织（包括乡资产经营公司、乡经济联合社、村资产经营公司、村经济合作社等）从事生产、经营活动所取得的所得，除按税法规定准予减免的以外，应缴纳企业所得税。

因而，为了避免各地税收执行过程中差异化过大而导致的税收不公平，同时实现农村社区股份合作社的社区公共职能与税赋负担二者间的平衡，有必要为农村社区股份合作社制定一些特殊的税收规则。

二、农村公共产品供给的现状

农村税费改革后，农村公共产品的供给状态大致可归纳为以下两种情形：

一是乡镇企业、工商业、集体经济比较发达的地区，农村

〔1〕 柳松、李大胜："农村集体经济组织的公共开支与税赋负担——来自广东的案例分析"，载《经济问题探索》2007年第2期。
〔2〕 来源北大法宝数据库。

集体经济组织承担大部分社区公共职能，乡镇政府承担小部分社区公共职能。根据对北京市海淀区东升镇的调研，农村社区股份合作社不仅承担经济职能，还承担着行政、社会职能，如综合治理、消防安全、安全生产、环境整治、公共卫生、交通、防汛、妇联、文化体育、法制、计生、民政、工会、员工退休补贴、农民养老医疗保险、弱势群体救助等。承担这些职能的经费中有很大一部分是农村社区股份经合作社自筹的，如马坊村 2013 年的公共开支中，农村社区股份合作社承担了三分之二以上，政府补贴不到三分之一。而太平庄、大钟寺这两个撤制村的公共开支，则基本上全部由农村社区股份合作社来承担。此外，一些乡镇负责人坦言，镇政府离不开总公司（即农工商总公司），因为办公大楼是总公司的，政府以前都是无偿使用，不久前开始交租金。镇一级财政远远不足，镇里的行政经费主要来源于总公司，总公司富则镇富，总公司穷则镇穷。镇政府唯一的自有资金是税收返还，即镇政府辖区内的企业交税，然后会按比例返还给镇政府，这也是镇政府招商引资的重要原因。

二是乡镇企业、工商业不发达，且集体经济落后的地区，农村公共产品的供给主要依靠上级政府的转移支付，但财政转移支付远远无法满足社区对公共物品的需求，导致社区公共产品供应奇缺。"事实上，作为一级政府，除了东部江苏、浙江、山东等发达地区的乡镇工业有较雄厚的财力来支撑税费改革后的农村公共产品供给外，在广大的中西部地区，由于农村工业不发达，许多乡（镇）财政难以为继。尽管中央财政向试点地区提供了相当一部分转移支付，但是，众所周知，广大中西部地区多是农业立县，这笔转移支付被分摊下去，也仅仅是杯水车薪，不足以应对农村庞大的公共物品需求，也不能从根本上缓解乡镇财政困境。这实际上使许多地区农村公共物品的供给几乎陷于完全停滞的局面。"[1]

　　就目前的现实状况而言，在农村公共产品供应相对充足的地区，农村集体经济组织承担了绝大部分社区公共职能，这不仅仅是现实情况，在法律上也能找到立法者鼓励甚至要求农村集体经济组织承担公共产品供给责任的依据。如根据《宪法》第 19 条、第 21 条的规定，国家鼓励集体经济组织举办各种教育事业、兴办医疗卫生设施及开展群众性的卫生活动等。又如《乡镇企业法》第 17 条第 1 款规定："乡镇企业从税后利润中提取一定比例的资金用于支援农业和农村社会性支出，其比例和管理使用办法由省、自治区、直辖市人民政府规定。"这说明乡镇企业有用部分税后利润承担农村社区公共支出的法定义务。而从《乡镇企业法》第 2 条对乡镇企业的界定中可知，乡镇企业的主要投资者是农村集体经济组织或农民，可以参与乡镇企业税后利润的分配。进而可以推知，作为乡镇企业主要投资者的农村集体经济组织承担了农村公共产品供给的部分职责。因而，无论是法律规定上还是实践中，农村集体经济组织都需要承担一定社区公共职能，提供农村公共产品。尽管《乡镇企业法》第 18 条规定了在一定期间可以给予乡镇企业一定税收优惠，如 1994 年财政部、国家税务总局《关于企业所得税若干优惠政策的通知》（财税字〔1994〕001 号）中规定，乡镇企业可按应缴税款减征 10%，用于补助社会性开支的费用。但该文件已经失效。此外，据我们对北京市海淀区的调研，目前对乡镇企业除了在城市维护建设税上有一定优惠外，并不存在其他法定的特殊税收减免措施。

―――――――――――

　　〔1〕 宋巨盛："税费改革后我国农村公共物品的供给研究"，载《农业经济》2005 年第 5 期。

第三节 农村社区股份合作社税收法律制度与农村公共产品供给存在的问题及建议

一、问题

从以上对农村社区股份合作社税收法律制度与农村公共产品供给的历史沿革和现状的梳理可以看出，农村集体经济组织历来承担着提供农村公共产品的重任。国家废除农业税后，地方财政削减，加之随农业税一同取消了乡统筹、村提留的制度，绝大多数地区农村公共品投入明显不足，只有少数集体第二、三产业发达的地区能够凭借农村集体经济组织的强大经济实力支撑起农村公共产品的供给。

目前，农村集体经济的运营及相关主体的纳税义务和农村公共产品供给情况大致可归纳为三种情况：①不具备商主体资格的农村社区股份合作社无法自行开展经营活动，而是通过农工商总公司及其下设实体进行经营，因而农村社区股份合作社并不直接承担各种税费负担。但农工商总公司及其下设乡镇企业除需要照常缴纳各种税收外，还需在税后利润中提取一部分用于公共支出，即农村社区股份合作社作为投资人，其分回的税后利润中已经扣除了提供农村公共产品的费用；②农村社区股份合作社通过登记为农民专业合作社开展经营活动，除了可以享受通常涉农经营项目方面的税收优惠以及农民专业合作社所能享受的增值税、印花税优惠外，其他经营项目及税种仍应照常纳税，交税的同时还需提供农村公共产品；③农村社区股份合作社直接开展或以村委会名义开展经营活动。《民法总则》赋予了农村集体经济组织明确的法律地位，而农村社区股份合作社作为农村集体经济组织一种特殊的表现形式，法律地位也逐渐明朗；而对于农村社区股份合作社以村委会的名义开展经营活动的情形，的确在一定程度上混淆了基层自治组织与经济组织的功能，因而《民法总则》也明确规定了只有在未设立村集体经济组织的地区，该地村委会才可以代行相关职能。这样既考虑了我国现实情况的复杂性，又体现出"政经分离"的改革趋势。按理说农村社区股份合作社应照常缴纳各种税费，同时承担公共职能。以上三种形式均使农村社区股份合作社承担了农村公共产品供给与纳税义务的双重负担，虽然实践中往往依照各地实际情况仅开征部分税种，但这种做法一则合法性值得怀疑，二则不确定性太大，各地税务机关既然可以决定在特定期间仅开征部分税种，就完全可能决定再开征其他法有明文规定的税种，从而加大农村社区股份合作社的负担。

可见，就目前农村社区股份合作社的税收制度安排与其承担的农村公共产品供给的职能而言，农村社区股份合作社被不合理地课以了双重负担。税收的正当性基础之一在于其将被用于公共支出，而纳税主体承担纳税义务的合理性基础之一在于其将从公共产品中获益。然而，农村社区股份合作社却承担了重复义务：首先，农村社区股份合作社从理论上看承担着与其他商主体类似的税收负担，税收中有部分将被用于农村公共产品供给；其次，农村社区股份合作社在承担纳税义务后，却不能"无偿"享受政府提供的公共产品，而是需要自掏腰包承担农村公共产品供给职能。

城市里的商主体在承担法定纳税义务后，能够顺理成章地享受政府提供的各种公共产品，在依法缴纳其应承担的相应比例的社会保险费后，在员工退休、工伤、生病、失业时，并无再负担员工的退休金、医疗费、生活保障金等的法定义务。而农村社区股份合作社则在法定纳税义务之外还承担着农村公共产品供给、社区内农民的基本生活保障的职能，因此相较城市里的商主体，农村社区股份合作社承担了过重的负担，具有天然的劣势，无法与城市里的商主体站在同一起跑线上进行市场交易和竞争，不利于发挥农村集体经济的优势以带动农村经济的发展，也与近年来我国工业反哺农业、城市反哺农村的政策导向不相符。

因此，有必要理顺农村社区股份合作社税收负担与其提供农村公共产品之间的关系，尽可能为其提供与城市商主体公平竞争的机会，甚至更加优先的机会，从而实现其带动农村经济发展的功能，并惠及社区中的所有居民。

二、建议

（一）确定农村公共产品的多中心供给主体制度

我国城乡公共产品供给奉行两套截然不同的制度：城市的水、电、道路、教育、卫生等公共设施由政府供给；农村的公共产品则主要由农民自己解决，遵循"农村事情农民办"的思路，政府只提供适当补助。农村税费改革虽然减轻了农民负担，却进一步加剧了农村公共产品供给的短缺状态。只有农村集体经济发达的地区能够勉强维持农村公共产品的供给，其他地区的农村公共产品供给则愈发贫乏。

农村公共产品的供给是影响农村发展的重大课题，引起了很多学者的关注，他们提出了一些解决方案，其中较有代表性的是"多中心供给主体"说：即根据公共产品服务范围的大小，通常可将其分为全国性公共产品、地区性公共产品和社区性公共产品；此外还有一类介于纯公共产品和私人产品之间的准公共产品〔1〕。不同类型的公共产品应有不同的供给主体，理论上，全国性公共产品应由中央政府提供，地区性公共产品应由地方政府提供，社区性公共产品应由社区提供〔2〕，准公共产品则可以依据市场规则进行配置。

具体而言，农村公共产品可以由以下主体提供〔3〕：

一是政府作为供给主体。对于关系国家整体利益的全国性公共产品，如基础教育、环境保护等，应由中央政府无偿提供；与本地区农业、农村和农民相关的地区性农村公共产品，如区域性道路交通、农田水利建设等，应由地方政府负责提供。当前，由于地方政府的事权远大于财权，不具备提供地区性农村公共产品的财力，这种状态亟待改变，国家应赋予地方政府适当财权，同时遵循实质公平原则，适当将财政转移支付向贫困地区倾斜，以实现地区间的平衡发展。

二是农村社区作为供给主体。对于村级范围内的公共产品，如村内道路、沟渠建设等，主要可通过农民集资方式或由村集体经济组织提供。农民集资方式，主要是指"一事一议"筹资筹劳制度，通过上文的分析可知该制度的设计和运行并不尽如人意。事实上，由农村集体经济组织承担农村社区公共产品的供给职能相比"一事一议"这种显性且直接的筹资方式可能更能为农民们接受，这也是农村集体经济发达地区的社区性公共

---

〔1〕 准公共产品是指不完全同时具备非排他性和非竞争性的公共产品，其中具有非竞争性但可以较轻易做到排他的准公共产品亦被称为"俱乐部产品"，如收费高速公路；而具有竞争性但无法有效排他的准公共产品则被称为"公共财产"，如公共渔场、牧场等。

〔2〕 参见刘鸿渊："农村税费改革与农村公共产品供给机制"，载《求实》2004年第2期。

〔3〕 参见刘建平、龚冬生："税费改革后农村公共产品供给的多中心体制探讨"，载《中国行政管理》2005年第7期。

产品甚至地区性公共产品的供给相对较充足的原因。

三是市场作为供给主体。对于介于纯公共产品和私人产品之间的准公共产品，则应由政府和市场共同分担，因此可以按照市场规则，积极引进私人或企业投资来分担这类农村公共产品的供给。当然，为了提高私人或企业供给的积极性，政府应制定相应激励性的政策，如税收优惠政策、赋予冠名权等，同时应维护私人或企业供给主体的既得利益，明确他们提供的农村准公共产品的产权归属，不得随意以公共利益之名侵害其权益。

（二）制定农村社区股份合作社税收优惠政策

结合目前农村的实际情况，建立覆盖城乡的统一公共财政制度和公共产品供给制度并不是一朝一夕就可实现的，而由农村社区股份合作社在社区性农村公共产品供给方面发挥主要作用是一种较为可行的方案。若将农村社区股份合作社确立为一类企业法人，则规范并落实与之相关的税收法律制度成为当务之急，为了避免农村社区股份合作社承担双重负担，有必要为其制定税收优惠政策。

由于农村社区股份合作社的收入中很大一部分被用于社区公共产品的供给以及社区农民的福利和社会保障，因而除了因其经营的业务范围而能够享受针对所有经营该业务的商主体的税收优惠以外[1]，还可以考虑为农村社区股份合作社制定企业所得税方面的特殊优惠。以下三种方案可供选择：

1. 税前扣除

根据我们对北京市部分乡镇的调研，农村社区公共产品多

---

[1] 如从事农、林、牧、渔业项目的所得按照规定免征或减半征收企业所得税；销售自产的初级农产品，免征增值税，销售非自产的初级农产品，适用13%的税率等。具体参见上文"农村社区股份合作社税收制度的现状"部分。

由农工商总公司提供，农工商总公司将这部分支出作为成本列支，并在税前扣除。但这并不符合《企业所得税法》中与取得收入无关的支出不得税前扣除的规定。

根据《企业所得税法》第 8 条和第 10 条的规定，在计算企业所得税的应纳税所得额时，只有实际发生的与取得收入有关的、合理的支出才能扣除，与取得收入无关的支出不得扣除。作为例外，第 9 条规定了公益捐赠的税前扣除，即企业通过公益性社会团体或者县级以上人民政府及其部门，用于《公益事业捐赠法》规定的公益事业的捐赠支出，在年度利润总额 12% 以内的部分，准予在计算应纳税所得额时扣除。农村社区股份合作社用于提供农村公共产品的部分支出可据此在税前扣除。

然而，仅仅通过公益捐赠的税前扣除远远无法全面覆盖农村社区股份合作社的公共支出。首先，允许税前扣除的公益事业限于《公益事业捐赠法》规定的公益事业，即下列非营利事项：①救助灾害、救济贫困、扶助残疾人等困难的社会群体和个人的活动；②教育、科学、文化、卫生、体育事业；③环境保护、社会公共设施建设；④促进社会发展和进步的其他社会公共和福利事业。因而，并非农村社区股份合作社的全部公共支出都能为这些公益事业所涵盖，如职工退休补贴、社区村民福利费等支出并不包括在内。其次，允许税前扣除的公益事业必须通过公益性社会团体或者县级以上人民政府及其部门来捐赠，自己直接用于这类公益事业的支出并不能在税前扣除。农村社区股份合作社在提供社区公共产品时，常常采取直接供给的方式，而非通过政府提供。最后，公益捐赠的税前扣除比例以年度利润总额的 12% 为限。实践中，许多农村社区股份合作社用于公共支出的金额远不止年度利润总额的 12%。

此外，就农村社区股份合作社承担的社区村民福利和农村社会保障而言，部分可以适用《国家税务总局关于企业工资薪金及职工福利费扣除问题的通知》（国税函〔2009〕3号）的规定。根据该通知，尚未实行分离办社会职能的企业，其内设福利部门所发生的设备、设施和人员费用，包括职工食堂、职工浴室、理发室、医务所、托儿所、疗养院等集体福利部门的设备、设施及维修保养费用和福利部门工作人员的工资薪金、社会保险费、住房公积金、劳务费等，包括在《企业所得税法实施条例》第40条规定的企业职工福利费中，即不超过工资薪金总额14%的部分可以税前扣除。农村社区股份合作社成为一类企业法人后，可以适用该规定，但这些"福利费"仅仅是农村社区股份合作社承担的公共职能中的冰山一角，且只有在不超过工资薪金总额的14%以内的部分才能税前扣除，远远无法弥补农村社区股份合作社实际承担的公共支出。

以上公益捐赠和职工福利在限定比例内税前扣除的规定为我们提供了一条减轻农村社区股份合作社所得税负担的思路，即允许农村社区股份合作社将所有符合条件的社区公共支出在税前扣除，既不设置比例限制，也无支出途径限制，但前提是能够提供合法有效的凭证。

2. 优惠税率

为了鼓励、扶持某类企业的发展，国家常常会在一定时期内对其适用企业所得税优惠税率，即适用低于25%的企业所得税税率。例如，国家为了支持小型微利企业和高新技术企业，规定小型微利企业减按20%的税率征收企业所得税，国家重点扶持的高新技术企业减按15%的税率征收企业所得税。

因此，为了避免农村社区股份合作社因承担双重负担而阻碍其自身的发展，也为了促进其实现带动农村经济发展的功能，可以考虑在企业所得税方面对农村社区股份合作社适用优惠税率，甚至在一定时期内对其免征企业所得税。至于具体的适用税率，则有待进一步研究确定。

3. 减免税额

减免税额的优惠是先正常计算出应纳税额，然后对该税额按照一个绝对数或法定的相对比例进行减免，按绝对数减免称为"抵免税额"，按相对比例减免称为"按比例减征"。第一种情况，例如企业购置并使用符合规定的环境保护、节能节水、安全生产等专用设备的，该专用设备的投资额的 10% 可以从企业当年的应纳税额中抵免；当年不足抵免的，可以在以后 5 个纳税年度结转抵免。[1]第二种情况，例如符合条件的节能服务公司实施合同能源管理项目，自项目取得第一笔生产经营收入所属的纳税年度起，第 1 年至第 3 年免征企业所得税，第 4 年至第 6 年按照 25% 的法定税率减半征收企业所得税。[2]

事实上，我国有一段时间曾经对乡镇企业适用过按比例减征企业所得税的优惠措施。1994 年财政部、国家税务总局《关于企业所得税若干优惠政策的通知》（财税字〔1994〕001 号）中规定，乡镇企业可按应缴税款减征 10%，用于补助社会性开支的费用。这一规定考虑到乡镇企业需要承担农村公共支出，因此允许在其所得税应纳税额中减征 10%，但该文件已经失效。

为了减轻农村社区股份合作社的负担，可以给予其抵免税额的优惠，对于符合条件的用于提供农村公共产品的支出，可以从当年的应纳税额中抵免；当年不足抵免的，可以在以后年度结转抵免。也可以适用按比例减征的税收优惠，即先按照

---

〔1〕 参见《企业所得税法》第 34 条、《企业所得税法实施条例》第 100 条第 1 款。

〔2〕 参见财政部、国家税务总局《关于促进节能服务产业发展增值税、营业税和企业所得税政策问题的通知》（财税〔2010〕110 号）第 2 条第 1 款。

25%的法定税率计算出应纳税额，然后按该应纳税额的一定比例减征企业所得税，具体比例则需要进一步研究确定。

原则上，国家税收的大部分应用于公共产品供给。既然农村社区股份合作社在纳税之前已经承担了农村公共产品供给职能，那么已承担的部分就不应再重复纳税，故其用于提供农村公共产品的支出理应在应缴纳的企业所得税税额中全额扣除。因此笔者认为，上述第三种方案中的"抵免税额"对于避免农村社区股份合作社承担农村公共产品供给和税赋负担的双重压力最为合理，效果也最佳。无论是税前扣除、优惠税率，还是按比例减征，都无法达到将农村社区股份合作社提供农村公共产品的支出在应缴纳的企业所得税中等额扣除的效果。此外，对于优惠税率和按比例减征的优惠措施，还存在比例如何科学合理确定的问题。而抵免税额的措施，则既能实现等额扣除又无需事先确定比例，是避免农村社区股份合作社承担双重负担的可行方案。

实践中也可能出现农村社区股份合作社当年的应纳税额少于当年发生的符合条件的公共支出的现象，为了鼓励农村社区股份合作社提供农村公共产品，同时也为了实现全额抵扣，应允许将超额支出部分结转到以后纳税年度扣除，且不应设定结转年限。

另外，鉴于目前大部分地区并未对农村社区股份合作社开征企业所得税，为了避免在赋予其企业法人资格后税赋负担陡增，可以考虑给予农村社区股份合作社一段过渡期，如3年~5年的企业所得税免征期。

需要指出，应明确对农村公共产品供给负有强制性义务的主体仅限于农村社区股份合作社（即农村集体经济组织）本身，而不包括其作为投资人设立的乡镇企业，因此享受上述企业所得税优惠的主体也应仅限于农村社区股份合作社本身。理由有二：其一，根据《乡镇企业法》第 2 条，乡镇企业并非一定是农村社区股份合作社的全资子公司，可能还存在其他投资主体，而强制要求其他投资主体也一同间接承担农村公共产品供给职能是缺乏正当性基础的，有损其他主体投资的积极性；其二，如果将农村社区股份合作社创设为一类特殊的商主体，特殊性应仅限于其本身，而不应延及其作为投资者设立的企业，这些企业应与普通市场主体享有同等的待遇。

此外，为了维护公共利益，应对农村社区股份合作社的经营范围设置一定限制，禁止其直接从事一些高风险领域的经营活动。[1]出于市场化的考虑，农村社区股份合作社出资设立的公司的经营范围则不宜受到特别限制，但应对农村社区股份合作社的出资额占其净资产的比例设定法定上限。作为独立法人，农村社区股份合作社将以其拥有的全部集体资产作为责任财产承担责任，由于其肩负社区公共职能，倘若涉足高风险领域必将不利于农民权益的保护。但农村社区股份合作社可以以一定比例的财产投资设立公司来从事一些禁止农村社区股份合作社自身直接从事的活动，因为此时的责任仅以其对被投资公司的出资额为限。事实上，确立农村社区股份合作社的企业法人地位后，农村社区股份合作社对集体资产将存在两种经营模式：一是自行经营，但不得从事一些被禁止的高风险高收益的活动，同时将其部分经营所得用于提供农村公共产品，并享受税收减免；二是投资设立公司经营，被投资公司可以涉足一些高风险高收益领域，没有农村公共产品供给的强制性义务，但同时要与其他公司承担同样的纳税义务。

---

[1] 在笔者的调研过程中也确实发现有成员对农村社区股份合作社从事高风险领域的经营活动表示担心。

第八章
农村社区股份合作社的监管

随着我国农村产权改革的加快和农村集体经济自身的发展，农村社区股份合作社无论是在数量上还是在其涉及的农村集体资产总量上，在近年来均快速增长。农村社区股份合作社的管理是否得当，事关农民切身利益与农村经济的发展。我国相关法律、行政法规、部门规章、其他规范性文件以及地方性法规赋予政府部门监管农村集体经济组织的合法性。但是，根据本书第三章的讨论，《民法总则》赋予了集体经济组织特别法人地位，农村社区股份合作社也应该取得特别法人的地位，且具有营利性。因此，如何在保障集体经济组织依法享有的"独立进行经济活动的自主权"[1]的同时，确立政府监管的边界，并在此基础之上构建起一个科学严谨的制度体系，是亟待解决的问题。

农村社区股份合作社的有效监管首先有赖于监管主体的明确。监管主体主要包括外部监管、内部监管和成员监管。外部监管主要来自于政府监管。内部监管指的是以监事会为主体的内部治理结构的科学化和监管。根据笔者的调研，大多数农村社区股份合作社均设置了监事会，但个别地区的农村社区股份

---

〔1〕《中华人民共和国宪法》第十七条："集体经济组织在遵守有关法律的前提下，有独立进行经济活动的自主权。"《中华人民共和国村民委员会组织法》第八条："……村民委员会应当尊重并支持集体经济组织依法独立进行经济活动的自主权，维护以家庭承包经营为基础、统分结合的双层经营体制，保障集体经济组织和村民、承包经营户、联户或者合伙的合法财产权和其他合法权益。"

合作社不设监事会，而只设财务监督小组。目前我国农村社区股份合作社的监事会的问题在于流于虚置、缺乏独立性，其运行困境及完善内部监督的建议在本书第六章有详细论述，因此本章不再赘述。成员监管指的是股份合作社社员对合作社的监管。

本章将围绕现有农村社区股份合作社中的两种监管制度——外部的政府监管、内部成员的民主监督，讨论农村社区股份合作社的监管问题。

第一节　农村社区股份合作社中的政府监管

人民公社解体后，建立了乡镇政府，部分地区的农村集体经济组织仍然存在，且依旧留有人民公社的遗迹，但农村集体经济组织并非单纯的经济组织，而是肩负农村公共产品供给的重任，农村集体经济组织甚至多与基层自治组织重合，共同协助乡镇政府进行村域内的行政管理。农村集体经济组织负责经营管理的农村集体资产数额巨大，[1] 其经营收益用于提供农村公共产品，涉及的利益群体范围广泛。同时，鉴于目前基层党组织、村民委员会和农村集体经济组织在农村集体资产管理和农村经济发展方面的职能分工不甚明确，三类组织中的人员存在较大重叠，政府与农村社区股份合作社（农村集体经济组织）之间的关系在一定程度上有别于政府与普通商主体之间的关系，政府出于监管农村集体资产的需要，有必要对农村社区股份合作社采取适当的监管措施，防止农村集体资产流失，以维护农民利益和社会稳定。实践中政府也因农村社区股份合作社所承担的公共职能而对其采取某些特殊的监管措施。

---

〔1〕　具体数据参见本书第一章第三节。

　　在对农村集体经济组织进行股份合作制改革前，农村集体成员对集体资产的所有类似于"共同共有"，没有明确的"份额"，作为农村集体资产经营管理主体的农村集体经济组织大多处于"缺位"状态，实践中往往由村民委员会代行集体经济职能。农村集体产权制度改革后，农村集体经济组织主要以农村社区股份合作社的形式存在，集体资产以股权形式量化给农民，尽管并未根本改变集体所有的性质，但其"私权"属性凸显，使得农村集体资产经营管理主体与政府之间的关系发生了微妙的变化，政府通过监管农村社区股份合作社以实现对农村集体资产的监管的正当性受到一定的挑战。随着农村社区股份合作社的法律地位逐渐明确、成员资格标准渐趋确定、内部治理结构和运行机制不断规范，政府是否还有必要对农村社区股份合作社采取特殊的监管措施？通过农村集体产权制度改革，设立农村社区股份合作社，将集体资产"量化"到了个人，集体成员所拥有的股份及其权益属于私有财产权利，政府监管是否涉嫌干涉私权？这是在理论上与实践中亟需解决的问题。

　　根据《物权法》第 59 条、第 60 条的规定，成员集体是农村集体资产所有权主体，农村集体经济组织或村民委员会、村民小组代其行使所有权，对集体资产进行经营管理。农村集体资产管理属于经济领域的事项，按照职能分工，在存在农村集体经济组织的情况下应由农村集体经济组织管理集体资产，在农村集体经济组织缺位的情况下才采取由村民委员会或村民小组代为管理的替代方案。[1]因此，作为农村集体经济组织表现

---

〔1〕　全国人民代表大会常务委员会法制工作委员会《对关于村民委员会和村经济合作社的权利和关系划分的请示的答复》（1992 年 1 月 31 日）："集体所有的土地依照法律规定属于村农民集体所有的，应当由村农业生产合作社等农业集体经济组织经营、管理，没有村农业集体经济组织的，由村民委员会经营、管理。"

形式之一〔1〕的农村社区股份合作社实际上担负着经营管理农村集体资产的重任，政府透过监管农村社区股份合作社实现对农村集体资产的监管。

本节根据实地考察〔2〕的情况，论证政府监管农村社区股份合作社的正当性；基于农村社区股份合作社营利性〔3〕的本质，结合调研中发现的问题，试图为政府的监管行为划定合理界限，以避免公权过度干预私权，同时防止政府监管缺位。需要指出，随着政府从"管制型"向"服务型"转变，本书中的"监管"不仅包括传统意义上政府以国家公权力为后盾的强制性监督管理，其外延还包括不具强制力的服务职能。

一、政府监管农村社区股份合作社的正当性

（一）政府监管的现行法依据

农村集体资产管理不同于国有资产管理，国有资产管理的

---

〔1〕 此处之所以说农村社区股份合作社是农村集体经济组织的表现形式之一，一是因为有些地区并未对集体经济组织进行产权制度改革，仍以经济合作社的组织形式经营管理农村集体资产；二是由于一些地区虽然开展了产权制度改革，但改革的结果是形成了经济合作社与股份经济合作社并存的局面，部分地区甚至要求只能将集体土地确权给经济合作社，而不得确权给股份经济合作社。经济合作社与股份经济合作社之间的关系并不清晰，有人认为经济合作社是股份经济合作社的出资人，有人则认为二者是并列关系。

〔2〕 课题组在本课题研究过程中，前往海淀区农委、海淀区农经站、西北旺镇、东升镇、四季青镇、玉渊潭农工商总公司以及北京市京洲企业集团公司（通州区梨园镇大稿村）进行了实地调研，了解了政府对农村集体资产的监管情况，以及农村集体经济产权股份合作制改革前后农村集体资产的管理与运营等情况。在本课题研究之前及研究过程中，项目负责人还曾多次参与北京市人大农村委员会关于农村集体经济产权股份合作制改革的调研，如北京鑫福海工贸集团产权股份合作制改革报告会（丰台区南苑乡果园村）、昌平区集体经济产权股份合作制改革报告会、北京新发地农副产品批发市场中心股份合作制改革报告会等。

〔3〕 目前农村社区股份合作社还承担着部分社区公共职能，具有公益性和互益性，但经济职能是其核心，营利性应为其实质特征。参见本书第三章。

主体是各级政府国有资产管理部门，而农村集体资产管理主体是农村集体经济组织、村委会等自治性组织。农村集体经济组织有权自主进行经济活动并管理集体资产，因此政府无权对农村集体资产进行直接管理。但是，由于所涉利益主体的特殊性和广泛性，农村集体经济组织的发展和集体资产的管理仍需要政府鼓励、指导和监督。我国相关法律、行政法规、部门规章、规范性文件以及地方性法规为各级政府对农村社区股份合作社的监管提供了依据。

1. 法律

作为国家根本大法的《宪法》规定国家有鼓励、指导、帮助集体经济发展的义务[1]；《农业法》规定各级人民政府统一负责农业和农村的经济发展工作[2]；《土地管理法》规定国务院土地行政管理部门统一负责全国土地的监督和管理[3]；《农村土地承包法》规定县级以上各级政府农林部门和乡镇政府负责本区域内农村土地承包及承包合同管理[4]；《村民委员会组织法》规定村委会依照法律规定管理本村属于村农民集体所有的土地和其他财产，乡镇政府对村民委员会的工作给予指导、支持和帮助[5]。从这些规定可以看出，我国政府部门对于农村集体资产管理有指导和监督的义务和权限。

2. 行政法规、部门规章及规范性文件

1995 年国务院《关于加强农村集体资产管理工作的通知》指出农业部是国务院主管农村经济工作的职能部门，要履行对集体资产管理工作进行指导和监督的职责；水利部、林业部要

---

〔1〕　参见《宪法》第 8 条第 3 款。

〔2〕　参见《农业法》第 9 条。

〔3〕　参见《土地管理法》第 5 条。

〔4〕　参见《农村土地承包法》第 12 条。

〔5〕　参见《村民委员会组织法》第 5 条、第 8 条第 2 款。

按照职责分工，做好对有关集体资产管理的指导和监督工作；财政、监察、审计等部门要按照分工参与对集体资产管理的指导和监督；地方各级人民政府要明确指导和监督集体资产管理工作的主管部门。2003 年农业部、民政部、财政部、审计署《关于推动农村集体财务管理和监督经常化规范化制度化的意见》以及 2009 年农业部《关于进一步加强农村集体资金资产资源管理指导的意见》对政府各部门在农村集体财务管理和监督的指导工作提出意见。2008 年农业部《农村集体经济组织审计规定》明确全国农村集体经济组织的审计工作由农业部负责，县级及县级以上人民政府农村经营管理部门负责指导农村集体经济组织的审计工作，乡级农村经营管理部门负责农村集体经济组织的审计工作。

3. 地方性法规

目前，多数省、自治区、直辖市人大及其常委会针对农村集体资产管理、经济合同承包以及审计三个方面制定了管理条例。全国有 15 个省、自治区、直辖市针对农村集体资产管理制定了条例[1]，这些条例主要从农村集体资产所有权、经营权以及具体管理方式三个方面对农村集体资产进行规定，一是明确了农村集体经济组织为独立核算的经济组织，其财产受法律保护，为成员集体所有，由农村集体经济组织代表行使所有权；二是农村集体经济组织可以采用多元化的经营方式；三是县、市农业主管部门对农村集体经济组织有指导、监督职责，但并

---

[1] 该 15 个省、自治区、直辖市分别为北京市、甘肃省、广东省、广西壮族自治区、贵州省、河北省、湖北省、吉林省、辽宁省、黑龙江省、宁夏回族自治区、山东省、陕西省、天津市、重庆市。青岛市和唐山市作为其所在省的试点，单独制定了农村集体资产管理条例。另外，深圳特区人大常委会也制定了农村集体资产相关条例。除此之外，还有两个省（江苏省、四川省）、4 个市（昆明市、南京市、宁波市、苏州市）政府制定了农村集体资产管理办法。

未明确具体监管范围、措施、机构等内容。

（二）政府监管的历史渊源和现实基础

1. 政府监管具有历史渊源和文化传统

农村集体资产的形成渗透着国家意志。历史上，无论是农村合作化运动还是集体化运动，都是国家为了推动城市工业化进程而主导的。在互助组阶段，生产资料所有权归农民个人。随后，为了逐步实现对农业的社会主义改造，互助组逐渐向农业合作社发展。在初级社阶段，土地等生产资料仍归农民个人所有，但使用权有所限制，由合作社统一安排，其性质被界定为"半社会主义"。为了实现"完全的社会主义"，生产资料必须归集体所有，因此成立了高级社。在该阶段，土地等生产资料的私有性质发生了实质性的转变，成为集体公有财产，农民的分配基础是其所投入的劳动，集体资产逐步形成。随后，在提高公有化水平的方针的指导下，农村合作化运动异化成集体化运动，实现了资产集体化。[1]人民公社规模大，公有化程度高，并具有经济组织与政权组织的双重身份，即"政社合一"，此阶段政府作为当家人直接管理集体资产，国家权力在集体中达到巅峰，基本上无所不能管。之后的家庭承包经营制中，政府对于集体资产的控制权有所减弱，但依然占据强势地位。例如1995年国务院《关于加强农村集体资产管理工作的通知》中提到："各级人民政府要高度重视农村集体资产管理工作"，其中第（三）项明确了各级政府对农村集体资产管理的领导地位以及各部门的分工。再如1992年农业部《关于加强农业承包合同管理的意见》中提到各级政府要高度重视农业承包合同管理工作。在一些地方性规定和文件中，如1993年《北京市农村集

---

〔1〕　参见傅晨：《中国农村合作经济：组织形式与制度变迁》，中国经济出版社2006年版，第82~114页。

体资产管理条例》、1995 年湖南省人民政府《关于加强农村集体资产管理工作的通知》，也体现了政府对农村集体资产的监管。可见，集体资产自形成之日起就伴随着政府的监管。

此外，长期习惯于"集体"生活的农民往往欠缺管理集体资产的主动意识和能力，因而需要政府帮他们看管好集体资产。计划经济体制下形成的依赖政府的惯性，使得农民认为政府监管集体资产是顺理成章的，政府对集体资产的监管形成了一种为多数人接受与认可的传统。农民对政府有着强烈的信赖与依赖，这种历史渊源和文化传统是现阶段政府监管农村集体资产不可忽视的正当性基础之一。

2. 政府监管是维护社会主义公有制主体地位的要求

《宪法》第 6 条规定，中华人民共和国的社会主义经济制度的基础是生产资料的社会主义公有制，即全民所有制和劳动群众集体所有制。国家在社会主义初级阶段，坚持公有制为主体、多种所有制经济共同发展的基本经济制度。农村集体所有制是公有制的重要组成部分，在现阶段坚持公有制为主体的原则下，不得随意改变集体资产权属性质。

笔者在调研中了解到，在产权制度改革过程中，由于对农村集体资产的发展前景缺乏足够的认识，有些地方的村民和农村集体经济组织有分光吃净集体资产的意愿，个别地方甚至已经分光了集体资产，这样的做法在一定程度上影响了农村集体经济组织在社区内的公共职能的发挥，甚至丧失了农村集体经济组织在现阶段必须要承担的提供社区公共产品的能力，也忽视了农村和农民群体的未来经济发展，更有违国家的基本经济制度。在现阶段，坚持社会主体公有制为主体的基本经济制度要求政府监管农村集体资产以维护农村集体资产的集体所有制属性。

3. 政府监管符合权责统一的要求

"权责统一"是行政法的基本原则，强调政府的权力与责任应对等，具体表现为三方面：一是行政权力的配置应满足法定职责履行的需求；二是行政机关应为其违法与不当行为承担相应责任；三是完善行政监督机制以落实权责统一原则。[1] 可见，权责统一并不是单向强调有权必有责，同时也包含要有与责任相称的权力，否则无法实现维护社会秩序、保障公共利益的目标。

如上所述，政府监管农村集体资产存在难以割裂的历史脉络。根据《中国共产党农村基层组织工作条例》和《村民委员会组织法》，在发展经济、组织生产服务、管理集体资产和集体资源开发等方面，村党支部、村民委员会、村集体经济组织的职责均有较大的重合性，在实际运作中，这三套班子也是以村党支部为核心的三位一体，主要干部交叉任职，甚至多为"三块牌子，一套人马"。[2] 而多数"村干部"是在党组织和政府的直接或间接参与下产生的。他们同时掌管村里的公共服务和经济事务，当集体资产出现问题、自身权益遭受侵害时，村集体组织成员们首先想到的就是向政府申诉，要求政府承担责任。所谓权责统一，若政府需要承担集体资产管理不善给集体成员造成损失的责任及风险，就理应有权控制该风险，将监管作为

---

〔1〕 应松年主编：《行政法与行政诉讼法》，法律出版社 2009 年版，第 44 页。

〔2〕 廉高波："中国农村经济组织：模式、变迁与创新"，西北大学 2005 年博士学位论文。另外，可参考来源于北京市人大农村委员会调研（2013 年 4 月 9 日于北京会议中心举行的昌平区集体经济产权股份合作制改革报告会）的数据：北京昌平区已实行股份合作制改革的 305 个村中，只有 11 个村的股份经济合作社的董事长非由党支部书记、村委会主任担任，145 个由党支部书记兼任董事长，10 个由村委会主任兼任董事长，另外 139 个村的股份经济合作社董事长集党支部书记、村委会主任与股份经济合作社董事长于一身。根据对海淀区农委的调研，海淀区绝大部分村党支部书记担任股份经济合作社董事长，村委会主任担任副董事长。

降低自身风险的一种途径。

4. 政府监管所及范围为公共利益之所在

国家权力来源于人民的授权，政府行政权源自人民自身权利的部分让渡，目的是让自己不必生活在无秩序的社会中，使自身权利得到最大程度的保障。人民授权的程度是使政府能够有充分的权力维持社会秩序，又不至于侵犯到个人的合法权益。因而政府行政所及范围往往是关乎公共利益的领域，对于私权领域则不应过多涉及。

农村集体经济组织作为集体资产的管理主体，同时还承担着一定的社区公共职能。如本书第三章第二节"平衡社区公共职能与税赋负担的需要"部分所述，无论是立法上还是实践中，农村集体经济组织均有提供农村公共产品的义务。"从支出项目来看，农村集体经济组织的公共开支主要用于经营支出（主要包括农田水利、三防费用、管水工资以及工业区费用等）、福利支出（主要包括困难补助、老人会、文体宣传、奖学金、慰问金、人寿、卫生费、妇幼保健、治安费以及计划生育等）、管理支出（主要包括报刊杂志、办公费、电费、干部工资、旅差费以及会议费等）以及非生产经营性固定资产投入等。"[1] 农村集体经济组织并不是纯粹的经济组织，它还承担了本应属于政府职责的公共产品供给与社会保障重任，关乎广大农民群众的根本利益，这已经超越私人利益而进入公共利益的范畴，政府对农村集体经济组织（包括农村社区股份合作社）的监管也因此具有正当性。

---

〔1〕 柳松、李大胜："农村集体经济组织的公共开支与税赋负担——来自广东的案例分析"，载《经济问题探索》2007 年第 2 期。

二、政府监管农村社区股份合作社的合理界限

政府具有监管农村社区股份合作社的正当性基础，并不意味着政府可以不受限制地采取各种措施对农村社区股份合作社进行监管，也不意味着政府可以恣意介入农村社区股份合作社的内部管理，因此有必要划定政府监管的合理界限。为了划定该界限，必须首先厘清农村社区股份合作社的法律地位及其与政府的关系，因为这决定了政府的监管模式和监管力度。基于农村社区股份合作社与其他商主体之间的区别，政府对农村社区股份合作社的监管应当具有特殊性。

（一）政府监管的特殊性

如前所述，目前有关农村社区股份合作社的法律地位尚不明确，国家立法层面上并未确立农村社区股份合作社的商事法人地位，但是部分地区以地方立法的形式赋予了农村社区股份合作社法人资格[1]。基于农村集体产权制度改革的需要限制成员责任的需要、市场交易的需要、平衡社区公共职能与税赋负担的需要以及农村社区股份合作社与我国其他法定商主体存在本质区别的现实，加之农村社区股份合作社有条件满足商法人的构成要件，因此笔者主张将农村社区股份合作社作为特别法人，营利性为其主要特征。当然，将农村社区股份合作社创设为特别法人并不意味着所有进行股份合作制改革的农村集体经济组织都必须登记为该类法人，这还取决于集体成员的意志，因此，农村集体经济产权制度改革的成果既可能成为商主体，也可能体现为一种新的内部收益分配机制，在后一种情形下，农村集体资产的经营管理仍通过下设实体运营的方式实现。

---

〔1〕　关于各地农村社区股份合作社法人化的实践情况参见本书第三章。

　　将农村社区股份合作社的法律地位界定为具有营利性的特殊法人商主体，其与现实中隶属于政府的行政组织和接受政府委托代行部分行政职权的村委会之间的差异凸显，村委会虽然是基层自治组织，但有时会协助或接受政府委托代行部分行政职能，如①救灾、抢险、防汛、优抚、扶贫、移民、救济款物的管理；②社会捐助公益事业款物的管理；③国有土地的经营和管理；④土地征用补偿费用的管理；⑤代征、代缴税款；⑥有关计划生育、户籍、征兵工作等，〔1〕因此政府与村委会之间或多或少存在行政上的领导与被领导关系，农村社区股份合作社则不然。作为一类经济组织，农村社区股份合作社不应受政府的直接领导和管理，明确农村社区股份合作社的商事法律主体地位，可以避免政府对其经营管理的直接干预。农村社区股份合作社作为一类商主体，政府对其监管程度应依其性质而有所区别。

　　从经济职能的角度观察，农村社区股份合作社是商主体，因此政府与农村社区股份合作社的关系和政府与企业的关系相似。"政府与企业的关系，'政企分开'并不是政府不管企业，而是政府不能超越职权干涉属于企业内部的事务。"〔2〕同样，政府与农村社区股份合作社之间也存在管理与被管理的关系，但是政府并不是通过行政权力直接管理集体内部事务，而应通过立法规范集体内部的管理，再通过对农村社区股份合作社行为的合法性审查来实现农村集体资产的监管。总之，政府对于农村社区股份合作社以及农村集体资产的监管不是行政性的

　　〔1〕　参见全国人民代表大会常务委员会《关于〈中华人民共和国刑法〉第93条第2款的解释》。此外，《村民委员会组织法》第5条第2款、第37条第1款也有相关规定。

　　〔2〕　周贤日、潘嘉玮："论村民自治权与国家行政权"，载《华南师范大学学报（社会科学版）》2003年第1期。

"命令—服从"模式，而是要建立一种"法制—遵守"模式。[1]

　　政府对农村社区股份合作社的监管虽可借鉴政府对于普通企业的监管模式，但由于农村社区股份合作社被附加了社会公共职能，政府的监管力度较之对普通企业的监管应略为严格，譬如政府通常无需对普通企业的合同进行审查或备案，而农村社区股份合作社的重大合同则可能需要做程序性审查或备案。此外，政府需要对农村社区股份合作社提供更多的指导和服务。基于国家对农村的帮扶政策以及农村社区股份合作社的特殊性质，政府有责任"扶一把""送一程"，如制定不具有强制约束力的示范性章程、合同等文件，以帮助农村社区股份合作社合法、规范而高效地运行。

　　农村社区股份合作社属于特殊的商主体，一方面意味着它能够以自己的名义投身市场之中，参与市场活动，与其他市场主体公平竞争，另一方面由于它与公有制经济有着千丝万缕的关系，现阶段不能像其他商主体一样，仅仅依靠组织内部监督和机构监督。正如上市公司作为独立的商主体参与市场活动时，由于牵涉到广大投资者的利益与整个资本市场的健康运转，因而需要证监会对其行为进行外部监督，同样地，农村社区股份合作社接受政府监督并非意味着自身丧失了独立性。商主体因为特殊的理由需要外部监督并非无经验可借鉴。2013年初，北京市海淀区提出了"借鉴国有资产管理经验成立农村集体资产监管专门机构"的设想，围绕"管不管、谁来管、管什么、怎么管"等基本问题开展了近一年调研筹备，当年12月正式挂牌，成立了区、镇两级农村集体资产监督管理委员会（简称

---

　　[1] 参见于建嵘："新时期中国乡村政治的基础和发展方向"，载《中国农村观察》2002年第1期。

"农资委"）。农资委并不代替区内各村镇农村社区股份合作社的内部组织机构，而是通过明确职责、外部监管的方式推动农村社区股份合作社改革。[1]

（二）政府监管应符合比例原则

比例原则是行政法中的一项重要原则。行政权力来源于人民的授权，仅得在涉及公共利益的领域适用。即使涉及公益时行政权的行使也不是毫无限制的，必须在公益与私益之间进行权衡，比例原则就是这种权衡的标准与尺度之一。

广义的比例原则包括适当性原则、必要性原则和狭义比例原则三个方面[2]，结合政府对农村社区股份合作社的监管具体分析如下：

1. 适当性原则

适当性原则，即采取的手段要有利于实现法定目的，有针对性，且不得偏离法定目的，为了其他目的而行使行政权。政府监管农村社区股份合作社的主要目的是监管农村集体资产，明晰产权，防止对集体资产的贪污侵占，而集体资产的具体管理和运营则不是监管的目的，应由集体成员依市场规则进行。政府只应针对监管目的采取相应措施，对在农村社区股份合作社中占据主导地位且有机会利用其主导地位谋取私利的人员进行监管，同时通过制度设计以明晰产权，具体运作的决定权则

---

[1] 北京市海淀区农资委的主要职能与工作成果有：①完成两轮区对村"全覆盖"的审计及整改；②监督检查征地补偿费等大额资金管理使用情况；③创新建立完整、适用的全区农资监管考评办法，并纳入区对镇的绩效评价体系；④出台了股份经济合作社换届选举指导意见等文件，进一步健全区级农资监管政策体系。参见 2017 年 9 月 19 日海淀区人民政府副区长吴计亮在海淀区第十六届人大常委会第八次会议上的发言：《关于海淀区农村集体产权制度改革情况的报告》。

[2] 参见郝银钟、席作立："宪政视角下的比例原则"，载《法商研究》2004年第 6 期。

应由农村社区股份合作社自主行使。

2. 必要性原则

必要性原则，即在实现一个目的有多种手段时，应选择对相对人权利限制最小的手段。对于农村社区股份合作社，政府在不得不介入的情况下也要以对其损害最小的方式进行，如对于一些通过事后备案能实现目的的事项，就无需设立事前审批。

3. 狭义比例原则

狭义比例原则，即成本与收益相均衡，行政权的行使对私人利益所造成的侵害不得大于其所要保护的公共利益。政府在对农村社区股份合作社进行监管时，即使监管措施有利于实现特定法定目的，也是各种手段中对农村社区股份合作社以及农民个人损害最小的，但若该手段对于私益的侵害大于其所要维护的公益，亦不符合比例原则。

综上，权力天然有扩张的趋势，为了避免公权过度干涉私权，必须为公权的范围划定界限。在农村集体资产监管过程中应明确农村社区股份合作社既可以成为一类特殊的商事法人，也可以作为一种内部利益分配机制存在，政府对集体资产的监管最终都指向了法人主体，即实际经营集体资产的法人型农村社区股份合作社和农工商总公司。虽然考虑到该两类主体肩负了部分社会职能，政府对其监管程度较之对普通商主体的监管应略为严格，但政府仍不应对其进行直接管理，农工商总公司是一类企业，固然不能直接监管，对于农村社区股份合作社而言，则应通过制定规则来完善农村社区股份合作社的治理结构与内部控制体系，并通过监督规则的执行来实现对集体资产的监管，同时制定示范性文件为农村社区股份合作社提供指导与服务。只有在必需的情况下才启动政府监管，且在能达到有效监管效果的前提下尽量使用对农村社区股份合作社干预最小的方法。

三、对于政府监管农村社区股份合作社的建议

目前，政府对农村社区股份合作社所持有的农村集体资产的监管主要涉及五个重要方面：集体土地（包括土地承包、土地租赁、土地流转等）、集体经济合同、征地补偿款、集体财务与审计、产权制度改革。总体上看，政府对农村社区股份合作社的监管措施较为严格，在一定程度上促进了农村集体资产监管目标的实现，但这种监管的界限还需要合理把握，就现阶段政府针对农村社区股份合作社的监管举措而言，仍存在进一步提升的空间，如行政审批事项有待缩减、政府职能定位有待明确、人员选任制度有待进一步合理化等。

（一）行政审批事项有待缩减

行政审批是一个广泛的概念，是指行政审批机关（包括有行政审批权的其他组织）根据自然人、法人或者其他组织依法提出的申请，经依法审查，准予其从事特定活动、认可其资格资质、确认特定民事关系或者特定民事权利能力和行为能力的行为。行政审批的名称与形式多种多样，如审批、核准、批准、审核、同意、注册、许可、认证、登记、鉴证等。行政审批的实质是自然人、法人或者其他组织等相对人实施某一行为、确认特定民事关系或者取得某种资格资质及特定民事权利能力和行为能力，必须经过行政机关同意。[1] 行政审批又可细分为许可类行政审批和非许可类行政审批。《行政许可法》将其所规范的行政许可界定为"行政机关根据公民、法人或者其他组织的申请，经依法审查，准予其从事特定活动的行为"，并具体列举

---

[1] 参见国务院行政审批制度改革工作领导小组《关于印发〈关于贯彻行政审批制度改革的五项原则需要把握的几个问题〉的通知》（国审改发〔2001〕1号）。

了五项可以设定行政许可的事项，即一般许可、特许、认可、核准、登记[1]，同时还规定了行政许可的设定权限[2]。有学者将行政许可的实质特征归纳为行政机关依法审查后，准予行政相对人从事法律上限制或相对禁止的特定活动，而若未经审查就擅自从事该类活动则会受到行政甚至刑事制裁，并将行政许可的形式特征概括为：外部性、依申请、职权性、要式性。[3]

目前，在政府针对农村集体资产的监管文件中设置了一些需要审批的事项，这些事项可以分为两类：一类是关于农村社区股份合作社经营行为的事项，如经济合同初步方案、向集体以外的人出租土地、征地补偿款使用方案、开支审批与坏账核销等事项；另一类是关于农村社区股份合作社组织行为的事项，如产权制度改革方案、章程的制定与修改、处置预留的集体资产量化份额转化成的股份或基金、股本变更、因故不能执行章程规定、整体改建为公司制企业法人、合并、分立、解散等事项。这两类事项绝大多数属于非许可类行政审批。政府对这些事项进行审批对于维护农民的利益起到一定作用，但是农村社

---

[1]《行政许可法》第 12 条："下列事项可以设定行政许可：（一）直接涉及国家安全、公共安全、经济宏观调控、生态环境保护以及直接关系人身健康、生命财产安全等特定活动，需要按照法定条件予以批准的事项；（二）有限自然资源开发利用、公共资源配置以及直接关系公共利益的特定行业的市场准入等，需要赋予特定权利的事项；（三）提供公众服务并且直接关系公共利益的职业、行业，需要确定具备特殊信誉、特殊条件或者特殊技能等资格、资质的事项；（四）直接关系公共安全、人身健康、生命财产安全的重要设备、设施、产品、物品，需要按照技术标准、技术规范，通过检验、检测、检疫等方式进行审定的事项；（五）企业或者其他组织的设立等，需要确定主体资格的事项；（六）法律、行政法规规定可以设定行政许可的其他事项。"

[2] 参见《行政许可法》第 14、15 条。

[3] 参见王克稳："我国行政审批与行政许可关系的重新梳理与规范"，载《中国法学》2007 年第 4 期。

区股份合作社作为有经营能力的市场主体，有独立对外从事经济活动的自主权，且有能力独立地就其组织管理事项进行决策，政府不应设置实质性审批环节对其经济活动进行干预。[1] 原因在于：

首先，上述政府审批程序不会对农村社区股份合作社经济活动的效力产生实质影响，例如不能以未经政府审批为由否认经济合同或农村社区股份合作社章程的效力。

其次，政府工作人员不是职业商人或经理人，不具备专业知识以判断农村社区股份合作社的交易是否公平、是否具有投资价值、是否具有盈利能力等问题。若经政府审批的事项出现问题，根据权责统一原则，政府应对该审批事项承担相应的责任。

再次，简政放权是当前我国深化行政体制改革的趋势，第十二届全国人民代表大会第一次会议《关于国务院机构改革和职能转变方案的决定》明确指出，要"深化行政审批制度改革，减少微观事务管理，该取消的取消、该下放的下放、该整合的整合，以充分发挥市场在资源配置中的基础性作用、更好发挥社会力量在管理社会事务中的作用"，并提出要"减少和下放生产经营活动审批事项"。据此，国发〔2013〕19号、国发〔2013〕27号、国发〔2013〕44号、国发〔2014〕5号、国发〔2014〕27号、国发〔2014〕50号、国发〔2015〕11号相继取

---

[1] 根据对北京市海淀区东升镇的调研，由于东升镇集体经济的组织形式还保留着总社和分社的结构，总社持有各分社20%的股份，且东升镇情况比较特殊，集体资产属于镇一级所有，因此镇级的农村社区股份合作社作为大股东对分社的经济活动如经济合同的审批备案等是有一定合理性的。但该合理性来源于股东身份，而非政府身份。对于海淀区除了玉渊潭、东升、四季青和海淀乡这些一级所有以外的地区而言，乡镇政府以管理者的角色对农村社区股份合作社的经济活动进行具有实质影响的干预是不合适的。

消和下放一批行政审批项目。此外，需要特别指出的是，2014年4月14日发布的《国务院关于清理国务院部门非行政许可审批事项的通知》（国发〔2014〕16号，以下简称"《通知》"）强调各部门应在《通知》印发后1年内将面向公民、法人或其他组织的非行政许可审批事项予以取消；确因工作实际需要，且符合《行政许可法》第12条、第13条规定的可以设定行政许可的事项，有关部门应按照《行政许可法》和《国务院关于严格控制新设行政许可的通知》的规定依法履行新设行政许可的程序。今后不再保留"非行政许可审批"这一审批类别，任何部门或单位不得在法律、行政法规和国务院决定之外，设定面向公民、法人或其他组织的审批事项。《通知》指出，地方各级人民政府应根据《通知》的要求，结合各地实际，组织开展本级政府部门非行政许可审批事项的清理工作。2016年中央进一步全面推进简政放权工作。根据国务院发布的《国务院关于印发2016年推进简政放权放管结合优化服务改革工作要点的通知》（国发〔2016〕30号），政府将在行政审批事项、商事登记制度、政务公开及监管体系等方面推进改革，放权于民，激发市场活力与社会创造力。国发〔2016〕30号文件中提到："进一步放宽市场准入，继续大力削减工商登记前置审批事项，今年再取消三分之一，削减比例达到原总量的90%以上，同步取消后置审批事项50项以上……加快推进工商登记全程电子化、名称登记、放宽住所条件、简易注销登记等改革试点。加快推行电子营业执照。"这些改革措施更有助于降低农村社区股份合作社进入市场的难度，同时也为其充分参与市场竞争提供了政策上的保障。

因此，为了进一步提高农民在农村社区股份合作社中的自主决策、自主经营、自主管理的能力，并促进农村社区股份合作社发展为更加独立的市场主体，同时也为了遵循国务院提出的不再保留"非行政许可审批"的要求，政府应取消非许可类的审批项目，通过完善农村社区股份合作社内部治理结构和运行规则来实现其规范化运行，并通过间接监管方式实现政府监督职能。对于确有必要保留的审批项目，则应以恰当层级的规范将其设定为行政许可。如此既有利于维护农民的利益，为农民提供更好的引导，又能减轻政府负担，避免政府承担不必要的责任。

当然，在现阶段为了帮助农村社区股份合作社建立起现代法人科学的治理结构，形成更为有效、公开、民主的管理框架，政府应发挥其引导和服务职能，如可为农村社区股份合作社的各项活动提供更多程序性指导和示范性文本。

（二）政府职能定位有待明确

政府的职能定位应是"掌舵人"而非"划桨人"，主要起到引领方向、提供指导的作用，而非事必躬亲、包揽被管理者的内部事务。政府的某些监管措施与职能定位不尽一致，如村账托管[1]、农经审计（甚至直接审计）[2]等措施，使得政府由外部监管者变成了内部执行者，并在一定程度上参与了农村社区股份合作社的内部事务，有违比例原则。

村账托管，又称村级会计委托代理制度，其在全国范围内

---

[1] 北京市海淀区人民政府《关于海淀区农村集体资产管理的意见》（海政发〔2012〕22号）第二（四）条"财务与会计制度"。农业部《关于进一步加强农村集体资金资产资源管理指导的意见》中明确了村账托管制度：如第三（四）条"完善会计委托代理制"和第四（三）条"提高农村集体资金、资产、资源管理的服务水平"中都有相关规定。

[2] 参见北京市海淀区人民政府《关于海淀区农村集体资产管理的意见》（海政发〔2012〕22号）、《关于进一步加强农村集体经济组织财务管理工作的若干意见》（海政发〔2013〕25号）。

普遍存在，设置初衷是为了从源头上规范村集体财务管理，遏制乱开滥支行为，保证会计核算资料的真实性、准确性、合法性。[1] 村账托管通常是由村集体经济组织或村民委员会将集体会计账目委托给乡镇专门设立的会计服务中心，进行记账、算账等账务处理，代行会计职能，村不再设会计岗位，只设报账员，承担报账、出纳、统计以及其他经济管理事项等职能。[2] 村账托管的本质是一种委托关系，农村社区股份合作社是委托人，乡镇会计服务中心是受托人，这是一种民事法律关系，乡镇政府并非合同关系的当事人，而只是起到外部监督、指导和帮助作用。但实践中，乡镇会计服务中心更类似乡镇直管的下属机构，对政府负责，使许多原本应以村民自治为主的自治行为异化为以乡镇管理为主的政府行为，这有悖于村账托管制度的设置初衷。[3]

　　农村集体经济组织审计的目的在于严肃财经纪律、改善农村财务管理、提高经营管理水平、维护农村集体经济组织利益和农民合法权益。[4] 目前农村集体经济组织审计的主要模式是农村集体经济审计站审计（以下简称"农经审计"），辅助模式是委托社会审计机构审计，[5] 其中辅助模式在性质上显然属于社会审计，但很少采用，而作为主要模式的农经审计性质却

---

　　〔1〕　参见倪碧星："'村账托管'存在的问题及对策"，载《农村财务会计》2010 年第 2 期。

　　〔2〕　参见吴开荣："村账托管后如何加强财务管理"，载《福建农业》2005 年第 1 期。

　　〔3〕　参见倪碧星："'村账托管'存在的问题及对策"，载《农村财务会计》2010 年第 2 期。

　　〔4〕　参见李梅、马利锋、朱姝宇："关于农村审计性质的探讨"，载《税务与经济》2007 年第 2 期。

　　〔5〕　参见朱朝晖、陈建萍："农村集体经济审计模式创新研究"，载《审计与经济研究》2008 年第 6 期。

比较模糊。农经审计的主要依据是农业部《农村集体经济组织审计规定》。它不同于内部审计、国家审计、社会审计。从农经审计的历史沿革和具体规定来看，其性质定位并不明确。1992年制定《农村合作经济内部审计暂行规定》，2008年改为《农村集体经济组织审计规定》，其中仍将《审计署关于内部审计工作的规定》列为依据，这说明农业部将农经审计定性为内部审计。但根据《农村集体经济组织审计规定》第2条，审计业务接受国家审计机关和上级主管部门内审机构的指导，似乎又有将农经审计归为国家审计的倾向。直接审计是指由区农经站对村级集体经济组织进行的审计抽查。《北京市农村集体经济审计条例》第15条规定了农村合作经济管理部门可以对农村社区合作社及其所属企业事业单位进行审计，但前提条件是在法律、法规有规定或者必要的情况下。目前法律、行政法规对农经审计尚无明确规定，农业部《农村集体经济组织审计规定》将区农经站的职能定位于"指导审计工作"，直接审计的职能由镇农经站承担。若区农经站直接对村级集体经济组织进行农经审计，则区农经站所需人力物力会陡然增加，因而加重政府的负担，是否符合比例原则值得商榷。

因此，应当制定还原村账托管制度的本意，由农村社区股份合作社自主、自愿决定是否需要村账托管，自愿选择村账托管的农村社区股份合作社可自行聘请符合条件的社会中介机构代行其会计职能。村账托管在目前的过渡时期有一定制度价值，但随着农村社区股份合作社运行的逐步规范化，取消村账托管制度是大势所趋，还账务处理权于农村社区股份合作社，同时通过法定财务公开程序保障农村集体经济组织成员的知情权，以实现农村集体经济组织成员对账务的监督。政府则应通过制定完善的会计制度与财务规则来规范农村社区股份合作社的财务管理。同时建议在条件成熟的时候取消农经审计，对于内部审计，应由各农村社区股份合作社通过内部控制制度实现；对于外部审计，则可由政府制定统一的审计目的、规则等，由农村社区股份合作社自行聘请中介机构出具审计报告。[1] 此外，鉴于实践中多由党支部书记兼任董事长，村委会主任兼任副董事长，可以参照适用中共中央办公厅、国务院办公厅《党政主要领导干部和国有企业领导人员经济责任审计规定》，通过对村党支部书记和村委会主任[2]进行任期和离任经济责任审计来增强农村集体资产监管。从 2013 年 5 月 6 日由北京市纪委、监察局、农工委、农委联合印发《关于进一步加强农村集体资金资源管理和监督工作的意见》中可以看出，从纪检监察角度加强对农村集体资产的监管，体现了通过"管人"实现对资产的监管的理念。对于会计、审计中介机构的选择，政府可以提供相应服务，譬如帮助农村社区股份合作社通过招标等形式选择恰当的中介机构，在过渡时期也可以由政府补贴相关服务的费用。

此外，政府的角色定位应从管理者转变为服务者。在法治社会，政府与行政相对人的关系已由"命令—服从"模式转变为"法制—遵守"模式，因此对于农村社区股份合作社的监管，国家的任务是通过立法为农村社区股份合作社设计出一套制度框架，确定基本原则，划定行为界限，构建完备的治理模式。政府的职责是监督农村社区股份合作社的行为是否超出法律规定的界限，同时可以应构建服务型政府的要求，制定一些不具

---

〔1〕　事实上，根据《北京市农村集体经济审计条例》第 4 条和第 6 条，其中所说的审计主要是内部审计，第 16 条也提到了外部审计（社会审计）。此外，虽然该《条例》第 15 条也规定了农经审计，但用词是"可以"而非"应当"，而内部审计在通常情况下则是"应当"。

〔2〕　《村民委员会组织法》第 35 条规定了对村委会成员的任期和离任经济责任审计制度。

强制力的示范性文件（如章程、合同、股东大会决议、董事会决议等模板）供农村社区股份合作社参考。

（三）人员选任制度有待进一步合理化

人员选任制度对于农村社区股份合作社的运营与发展至关重要，且不说农村社区长久以来延续下来的能人治理模式，即便是农村社区股份合作社成为一类新型特殊的商主体，采用现代法人的治理模式，人员选任制度对于集体经济的发展仍然非常关键。理论上，人员选任属于农村社区股份合作社的内部事务，理应由其自主决定，如果在人员安排上凸显政府、党组织对农村社区股份合作社选任内部管理人员的决定权，一方面破坏农村社区股份合作社的独立性，另一方面根据权责统一原则，既然政府或党组织在农村社区股份合作社的人员选任方面起到了决定性作用，倘若其确定的人员不善经营甚至因贪腐导致集体资产流失，此时集体成员就有理由要求政府或党组织承担相应责任。因此，长远来说，政府或党组织不应直接或间接享有农村社区股份合作社管理人员的任免权。

然而，正如上文对政府监管的正当性论述所言，集体成员对政府指派人员代其管理集体资产已经形成文化认同，因而在过渡时期可以考虑维持政府、党组织对农村社区股份合作社人员选任的提名权，允许董事会成员人选可由股东（代表）、同级党组织或上级集体资产管理部门提名，经上级党组织（或委托本级党组织）考察后，提交股东（代表）大会选举产生，具备条件的，尽可能进行差额选举，此为当前的现实选择。此外，人员确定后可在政府进行备案登记，政府还可以监督农村社区股份合作社是否按照法定或者章程规定的程序进行选举。

总之，简政放权是政府改革的趋势，政府应避免或减少设定对于农村社区股份合作社及农村集体资产监管的行政审批项目。政府不能违背市场经济规律干涉农村社区股份合作社的内部事务，更不能代替农村社区股份合作社作出经济决策，而应顺应从管理型政府向服务型政府转变的趋势，为农村社区股份合作社提供行为规则和供其参考的示范文本，加强对农村股份合作社运行的合规性的监管。

特别需要说明的是，本节有关政府对农村社区股份合作社的监管的讨论是基于农村社区股份合作社的现状，即其社会职能暂时无法与其经济职能相分离的现实，由于农村社区股份合作社的社会职能涉及广大农民群体的根本利益，属于公共利益的领域，因此政府对其监管应有别于对其他商主体的监管。然而，随着我国社会保障体系的进一步覆盖，城乡二元结构将逐渐被打破，农村公共产品供给等社会职能最终将从农村社区股份合作社中剥离出来，未来农村社区股份合作社很可能发展为完全意义上的商主体，加之农民的自治能力不断提高，农村社区股份合作社的治理结构和运行机制逐步规范化，政府就既无理由也无必要再对农村社区股份合作社采取特殊的监管方式，而应按照与其他市场主体相同的模式进行监管。

第二节　农村社区股份合作社中的民主监督

一、农村社区股份合作社中的民主监督的现状

（一）民主监督的现行法依据

根据《物权法》第 59 条，农民集体所有的不动产和动产，属于本集体成员集体所有。因此，作为所有者对经营者的监督为民主监督的应有之义。我国的宪法和法律法规等也为民主监督的地位、方式等提供了制度保障。

1. 宪法和法律

作为国家根本大法的《宪法》规定集体经济组织实行民主管理，依照法律规定选举和罢免管理人员，决定经营管理的重大问题[1]。《村民委员会组织法》规定村应当建立村务监督委员会或者其他形式的村务监督机构，负责村民民主理财，监督村务公开等制度的落实。[2]由此，持有农村社区股份合作社股份的村民作为股东对农村社区股份合作社进行监督，具有宪法和法律依据。

2. 行政法规

2009年6月农业部发布的《关于进一步加强农村集体资金资产资源管理指导的意见》规定集体经济组织应当将财务活动情况及有关账目，定期逐笔逐项向全体成员公布，接受群众监督，并强调要强化民主管理和民主监督，"重大投资项目或举债，集体经济组织产权制度改革，以及其他有关集体资金、资产、资源管理的重大事项，都要依法召开本集体经济组织成员的全体村民会议或村民代表会议，履行民主程序"。2011年农业部、监察部关于印发《农村集体经济组织财务公开规定》的通知中规定村集体经济组织应当建立以群众代表为主组成的民主理财小组，对财务公开活动进行监督，并对财务公开的内容、频率等做了较为详尽的规定。2013年，农业部联合审计署发布《关于进一步加强和规范村级财务管理工作的意见》中，要求做好落实村级民主理财，完善村级财务公开，规范村级民主评议，保证农民群众对集体财务的知情权、参与权、表达权和监督权。

3. 地方性法规

目前，多数省、自治区、直辖市人大及其常委会针对农村

---

[1] 参见《宪法》第3条。
[2] 参见《村民委员会组织法》第32条。

集体资产管理制定了管理条例，其中多数将民主决策、民主管理、民主监督作为原则之一，并规定了集体经济组织成员大会的权力内容。以《广东省农村集体资产管理条例》为例，其第5条规定农村集体资产管理依法实行民主决策、民主管理、民主监督，遵循公开、公平、公正的原则；其中第13条、第14条规定了农村集体经济组织成员大会、农村集体经济组织成员代表会议的决定事项；第22条规定农村集体经济组织成员对农村集体经济组织公开的事项的真实性、完整性有异议的，可以向监事机构提出核实申请，监事机构应当核实情况应当书面答复申请人并予以公布。

（二）民主监管的优越性及现实问题

1. 民主监管的优越性

相比政府监管与内部监管，民主监管具有以下优越性：

（1）监管意愿的强烈性

根据"利益相关者理论"，利益相关者可分为直接利益相关者与间接利益相关者。直接利益相关者是与企业直接发生市场交易关系的利益相关者，包括股东、企业员工、债权人、供应商等；间接利益相关者则是与企业发生非市场关系的利益相关者，包括中央政府、地方政府、社会活动团体、媒体、一般公众等。[1]监管主体的不同利益相关者身份，对监管意愿、监管手段乃至监管期望达成之结果均会产生影响。对农村社区股份合作社而言，政府及其相关部门为间接利益相关者的代表，农村社区股份合作社成员作为"股东"则是直接利益相关者的代表。

一般而言，行为的勤勉程度与利益关切程度成正相关。政

---

〔1〕　参见付俊文、赵红："利益相关者理论综述"，载《首都经济贸易大学学报》2006年第2期。

府、内部监督机构作为农村社区股份合作社的间接利益相关者，利益关切主要限于失职所带来的不利政治后果，与直接遭受经济损失的农村社区股份合作社成员相比属于弱利益关切，弱利益关切通常会导致注意力的下降。我们不否认政府从良善目的出发对农村社区股份合作社进行监管，但良善目的与良善结果之间不存在必然联系。从法经济学的角度分析，"那些用自己的钱做赌注的人可能会犯错，但比起那些用别人的钱做赌注的学者和监管者，他们犯错的几率还是要小得多。"〔1〕可见，在弱利益关切的情形下，即便一个负责任的政府，监管的效果与质量亦会有所减损。

农村社区股份合作社的运行情况、集体资产的经营状况，都会对农村社区股份合作社成员的利益产生现实影响。与政府相比，农村社区股份合作社成员与农村社区股份合作社之间存在强利益关切。根据利益相关者理论，在强利益关切下，利益相关者更有动力且更有意愿投入精力进行监管。与政府倾向于资产的"保值"不同，农村社区股份合作社成员可能更注重资产的"增值"过程。这亦决定农村社区股份合作社成员在具体经营事项上可能会采取与政府完全不同的策略。与保守的策略相比，追求"增值"意味着经营风险的增加，但这样的风险却是农村社区股份合作社本应承受且农村社区股份合作社成员在获得更高收益的同时必须承受的。

农村社区股份合作社成员作为农村社区股份合作社的直接利益相关者，与公司股东存在一定程度的相似性。在农村集体产权制度改革方案中经常可觅得《公司法》的踪迹，部分地区甚至直接以"公司"命名产权制度改革后的农村集体经济组织，

---

〔1〕 ［美］弗兰克·伊斯特布鲁克、丹尼尔·费希尔：《公司法的经济结构》，罗培新、张建伟译，北京大学出版社2014年版，第31页。

这种相似性在农村社区股份经济合作社这一组织形式上得到充分体现。

农村社区股份合作社比照公司设置"股权"，按股权比例分红，在治理结构上参照公司搭建股东（代表）大会、董事会、监事会三会并存的结构。股东（代表）大会，也称社员（代表）大会或成员（代表）大会，是农村社区股份合作社的最高权力机构，由全体股东或股东代表组成，对农村社区股份合作社的重大事项进行决议。

尽管农村社区股份合作社与传统公司在股东资格认定、表决机制、股权流转等方面存在区别，但不影响农村社区股份合作社成员作为农村社区股份合作社剩余利益的最终分享者这一本质特征。从大部分现行农村社区股份合作社章程中看，发现农村社区股份合作社的股权与公司股权内容大致相似，可以划分为自益权与共益权，主要包括：表决权、选举权和被选举权、知情权、质询权、批评和建议权、收益分配权、股份优先购买权等。部分农村社区股份合作社章程还对农村社区股份合作社解散后剩余财产分配请求权以及退社的权利加以规定。尽管在表决权等共益权方面，具体内容与传统公司存在不同，但在收益分配权与剩余财产分配请求权等自益权方面，与公司相比并无本质差别。理论上，农村社区股份合作社的经营情况对每一个农村社区股份合作社成员的短期利益（如收益分配）与长期利益（如剩余财产分配）都存在直接影响。

因此，笔者认为，农村社区股份合作社成员作为直接利益相关者，在监督意愿上存在天然优势，可有效弥补政府监管、内部监管之不足。

（2）监督主体的广泛性

除利益关切外，农村社区股份合作社成员与政府、监事会相比在人员数量上亦占据优势。政府部门对农村社区股份合作社的监管通常按行政序列展开。即便最基层的镇级经管部门，亦需要同时监管多个农村集体经济组织。[1]而农村社区股份合作社成员的数量远大于政府职能部门的工作人员，且仅需关注自身所属的集体组织的运行情况，在人员数量上占据优势，能涉及到的监督范围几乎能涉及到农村社区股份合作社中的全部范围。

2. 民主监督中的现实问题

正如本书第六章中所述，大多数农村社区股份合作社很少召开股东（代表）大会，农民股东缺少行使自己权利的机会。根据调查，大多数农村社区股份合作社每年仅召开一次股东（代表）大会，召开两次以上的很少，且通常普通股东参加股东（代表）大会只是听取管理人员的报告或宣布事宜，而人事安排、项目建设、分配方案等重大事项均由少数管理人员决定，普通股东只是被动接受，虽然有时也采取投票表决，但仅仅是一种形式。因此可以想象，尽管根据上文分析普通村民股东作为直接利益关系者，具有强烈的监督意愿，但普通股东即使参加股东（代表）大会也少有机会发表自己的意见，将会严重影响他们出席股东大会的积极性。农民股东无法行使参与社区管理和监督的权利，这使他们依然深刻地感到自己手中的股权是"虚权"[2]，极大地削弱了其监督的积极性。

此外，信息公开是民主监督的主要形式之一，是被实践证

---

〔1〕 以北京市海淀区为例，截至 2014 年 3 月，海淀区共有镇级集体经济组织 10 个，村级集体经济组织 92 个，各镇村级集体经济组织数量从 6 个（海淀镇）到 20 个（上庄镇）不等，而与全国其他各地相比，海淀区集体经济组织的数量均较少。

〔2〕 参见傅晨："农村社区型股份合作制产权制度的演进与困扰"，载《学海》2006 年第 3 期。

明了的能有效约束违规行使权力和促进基层廉政建设的有效举措。长期以来，一些村并未重视村务公开，还存在着村务公开不规范的现象，由此导致一些村干部办事不公开、处事不公道、行为不清白的现象。严重伤害了广大农民的合法权利。长此以往，必将影响到村民监督积极性和合作社行为的透明性。当前，信息公开不规范主要存在以下几个问题：一是公开时间不规范，存在很大的随意性；二是公开内容不规范，含糊不清，让人不知所云，或者干脆弄虚作假，敷衍了事；三是公开方式不规范。如公示内容张贴到较高的位置，影响村民阅读。公示栏并未放置在人口的聚集区，而是放置在偏僻的地点；四是公开程序不规范。公开什么、何时公开完全由个别干部说了算，不符合法律法规中关于信息公开的相关规定；五是信息反馈不规范。信息公开后，不重视信息的反馈，不做检查，不听取村民的意见，不解答村民的疑问等。

二、完善农村社区股份合作社的民主监督的建议

根据上文的分析，笔者认为民主监督因其自身的优越性，能够有效弥补政府监管、内部监管的不足，有必要提升民主监督在整个农村社区股份合作社监管体系的主体地位。

(一) 培育成员参与意识

由于政府监管在过去较为强势，农村社区股份合作社成员的参与意愿与参与意识均处在相对不高的水平，使直接利益相关者回归应有的位置，势在必行。

笔者认为，农村社区股份合作社的成员不参与监督分为"无意识不参与"与"有意识不参与"，两种不参与尽管结果相同，但对农村社区股份合作社成员而言却截然不同。农村社区股份合作社成员若能充分认识到不参与监督的后果，此为有

意识的不参与。这种不参与监督的行为为农村社区股份合作社成员作为经济理性人利益衡量之结果。若农村社区股份合作社成员并未认识到不参与监督带来的后果而不予参与，此为无意识地不参与。无意识地不参与并非利益衡量之结果，当一个主体并未意识到自己享有权利或对权利不行使的真正后果并无认知，此情形与该主体不享有该项权利并无二致，实际上已从源头否定了农村社区股份合作社成员参与集体资产监管的权利。

由于历史原因，农村社区股份合作社成员对政府形成相当的依赖，误认为政府会对与农村集体相关的一切事项负责到底。政府作为法律上的监管者同时又是被"误解"的对象，这样的双重身份使得政府必须对农村社区股份合作社成员厘清政府、农村社区股份合作社成员与农村社区股份合作社三者之间的关系——农村社区股份合作社成员为农村社区股份合作社的直接利益相关者，政府为农村社区股份合作社的间接利益相关者。当农村社区股份合作社的经营决策出现失误，尽管政府相关责任人会受到监管不力的处罚，但并不会对农村社区股份合作社的损失进行等额赔偿。农村社区股份合作社成员作为直接利益相关者，亦为损失的直接承受者，无论政府是否监管、监管强弱，都无法改变农村社区股份合作社成员直接利益相关者的身份。

当农村社区股份合作社成员明确自己直接利益相关者的身份及背后的含义，方在真正意义上享有监督农村社区股份合作社的权利，以及自主选择是否参与对农村社区股份合作社监督的权利。

（二）创新信息公开方式，保障成员知情权、决策权

所谓知情权，即农村社区股份合作社成员充分了解所属农

村社区股份合作社的资产、人事等具体情况的权利。不论是否需要每一个成员对农村社区股份合作社的事项做出决策或发表意见，首先要保证每一个成员具有获悉此类情况之可能性。农村社区股份合作社成员应当具有查阅、复制章程、成员大会会议记录、董事会会议决议、监事会会议决议和财务会计报告等文件的权利。

所谓决策权，即农村社区股份合作社成员根据组织章程对农村社区股份合作社相关事项发表意见并影响最终决策的权利。决策权一般通过对程序性事项的规定与执行加以保证——如成员大会召开时间、地点的提前公示，会议内容的提前告知，表决文件的提前发放，都是保证农村社区股份合作社成员不只在形式上、更在实质上享有决策权。

与决策权相比，知情权是基础性权利，决策权的有效实现以知情权为前提，与构建配套制度相比，通过政府的介入加强农村社区股份合作社的信息公开更进一步，互联网的高度发展为此提供了良好的条件。

加强信息公开首先需要较为完善的信息源，笔者在调研中发现，符合要求的信息源多已经存在。全国各个地区利用信息平台监督集体经济组织运行及集体资产经营管理的现象已较为普遍，将资产经营的具体过程数字化、网络化已成为趋势，[1]

---

〔1〕 如南京市目前在全市推行的信息化管理模式，建立市、区、镇街、村居四级联网的农村集体财务和资产监管信息化系统。一方面，实行村级财务网上做账，所有原始单据一律采用数码方式上传，账务处理实现自动化、网络化，集体财务的监管实现实时化；另一方面，实行村级财务网上公开，农村集体财务和资产监管信息化系统每季度自动将财务报表推送至市信息公开监管服务平台"阳光村居"网进行公开，以此加强社会监督力度。参见中共南京市委办公厅、南京市人民政府办公厅《关于进一步提升村级"四有一责"建设水平的若干政策措施》，载南京郊县经济信息网：http://nc.nanjing.gov.cn/zcfg/qtsnzc/201310/t20131028_1890606.html，最后访问日期：2015年10月29日。

这一过程为信息公开做出了良好的铺垫。但目前网络平台的建设主要被用于政府对集体资产的监管。[1]在调研过程中，政府相关工作人员均表示，将汇集农村社区股份合作社运行的相关信息向其成员开放查询并不存在技术壁垒与制度壁垒，未来开放查询亦是必然趋势。故对现有监管平台进行改造，充分发挥互联网的优势，将政府既有的信息源转变为集体经济组织成员的信息源，是利用网络手段加强信息公开的第一步。

在保障信息源的基础上，让农村社区股份合作社成员方便地获取信息是更加现实的问题。笔者在调研中发现，各地农村社区股份合作社成员获取信息的方式大同小异，公告牌与电子触摸屏最为普遍，电子触摸屏看似方便但收效甚微。现实中各地电子触摸屏均采用独立系统，相关数据均需单独录入[2]，导致录入信息的及时性难以保证，各地均存在相关查询板块虽已建立但具体信息或非常陈旧或未予录入的情况，这样的信息获取方式使得信息公开的效果大打折扣。其次，信息单独录入既是对原始信息的筛选又是对原始信息的过滤，除却错误录入的风险，对信息单独录入亦有省略重要信息之可能。信息的重要程度因人而异，不同的主体对不同信息的敏感程度亦不相同，对信息二次筛选的后果便是公示的信息仅为筛选者认为重要的

---

〔1〕 如上海市的构建的"农村集体'三资'网络化监管平台"，融合信息采集处理、实时传递、查询汇总、统计和监督管理、网络预警等多项功能。市、区县、乡镇管理部门对所辖范围的农村集体资产"三资"情况可以实时查询、实时分析、实时监管和预警。但笔者在调研时发现，这种监管方式主要面向上级监管机构展开，村民不能直接通过终端进行查询。参见上海市农业委员会网站：http://www.shagri.gov.cn/zwdt/sndt/zwxw/201510/t20151009_1514615.html，最后访问日期：2015年12月16日。
〔2〕 据笔者实地调研，南京市正在推行的农资"三资"查询系统，具体做法是在村部或社区管委会配置电子触摸屏，通过农村"三资"查询系统，将党务、村务和"三资"等信息进行公开，并由专人定期更新数据信息。

信息，而非信息的最终使用者——农村社区股份合作社成员——认为重要的信息。

笔者认为，在互联网与移动通讯高度发达的今天，合理利用农村社区股份合作社成员的既有资源，将信息公开从电子触摸屏的大屏幕转向智能手机的小屏幕可以更加有效地实现信息公开。利用技术手段，将移动端与存储农村社区股份合作社情况的信息终端（如各种网络监管信息化平台）连接，使农村社区股份合作社成员可以通过移动端自行选择重要的信息进行查看。与传统的公开模式相比，将信息直接推送至农村社区股份合作社成员的移动终端，[1]信息公开的程度会显著提高。

（三）完善市场交易透明度

尽管保障农村社区股份合作社成员的知情权可以实现对农村社区股份合作社的有效监督，若希望其运营的资产有更大的升值空间、交易更加透明，则需要为其资产的经营提供更加有力的平台。由于农村社区股份合作社商事主体属性，若希望其资产得到最优化配置，市场的力量不容忽视。但其资产的特殊性导致其无法像其他商品一样自由流转。且目前农村社区股份合作社的经营决策权并未完全跳出由少数人掌握的历史窠臼，决策的质量难以保证，权力寻租的事件亦时有发生。故为其资产的流转构建一个公开透明的市场平台不失为一个更优的选择。

随着农村产权制度改革的不断深化，各种与集体资产相关的权利（如土地承包经营权）对流转交易的需求明显增长，许多地方建立了多种形式的农村产权流转交易市场和服务平台，

---

〔1〕　如通过短消息或客户端对成员大会召开及决议事项等重要信息进行及时推送。

都是对构建公平透明市场平台的有益探索。[1]将集体资产的交易通过统一的交易平台完成，意味着交易不再以私密隐蔽的方式进行，通过招投标的方式交易，在保障交易过程公平的同时，也使集体资产的价值被充分发掘。[2]国务院办公厅 2014 年底发布文件[3]，在肯定了农村产权流转交易市场的基础上，对相关问题进一步明确，将农村产权流转交易市场认定为"为各类农村产权依法流转交易提供服务的平台"。

尽管农村产权流转交易平台在全国范围内已陆续建立，但如何将集体资产的交易与交易市场进行有效结合尚无统一规定。通行做法是政府出台相关文件，规定重大交易必须通过产权交易平台实现，对其他资产的交易则交由集体经济组织自行决定。[4]笔者认为，这样看似合理的方式，并非理所当然。

从国办发〔2014〕71 号文件看，中央政府对农村产权流转

---

〔1〕 如江苏省建立了省、市、县、乡镇统一联网的农村产权流转交易市场体系和信息服务网络平台，包括产权交易和信息服务。产权交易平台以县（市、区）为单位建立，乡镇建立交易服务中心，提供信息发布、产权交易、交易鉴证等服务功能，在区国土局设置交易大厅，主要负责农村土地承包经营权、集体资产（主要包括水面、林地、四荒地等）的产权流转交易，并正在逐步探索农村房屋使用权、宅基地使用权的流转交易。参见江苏省农村产权交易信息服务平台网站：http://www.jsnc.gov.cn/xwzx/xwdt/2014/10/15161051829.html，最后访问日期：2015 年 10月 29 日。

〔2〕 笔者在实地调研中了解到，2015 年 1~9 月南京市通过全市已建成的 4 个区级农村产权流转交易所、40 个镇街农村产权交易流转中心的运作，集体资产资源收益平均增值超过 20%。

〔3〕 国务院办公厅《关于引导农村产权流转交易市场健康发展的意见》国办发〔2014〕71 号。

〔4〕 笔者在调研中了解到，南京市溧水区，涉及土地 50 亩以上或集体资产 10万元以上的交易必须通过区级交易平台完成；50 亩以下土地的交易则可由集体经济组织自行选择是否进入平台交易。在北京市丰台区，涉及农用地承包经营权流转，集体所有的房屋、场地的交易，必须经产权交易平台进行交易，除此之外的交易事项由各集体经济组织确定是否进行平台交易。

交易市场的定位依旧为"服务平台",既为服务平台,强制进场交易与之在概念上即存在不相容性。从完善市场的角度看,产权交易市场的首要作用即为价值发现,从权利义务的角度分析,即便存在相应的经营手段可以使集体资产得到更优配置,若集体经济组织成员通过集体决策决定不予采用,亦不能强迫为之。另一方面,如前文所述,目前农村社区股份合作社"政经分离"的目标并未完全实现,集体资产的经营决策权掌握在小部分人手中的现象依旧普遍,若将全部集体资产交易的进场交易选择权交付农村社区股份合作社自由决断,所为之决定依旧无法代表其成员。故在此阶段,有必要强制要求大额交易必须通过产权交易平台进行,使产权交易市场在发挥价值发现功能之外,亦能起到避免内部交易,防止权力寻租的作用。

但笔者认为,部分交易强制进场的模式应为特殊时期的特殊规定,在农村社区股份合作社的成员自治发展到较为成熟的水平后,应当将是否进场交易的决定权交还农村社区股份合作社。但不可否认的是,针对集体资产这样一种特殊的财产形式,专门为其"量身定制"的产权交易市场对集体资产的价值提升大有裨益。

参考文献

一、著作类

1. 傅晨:《中国农村合作经济:组织形式与制度变迁》,中国经济出版社 2006 年版。

2. 陈天宝:《农村社区股份合作制改革及规范》,中国农业大学出版社 2009 年版。

3. 于纪渭:《股份制经济学概论》,复旦大学出版社 2011 年版。

4. 何伟:《股份制与社会所有制》,经济科学出版社 2008 年版。

5. 蒋玉珉:《合作经济思想史论》,安徽人民出版社 2008 年版。

6. 冯开文:《合作制度变迁与创新研究》,中国农业出版社 2003 年版。

7. 贺雪峰:《村治模式:若干案例研究》,山东人民出版社 2009 年版。

8. 温铁军:《中国农村基本经济制度研究——"三民"问题的世纪反思》,中国经济出版社 2000 年版。

9. 温铁军:《"三农"问题与制度变迁》,中国经济出版社 2009 年版。

10. 高化民:《农业合作化运动始末》,中国青年出版社 1999 年版。

11. 杜润生主编:《当代中国的农业合作制》(上、下),当代中国出版社 2002 年版。

12. 农业部软科学委员会办公室编:《农村基本经营制度与农业法制建设》,中国财政经济出版社 2010 年版。

13. 中华人民共和国农业部政策法规司、中华人民共和国国家统计局农村司编著:《中国农村 40 年》,中原农民出版社 1989 年版。

14. 黄序主编:《北京城乡发展报告 2007～2008》,社会科学文献出版社

2008 年版。

15. 陆学艺主编：《当代中国社会阶层研究报告》，社会科学文献出版社 2002 年版。

16. 方志权主编：《农村集体经济组织产权制度改革案例精选》，上海财经大学出版社 2012 年版。

17. 蒙德拉贡合作社公司：《蒙德拉贡合作制经验》，MCC 驻中国代表处印发 2000 年版。

18. 吴业苗：《演讲与偏离：农民经济合作及其组织化研究》，南京师范大学出版社 2011 年版。

19. 黄中廷：《农村集体经济产权制度改革研究》，新华出版社 2007 年版。

20. 韩玉玲：《中外股份制企业比较研究》，中国财政经济出版社 2010 年版。

21. 钱忠好：《中国农村土地制度变迁和创新研究（Ⅲ）》，中国农业出版社 2010 年版。

22. 唐宗焜：《合作社真谛》，知识产权出版社 2012 年版。

23. 康德琯等：《股份合作制理论与立法的基本问题》，中国检察出版社 2002 年版。

24. 金福海、张红霞：《股份合作制与股份合作企业法》，山东人民出版社 2000 年版。

25. 屈茂辉等：《合作社法律制度研究》，中国工商出版社 2007 年版。

26. 孙晓红：《合作社立法模式问题研究》，知识产权出版社 2012 年版。

27. 欧阳仁根等：《合作社主体法律制度研究》，人民出版社 2008 年版。

28. 江平主编：《法人制度论》，中国政法大学出版社 1994 年版。

29. 江平主编：《民法学》，中国政法大学出版社 2007 年版。

30. 张俊浩主编：《民法学原理（上册）》，中国政法大学出版社 2000 年版。

31. 赵旭东主编：《商法学》，高等教育出版社 2007 年版。

32. 王利明：《物权法论》，中国政法大学出版社 2003 年版。

33. 郑云瑞：《物权法论》，北京大学出版社 2011 年版。

34. 范健主编：《商法》，高等教育出版社、北京大学出版社 2011 年版。

35. 朱庆育:《民法总论》,北京大学出版社 2013 年版。

36. 范健、王建文:《商法论》,高等教育出版社 2003 年版。

37. 郑玉波:《民法总则》,中国政法大学出版社 2003 年版。

38. 黄立:《民法总则》,中国政法大学出版社 2002 年版。

39. 费安玲、丁玫、张宓译:《意大利民法典》,中国政法大学出版社 2004
年版。

40. 李建伟:《公司法学》,中国人民大学出版社 2014 年版。

41. 张守文:《税法原理》,北京大学出版社 2012 年版。

42. 应松年主编:《行政法与行政诉讼法》,中国法制出版社 2009 年版。

43. 刘文华主编:《经济法》,中国人民大学出版社 2012 年版。

44. 王保树:《中国商法年刊（2006）——合伙与合作社法律制度研究》,
北京大学出版社 2007 年版。

45. 雷兴虎:《商事主体法基本问题研究》,中国检察出版社 2007 年版。

46. 孔祥俊:《中国集体企业制度创新——公司制·合作制·股份合作制》,
中国方正出版社 1996 年版。

47. 孔祥俊:《民商法新问题与判解研究》,人民法院出版社 1996 年版。

48. 管洪彦:《农民集体成员权研究》,中国政法大学出版社 2013 年版。

49. 张英洪等:《认真对待农民权利》,九州出版社 2013 年版。

50. 韩明谟编著:《农村社会学》,北京大学出版社 2001 年版。

51. 韩松:《集体所有制、集体所有权及其实现的企业形式》,法律出版社
2009 年版。

52. 高飞:《集体土地所有权主体制度研究》,法律出版社 2012 年版。

53. 周批改:《中国农村税费制度的演变和改革——社会分层角度的研究》,
中国经济出版社 2006 年版。

54. 韩小威:《中国农村基本公共服务供给的制度模式探析》,中国社会科
学出版社 2012 年版。

55. 曹阳:《当代中国农村微观经济组织形式研究》,中国社会科学出版社
2007 年版。

56. 商春荣:《中国农村妇女土地权利保障研究》,中国经济出版社 2010
年版。

57. 陈志新、江胜蓝：《城市化进程中农村集体产权制度改革》，化学工业出版社 2010 年版。

58. 马晓河主编：《我国农村税费改革研究》，中国计划出版社 2002 年版。

59. 李彬：《乡镇公共物品制度外供给分析》，中国社会科学出版社 2004 年版。

60. 董景山：《农村集体土地所有权行使模式研究》，法律出版社 2012 年版。

61. 陈志新、江胜蓝：《城市化进程中农村集体产权制度改革》，化学工业出版社 2010 年版。

62. 许惠渊等编著：《产权理论与农村集体产权制度改革》，中国经济出版社 2005 年版。

63. 张新宝：《〈中华人民共和国民法总则〉释义》，中国人民大学出版社 2017 年版。

64. 李宇：《民法总则要义：规范释论与判解集注》，法律出版社 2017 年版。

65. 《民法总则立法背景与观点全集》编写组编：《民法总则立法背景与观点全集》，法律出版社 2017 年版。

66. ［德］迪特尔·梅迪库斯著，邵建东译：《德国民法总论》，法律出版社 2001 年版。

67. ［德］卡尔·拉伦茨著，王晓晔、邵建东、程建英、徐国建、谢怀栻译：《德国民法通论》（上），法律出版社 2013 年版。

68. ［美］弗雷德里克·S. 米什金著，郑艳文、荆国勇译：《货币金融学》，中国人民大学出版社 2011 年版。

69. 王玉梅：《农民专业合作社之法理探究与实践》，科学出版社 2012 年版。

二、论文类

70. 王利明、周友军："论我国农村土地权利制度的完善"，载《中国法学》2012 年第 1 期。

71. 费孝通："二十年来之中国社区研究"，载《社会研究》1948 年第

77 期。

72. 江平："现代企业的核心是资本企业"，载《中国法学》1997 年第 6 期。

73. 吴敬琏："建立有效的公司治理结构"，载《天津社会科学》1996 年第 1 期。

74. 马俊驹、宋刚："合作制与集体所有权"，载《法学研究》2001 年第 6 期。

75. 董辅礽：" '股份合作企业' 不能成为一种规范的企业制度"，载《管理世界》1994 年第 2 期。

76. 顾功耘："股份合作企业立法的若干疑难问题研究（上）"，载《法学》1997 年第 8 期。

77. 孔祥俊："股份合作企业的法律机制"，载《法学研究》1994 年第 1 期。

78. 周友苏："我国股份制法律形态的探讨"，载《法学》1989 年第 12 期。

79. 周友苏："股份合作制法律性质研究"，载《现代法学》1996 年第 3 期。

80. 傅晨："社区型农村股份合作制产权制度研究"，载《改革》2001 年第 5 期。

81. 傅晨："农村社区型股份合作制的治理结构——一个交易费用经济学的透视"，载《农业经济问题》1999 年第 6 期。

82. 傅晨："农村社区型股份合作制产权制度的演进与困扰"，载《学海》2006 年第 3 期。

83. 沈延生："中国乡治的回顾与展望"，载《战略与管理》2003 年第 1 期。

84. 闫景铂："我国农村集体经济有效实现形式的探析"，载《湖湘三农论坛》2008 年第 00 期。

85. 陈小君、高飞等："我国农村集体经济有效实现法律制度的实证考察——来自 12 个省的调研报告"，载《法商研究》2012 年第 6 期。

86. 马良灿："农村社区内生性组织及其 '内卷化' 问题探究"，载《中国农村观察》2012 年第 6 期。

87. 邵海："农村集体统一经营的现实困境与法律回应"，载《重庆大学学报（社会科学版）》2010 年第 3 期。

88. 戴威："农村集体经济组织成员权制度构建中的难点及其对策"，载《中国集体经济》2012 年第 4 期。

89. 王德祥、李建军："农村集体经济实现形式问题探讨"，载《农村经济》2010 年第 1 期。

90. 国务院发展研究中心和世界银行联合课题组等："中国：推进高效、包容、可持续的新型城镇化"，载《中国经济报告》2014 年第 4 期。

91. 农业部农村经济体制与经营管理司调研组："浙江省农村集体产权制度改革调研报告"，载《农业经济问题》2013 年第 10 期。

92. 农业部农村经济体制与经营管理司："关于湖北省农村集体资产产权制度改革调研情况的报告"，载《农村经营管理情况》2012 年第 94 期。

93. 中共四川省委政策研究室、省农工委、省农业厅联合课题组："农村集体经济实现形式及其政策措施"，载《经济体制改革》1999 年第 5 期。

94. 钟怀宇："论改革中国农村土地集体所有制的实现形式"，载《当代经济研究》2007 年第 3 期。

95. 张德峰："合作社集体社员权论"，载《政法论坛》2014 年第 5 期。

96. 刘守英、谭明智："成都农地股份合作社调查"，载《中国产业经济动态》2014 年第 6 期。

97. 方志权："上海农村集体产权制度改革实践与展望"，载《农村经营管理》2013 年第 1 期。

98. 叶扬兵："农业合作化运动研究述评"，载《当代中国史研究》2008 年第 1 期。

99. 赵家如："北京市农村社区股份合作制变迁绩效研究"，中国农业大学 2014 年博士学位论文。

100. 鲍光前、李克琳："股份经济合作社——'万丰模式'调查报告"，载《管理世界》1992 年第 2 期。

101. 王权典："城市化转制社区股份合作组织公司化改制之法治路径与保障机制探讨"，载《南方农村》2012 年第 7 期。

102. 王权典："社区集体经济组织改制目标定位与职能重构之法律研析"，

载《法学论坛》2009 年第 4 期。

103. 李桂模："转制社区股份合作企业公司化改造的路径选择——以广州市'城中村'改制为视角"，载《法治论坛》2009 年第 4 期。

104. 杜国明："农村集体经济组织的法律地位辨析"，载《生态经济》2011年第 3 期。

105. 王春平、张立富："农村集体经济组织的法律地位与企业化改造"，载《农业经济问题》2002 年第 2 期。

106. 丁关良："'集体土地所有权'性质之客观界定"，载《淮阴师范学院学报（哲学社会科学版）》2007 年第 1 期。

107. 杜明艳："中国农民集体组织民事法律地位探析"，载《内江师范学院学报》2006 年第 5 期。

108. 蒋传宓："论农村集体经济组织制度的完善"，载《农业经济》2009年第 8 期。

109. 柳松、李大胜："农村集体经济组织的公共开支与税赋负担——来自广东的案例分析"，载《经济问题探索》2007 年第 2 期。

110. 于建嵘："新时期中国乡村政治的基础和发展方向"，载《中国农村观察》2002 年第 1 期。

111. 胡昊等："新形势下农村宅基地管理问题研究"，载《2009 年中国土地学会学术年会论文集》。

112. 张钦、汪振江："农村集体土地成员权制度解构与变革"，载《西部法学评论》2008 年第 3 期。

113. 韩松："论成员集体与集体成员——集体所有权的主体"，载《法学》2005 年第 8 期。

114. 韩松："农民集体所有权主体的明确性探析"，载《政法论坛》2011年第 1 期。

115. 韩松："论农民集体成员对集体土地资产的股份权"，载《法商研究》2014 年第 2 期。

116. 陈焱等："股份合作制土地流转中农村集体成员成员权的保障"，载《安徽农业科学》2010 年第 28 期。

117. 戴威、陈小君："论农村集体经济组织成员权利的实现——基于法律的角度"，载《人民论坛》2012 年第 2 期。

118. 姜美善、商春荣："农村股份合作制发展中的妇女土地权益"，载《农村经济》2009 年第 6 期。

119. 罗瑞芳："北京市新型农村集体经济组织法律制度研究"，载《北京法治发展报告》2014 年 10 月第 1 版。

120. 冯庆国："农村集体经济组织产权制度改革过程中股权设置及其股份量化类型的比较"，载《第三届北京郊区现代化发展论坛论文集》。

121. "农村集体产权制度改革和政策问题研究"课题组："农村集体产权制度改革中的股权设置与管理分析——基于北京、上海、广东的调研"，载《农业经济问题》2014 年第 8 期。

122. 刘宁："农民集体成员征地补偿款分配权的司法保护"，载《厦门大学法律评论》2006 年第 1 期。

123. 林苇："论农村集体经济组织成员资格的界定——以征地款分配纠纷为视角"，载《湖北行政学院学报》2008 年第 3 期。

124. 赵鲲等："关于合作社基本特征的分析和思考——从合作社与有限责任公司对比的角度"，载《中国农村观察》2006 年第 3 期。

125. 雷兴虎、刘水林："农业合作社的法律问题探讨"，载《中国法学》2004 年第 5 期。

126. 艾云航："进一步理顺乡镇集体经济管理体制——苏州市乡镇农工商总公司组建运转情况调查"，载《中国农村经济》1992 年第 12 期。

127. 陈标金："农村集体经济组织的财税金融环境研究——基于广东的调查"，载《农业经济与管理》2010 年第 2 期。

128. 刘鸿渊："农村税费改革与农村公共产品供给机制"，载《求实》2004 年第 2 期。

129. 刘建平、龚冬生："税费改革后农村公共产品供给的多中心体制探讨"，载《中国行政管理》2005 年第 7 期。

130. 周贤日、潘嘉玮："论村民自治权与国家行政权"，载《华南师范大学学报（社会科学版）》2003 年第 1 期。

131. 郝银钟、席作立："宪政视角下的比例原则"，载《法商研究》2004 年第 6 期。

132. 王克稳："我国行政审批与行政许可关系的重新梳理与规范"，载《中国法学》2007 年第 4 期。

133. 吴开荣："村账托管后如何加强财务管理"，载《福建农业》2005 年第 1 期。

134. 倪碧星："'村账托管'存在的问题及对策"，载《农村财务会计》2010 年第 2 期。

135. 李梅等："关于农村审计性质的探讨"，载《税务与经济》2007 年第 2 期。

136. 朱朝晖、陈建萍："农村集体经济审计模式创新研究"，载《审计与经济研究》2008 年第 6 期。

137. 方志权等："农村集体资产管理的法律问题研究"，载《2011 年政府法制研究》2011 年第 4 期。

138. 方志权："农村集体经济组织产权制度改革若干问题"，载《中国农村经济》2014 年第 7 期。

139. 黄志冲："农村公共产品供给机制创新的经济学研究"，载《中国农村观察》2000 年第 6 期。

140. 熊巍："我国农村公共产品供给与税费改革"，厦门大学 2003 年博士学位论文。

141. 吕云涛、纪光欣："中国农村公共产品供给体制的变迁与走向"，载《中共贵州省委党校学报》2007 年第 1 期。

142. 贺雪峰、罗兴佐："农村公共品供给：税费改革前后的比较与评述"，载《天津行政学院学报》2008 年第 5 期。

143. 刘佐："中国屠宰税制度的变迁"，载《地方财政研究》2006 年第 5 期。

144. 周飞舟："从汲取型政权到'悬浮型'政权——税费改革对国家与农民关系之影响"，载《社会学研究》2006 年第 3 期。

145. 刘建平、龚冬生："税费改革后农村公共产品供给的多中心体制探讨"，载《中国行政管理》2005 年第 7 期。

146. 鞠海亭："村民自治权的司法介入——从司法能否确认农村集体组织成员资格谈起"，载《法治研究》2008 年第 5 期。

147. 林振泰："农村土地征收'二元化'补偿制度之构建——走出征地补偿款分配纠纷的司法困境"，载《东南司法评论》2019 年第 0 期。

148. 本刊编辑部："农村社区股份合作制改革面临的法律问题：访市人大农村委员会、中国政法大学教授王玉梅"，载《北京人大》2013 年第 5 期。

149. 李永军："集体经济组织法人的历史变迁与法律结构"，载《比较法研究》2017 年 4 期。

150. 谭启平、应建均："'特别法人'问题追问"，载《社会科学》2017 年第 3 期。

151. Henry Hansmann, Mariana Pargendler, "The Evolution of Shareholder Voting Rights: Separation of Ownership and Consumption", *The Yale Law Journal*, Vol. 123, No. 4, 2014.

152. United States Department of Agriculture: "Cooperative Information Report 55-An Introduction to Cooperatives" (April 1997, Revised November 2012).

153. United States Department of Agriculture: "Agricultural Cooperatives in the 21 Century" (November 2002).

154. Kelley Christopher R.: "New Generation Farmer Cooperatives: The Problem of the Just Investing Farmer", North Dakota Law Review, Vol. 77, 2001.

三、其他资料

155. 中央档案馆编：《中共中央文件选集》（第四册），中共中央党校出版社 1991 年版。

156. 国家农业委员会办公厅编：《农业集体化重要文件汇编》（上），中共中央党校出版社 1981 年版。

157. 山东省地方史志编纂委员会《山东年鉴》编辑部编：《山东年鉴》，山东人民出版社 1989 年版。

158. 国家统计局农业统计司编：《农业合作化和 1955 年农业生产合作社收益分配的统计资料》，统计出版社 1957 年版。

159. 史敬棠等编：《中国农业合作化运动史料》（下册），生活·读书·新知三联书店 1959 年版。

后　记

　　本书从正式动笔到最终付梓，历时近两年，其间数易其稿，有过焦虑，有过纠结，也有柳暗花明又一村的豁然开朗。现在终于写到了本书的最后，最想说的是感谢。

　　衷心感谢北京市海淀区农村工作委员会给予我的信任和支持，使我能够完成实地调研和基础研究工作，并出版研究成果。

　　衷心感谢北京市人大常委会农村工作委员会、海淀区农村工作委员会、海淀区农经站，以及海淀区东升镇、西北旺镇、玉渊潭农工商总公司、四季青镇、通州区大稿村等乡镇、村及其经济组织的工作人员对我的调研工作给予的大力支持和帮助，他们于百忙之中抽出宝贵的时间接受了我的访谈，并提供了很有价值的资料和信息，使得我的研究能够紧密联系实际。

　　衷心感谢我的研究生，特别是谢逸姿、徐巧玲、王玮、甄雪皓同学，她们跟随我到北京市的多个区县进行实地调研，协助我检索和整理资料；刘洁、滑蕊、马思聪、陆朝举同学精心帮我排版、校对。我们曾就本书的一些观点反复讨论，通宵达旦，他们的很多想法和建议极具启发性和建设性。他们的帮助让我能够在身兼数职的情况下，完成与本书相关的课题研究及本书的写作。此间不断加深的师生情谊为我增添了一笔宝贵的精神财富。

　　最后，还要感谢中国政法大学出版社对我的宽容。因为调研工作断断续续，书中的一些观点需要反复斟酌，既定的出版时间几经推迟。

　　尽管我仍不能确定书中的一些结论是否妥当，但或许早些把它们交给同行和读者，也就能早些征得批评和建议，使此项研究得以不断深入。为此，先谢过同行和读者了。

王玉梅

2015 年 6 月 23 日